rororo

Seyran Ateş, geboren 1963, führte bis August 2006 als Anwältin eine Kanzlei in Berlin, aus der sie sich wegen der akuten Bedrohungssituation zurückziehen musste. Für ihr Engagement erhielt sie zahlreiche Auszeichnungen und Preise. 2004 den Berliner Frauenrechtspreis, 2005 den Zivilcouragepreis des Berliner CSD e. V. und 2006 den Ossip-K.-Flechtheim-Preis vom Humanistischen Verband Deutschland. Außerdem wurde Ateş vom Deutschen Staatsbürgerinnen-Verband e. V. zur «Frau des Jahres 2005» gewählt.

«Ateş scheut klare Urteile nicht, weder über die deutsche noch über die türkisch-kurdische Seite.»
Berliner Zeitung

Seyran Ateş

Große Reise ins Feuer

Die Geschichte einer deutschen Türkin

Rowohlt Taschenbuch Verlag

Veröffentlicht im
Rowohlt Taschenbuch Verlag,
Reinbek bei Hamburg, Dezember 2006

Umschlaggestaltung
any.way, Cathrin Günther
(Foto: picture-alliance/ZB)
Druck und Bindung
Druckerei C.H. Beck, Nördlingen
Printed in Germany
ISBN 13: 978 3 499 23803 1
ISBN 10: 3 499 23803 9

Für alle Frauen, die nicht frei und selbstbestimmt leben können und dürfen.

Kapitel 1 Die Geschichte meiner Eltern

Mein Großvater Ahmet war ein richtiger kurdischer Patriarch. Er regierte über drei Ehefrauen, neun Kinder und vier Schwiegertöchter. Seine ersten beiden Frauen musste er entführen, weil man sie ihm nicht freiwillig gab. Zeynep, die erste Frau, stammte aus dem Dorf Alemli, das sich in der Nähe von Nevşehir in Kappadokien befindet. Die zweite Frau Seyran stammte aus Ağrı, aus dem Osten der Türkei. Beide Frauen waren Kurdinnen.

Die Entführung einer Frau ist in der Türkei nichts Ungewöhnliches. Auch in der Migration in Deutschland wird an dieser Tradition festgehalten. Dabei gibt es zwei Varianten: die Entführung mit Einverständnis der Braut und die Entführung gegen den Willen der Braut. «Entführung mit Einverständnis der Braut» ist sprachlich nicht ganz korrekt. Stattdessen müsste es eigentlich heißen, dass das Paar gemeinsam abgehauen ist, was einen aktiven Anteil der Braut an dem Geschehen voraussetzt. So wird es in der türkisch-kurdischen Gesellschaft jedoch selten bezeichnet.

Wenn zwei Menschen sich ineinander verliebten, konnten sie natürlich nicht einfach zusammen durch die Gegend laufen, damals noch viel weniger als heute. Das Leben im Dorf ließ das keinesfalls zu. Die einzige Möglichkeit, zusammen zu sein, war zu heiraten. Und zwar mit Einverständnis der Eltern. Mein Großvater sah bei seinen ersten beiden Frauen realistischerweise keine Chance, die Einwilligung der Brauteltern zu bekommen. Also hat er seine Frauen entführt, wenigstens hatte er deren Einverständnis.

Seine zweite Ehefrau Seyran war sogar bereits verheiratet und hatte zwei Kinder. Da hatte er also erst recht keine Aussicht auf Zustimmung von irgendeiner Seite. Während der Ehemann von Seyran beim Militär war, ließ sie sich von meinem Großvater entführen, besser gesagt, brannte sie mit ihm durch. Die Familie ihres Mannes sei sehr schlecht zu ihr gewesen, erzählte sie später, sie sei froh gewesen, dass mein Großvater sie heiraten wollte. Sie ließ ihre Kinder zurück und ging mit meinem Großvater auf und davon.

Seyran wusste, dass mein Großvater bereits verheiratet war und Kinder hatte. Sie wusste auch, dass sie mit der ersten Frau zusammenleben würde. Das machte ihr nichts aus. Es war nichts Ungewöhnliches, dass ein Mann mehrere Frauen hatte, und sie schien Gefallen an meinem Opa gefunden zu haben. Das Leben mit ihm bot offensichtlich etwas Besseres als das, was sie bis dahin gehabt hatte.

Meine Mutter erinnert sich mit großer Zuneigung an Seyran, sie war immer sehr gut zu ihr. Auch Zeynep, die Stiefmutter meines Vaters, behandelte ihre Schwiegertochter höchst anständig. Von dem Rest der Familie kann man das leider nicht behaupten.

Meinem Großvater reichten irgendwann seine beiden

Ehefrauen nicht aus. Er hatte ein Auge auf eine Frau namens Gülperi geworfen, eine Witwe, die in unserem Dorf lebte. Er nahm Gülperi als dritte Ehefrau zu sich. Für eine Witwe war es in unserem Dorf nicht einfach, allein zu leben, ohne männlichen Schutz. Durch die Heirat mit meinem Großvater konnte sie sich der Belästigung durch Männer entziehen. Deshalb stimmte Gülperi zu.

Der Patriarch entschied in dieser Frage ganz allein, ohne Rücksicht darauf, ob es den ersten beiden Frauen gefiel oder nicht. Es ist ein natürliches Recht, von dem sehr viele Männer ganz selbstverständlich Gebrauch machten und heute noch machen.

Seyran kam mit dieser Situation aber nicht besonders gut klar. Mit der ersten Frau Zeynep vertrug sie sich sehr gut. Beide Frauen liebten und respektierten einander. Als aber die dritte Frau ins Haus kam, wurde Seyran krank. Weder mein Vater noch meine Mutter können sagen, woran genau sie litt. Sie wissen lediglich, dass sie alle zwei Wochen Ohnmachtsanfälle hatte. Dazu kamen extreme Kopfschmerzen, verbunden mit heftigen Zuckungen am ganzen Körper und Schaum vor dem Mund. Das klingt alles ziemlich grausam. Noch grausamer finde ich allerdings die Tatsache, dass meine Eltern offensichtlich nicht wussten, was mit ihr geschah, und dass auch niemand auf die Idee kam, sie zum Arzt zu bringen. Der Arzt war in der nächsten größeren Ortschaft und kostete Geld. Das ist ein wesentlicher Grund, warum viele Menschen in der Türkei damals und leider heute noch früher sterben als nötig und Jahre ihres Lebens mit Leiden ungeklärter Ursache verbringen. So fand Seyran einen unnötig frühen Tod, der vielleicht hätte verhindert werden können.

Zeynep war es egal, ob mein Opa eine weitere Ehefrau zu sich nahm. Sie teilte mit ihm ohnehin nicht mehr das Bett. Die dritte Frau hatte es nicht besonders gut bei meinem Großvater. Niemand akzeptierte sie, die meisten aus der Familie schlugen die körperlich ziemlich kleine und zart gebaute Gülperi sogar. Weil sie den Hass, die Ausgrenzung und die Gewalt nicht mehr ertrug, versuchte sie mehrmals abzuhauen. Sie wurde aber immer wieder zurückgeholt und blieb dann schließlich bis zu ihrem Tod als treue Dienerin bei ihrem Mann. Mein Opa hat alle seine Frauen überlebt und verlangte noch in hohem Alter eine neue Ehefrau, obwohl er erblindet und extrem pflegebedürftig war. Was das betraf, war mein Opa kein Einzelfall. Es gibt viele türkische und kurdische Witze und Lieder über alte Männer, die sich junge Frauen nehmen.

Die Familie meines türkischen Großvaters, der Cafer hieß und ebenfalls ein Patriarch war, stammt aus der Gegend um die Kleinstadt Şarkışla. Im Gegensatz zu meinem kurdischen Großvater hatte er nur eine Ehefrau, doch auch er war ein klassisches Oberhaupt einer Großfamilie. Er regierte unangefochten und mit aller Macht. Der Zusammenhalt der Familie war das Wichtigste, jeder Anflug von Separatismus wurde streng bestraft. Selbst wenn eine der Frauen aus der Großfamilie einzeln kochte, gab es Ärger mit Opa. Wer allein kochte und nur mit seinem Ehemann und den eigenen Kindern essen wollte, bedrohte das Gemeinschaftsgefühl, was keinesfalls gebilligt werden konnte.

Cafer hatte mit meiner Großmutter ebenfalls neun Kinder. Damals war der Zusammenhalt der Großfamilie wirklich noch sehr stark. Die Familie konnte weit verstreut sein, über verschiedene Dörfer, es blieb immer eine Familie. So wurde meine Mutter zum Beispiel als Kind oft nach Şarkışla zu ihrer Tante geschickt. Die Tante hieß Ümmü hala (eigentlich hieß sie Ümmü, jedenfalls mit Vornamen. *Hala* ist das türkische Wort für «Tante väterlicherseits»). Ümmü hala hatte eine Tochter, die mit 15 Jahren ganz plötzlich an einer Krankheit starb. Sie konnte den Verlust ihres Kindes kaum verkraften und holte sich abwechselnd eine ihrer Nichten ins Haus, um die Leere nicht so zu spüren. Jedes Jahr kam sie und nahm eines der Mädchen aus der Familie meiner Mutter für ein paar Wochen zu sich. Meine Mutter kann sich noch daran erinnern, dass sie mit dem Zug nach Şarkışla fuhren, was sie sehr aufregend fand. In der Türkei ist es nichts Besonderes, dass Kinder sich für eine Weile bei Verwandten aufhalten oder sogar ganz in das Haus einer Tante oder eines Onkels ziehen. Es ist die Familie, die zählt. Im Vordergrund steht die Gemeinschaft, nicht der Einzelne.

Das Dorf, in dem mein Vater und meine Mutter geboren wurden und aufwuchsen, liegt in Mittelanatolien und heißt Kömürkaya. Es war ein wunderschönes malerisches Dorf. Jetzt wohnt kaum noch jemand dort, die meisten Dorfbewohner sind in Großstädte oder nach Deutschland gezogen.

Man erzählt sich, dieses Dorf sei einst ein armenisches Dorf gewesen, es lebten mehr Armenier dort als Türken. Eines Tages sollen alle armenischen Dorfbewohner in einem grausamen Gemetzel getötet worden sein. Die Straßen seien voller Blut gewesen, und kein Armenier aus unserem Dorf habe das Massaker überlebt. Es hieß, die Armenier hätten vorgehabt, alle Türken zu töten. Um dies zu verhindern, hätte man eben vorher alle Armenier töten müssen.

Man sagt aber auch, die Dorfbewohner seien eigentlich sehr gut miteinander ausgekommen. Sie hätten glücklich und friedlich nebeneinander gelebt. Dies erzählte mir jedenfalls meine Mutter, die es wiederum von ihrer Mutter und anderen Erwachsenen hatte. Ich habe meine Mutter oft zu diesem Thema befragt und von ihr jedes Mal, fast mit den gleichen Worten, dieselbe Geschichte gehört. Sie weiß leider auch nicht mehr darüber. Ganz abgesehen davon, dass sie wahrscheinlich gar nicht mehr wissen will. Das Thema ist ja auch nicht besonders angenehm.

Für mich war die Geschichte unserer Vorfahren immer sehr spannend, weil sich so viele Völker darin widerspiegeln. Aber alle, mit denen ich darüber reden wollte, hatten große Schwierigkeiten, sich zu erinnern. Entweder hatten sie wirklich ein schlechtes Gedächtnis oder andere Gründe, mir nichts zu erzählen. Das wenige, was ich über die Türkei, die Türken und die Kurden weiß, habe ich mir zum großen Teil anhand der Geschichte meiner Eltern und Großeltern zusammengereimt.

Mein kurdischer Großvater Ahmet war Bauer oder, wie heutzutage höflich gesagt wird, Landwirt. Er gehörte zu den sunnitischen* Kurden und wurde tief im Osten der

* Die Sunniten stellen die größte Gruppe im Islam dar. Der Begriff Sunna (arab. «Brauch») bezieht sich auf die Gesamtheit der Überlieferungen und Verhaltensnormen, die auf Mohammed und seine Gefährten zurückgeführt werden. Somit wird die Sunna von den Sunniten, neben dem Koran, als verbindliche Lehre anerkannt.

Türkei in Erzurum geboren. Von dort zog er später in das Dorf Kömürkaya in der Nähe von Sivas. Die Stadt Sivas geriet Anfang der neunziger Jahre in die Schlagzeilen, weil religiöse Fanatiker ein Hotel in Brand steckten, während dort eine Konferenz von Aleviten* stattfand. Sehr viele Menschen starben in den Flammen des Hasses gegen Andersdenkende und Andersgläubige. Deshalb fällt es mir immer noch schwer zu sagen, dass ich aus Sivas stamme, einer Gegend, in der viele fundamentalistische Sunniten wohnen. Es leben aber auch viele Aleviten in diesem Gebiet. Man fragt mich daher oft, ob ich Alevitin sei, wenn ich sage, dass mein Vater Kurde ist und wir aus Sivas stammen. Nein, meine Eltern sind Sunniten. Die religiöse Zugehörigkeit ist, neben der Volkszugehörigkeit, eine der elementaren Fragen, die geklärt werden müssen, wenn Türken und Kurden sich kennen lernen: «Memleket nere?», heißt es dann, wörtlich übersetzt: «Wo Heimat?»

Kaum ein Türke oder Kurde kann diese Frage in einem Wort, einem Satz oder durch Nennung eines Ortes beantworten – die Mehrheit der Menschen in der Türkei ist eine Mischung aus einer Vielzahl ethnischer Volksgruppen. Also beginnt nach der Nennung einer x-beliebigen Stadt oder eines Dorfes die Erklärung darüber, wo die Vorfahren herkommen. Die Menschen in der Türkei sind viel umher-

* Die Aleviten bilden nach den Sunniten die zweitgrößte Religionsgemeinschaft in der Türkei (etwa 30–35 Prozent der Gesamtbevölkerung). Alevi bedeutet «Anhänger Alis». Ali war der Neffe, Schwiegersohn und Vertraute von Mohammed. An religiösen Zeremonien nehmen außer den Männern auch die Frauen und Kinder teil, die Feiern finden nachts statt. Die Frauen sind nicht verschleiert, sie haben dieselben Rechte und Pflichten wie die Männer.

gezogen, kaum eine Volksgruppe in der Türkei ist sesshaft. Die Gründe der Umzüge und Umsiedlungen sind vielfältig und abenteuerlich. Die Geschichte meiner Vorfahren ist in dieser Hinsicht ziemlich typisch für viele Türken und Kurden.

Nach dem Ersten Weltkrieg wurden zum Beispiel im Zuge der so genannten Landreform Ländereien verteilt. Und zwar unter anderem an Menschen, die aus dem Osten der Türkei in den Westen umgesiedelt wurden. Dadurch sollten unter anderem die Volksgruppen stärker vermischt werden. In dieser Zeit erhielt mein kurdischer Großvater für sich und seine Familienangehörigen Ländereien in dem Dorf Kömürkaya.

Sobald ich als Kind bestimmte Zusammenhänge erkennen konnte, fragte ich meine Eltern: «In eurem Dorf haben früher viele Armenier gelebt, die jetzt nicht mehr hier leben. Wenn mein kurdischer Opa für sich und seine Familie Land bekommen hat, muss dieses Land doch vorher jemand anders gehört haben. Oder? Wem gehörte dieses Land? Gehörte es tatsächlich dem Staat, der Mildtätigkeit zeigte?»

Meine Eltern können mir bis heute auf diese Frage keine Antwort geben. Sie sagen, sie wissen es nicht. Sie seien zu jener Zeit noch nicht geboren gewesen und könnten nicht sagen, was damals war. Sie verstünden von diesen Dingen nichts. Sie könnten nur so viel erzählen, wie sie selbst erlebt oder gehört hätten. Das glaube ich ihnen sogar. Meine Eltern sind nicht die Sorte Leute, die viel Zeit auf Ahnenforschung verwenden.

Die Größe des Grundstücks, das jemand erhielt, war abhängig von der Anzahl der Personen, die im Haushalt lebten, wobei die Erwachsenen ein größeres Stück Land bekamen als die Kinder. Mein Großvater hatte zu diesem Zeitpunkt zwei Ehefrauen und sechs Kinder. Er bekam also der Familiengröße entsprechend viel Land zugesprochen. Man kann sagen, dass mein Großvater damit als wohlhabend galt. Er besaß zusätzlich viele Tiere, auch eine gute Einnahmequelle.

Die Tatsache, dass mein Großvater väterlicherseits Kurde war und ursprünglich nicht aus unserem Dorf stammte, wurde in unserer Familie, insbesondere uns Kindern gegenüber, ziemlich lange totgeschwiegen. Irgendwann war ich alt genug, bestimmte Dinge zu bemerken. Wenn wir etwa in den Sommerferien in die Türkei fuhren und Verwandte und Bekannte besuchten, wurden wir Kinder als die Enkelkinder von *Kürt Ahmet*, dem Kurden Ahmet, vorgestellt. Mein Vater war der Sohn des *Kürt Ahmet*. Also fragte ich nach, ob wir Kurden seien. Mein Vater bestritt das energisch, bis ich fragte, warum ich dann als Enkeltochter von *Kürt Ahmet* vorgestellt würde. Angesichts der erdrückenden Beweislage trat mein Vater den Rückzug an. Er wolle damit nichts zu tun haben. Er sei Staatsbürger der Türkei und somit Türke. Er liebe sein Land und sei dagegen, dass fanatische Feinde der Türkei es spalten wollten.

Mein Vater spricht nicht gern darüber, dass er eigentlich Kurde ist. Unsere Auseinandersetzungen zu diesem Thema gehen manchmal so weit, das wir nach sehr heftigen Diskussionen längere Zeit nicht miteinander reden. Er unterstellt mir allzu oft, ich sei insgeheim Mitglied der PKK, und erklärt, meine Solidarität mit dem kurdischen Volk sei separatistisch und türkenfeindlich. Es ist leider sehr schwer, mit ihm zu diesem Thema ein vernünftiges Gespräch zu führen. Er musste sein Leben lang leugnen, Kurde zu sein. Wie soll er begreifen, dass seine Tochter, die damit gar nichts zu tun hat, Solidarität mit einem Volk zeigt, dem er seiner Ansicht nach nicht einmal angehört? Er war ja in seinem Dorf schon gewohnt gewesen, seine kurdische Herkunft nicht in den Vordergrund zu stellen. Wie viele Kurden aus dieser Generation, die «integriert» wurden, sprach er nicht einmal Kurdisch. Das hatte ihm sein Vater nicht beigebracht. Allerdings hat er immer gern kurdische Musik gehört und hört sie heute noch gern.

Seine Geschichte wiederholt sich in der Geschichte seiner Söhne, meiner Brüder, die deutsche Frauen geheiratet und zugunsten der deutschen Kultur ihre eigene Kultur vernachlässigt oder unterdrückt haben. Woran das im Einzelnen liegt, weiß ich noch immer nicht genau. Sicherlich sind es nicht nur meine deutschen Schwägerinnen, die verhindert haben, dass ihre Kinder mit einem Gefühl von Vielfalt aufwachsen und die türkische Sprache genauso gut sprechen wie die deutsche. Aber es spielt natürlich eine große Rolle, dass wir in Deutschland leben und Türken kein besonders gutes Ansehen haben. So mussten sie ihre Kinder davor schützen, als «Türkenkinder» beschimpft zu werden, so wie mein kurdischer Großvater seine Familie davor schützen musste, als Kurden beschimpft und ausgegrenzt zu werden.

Die ethnische Zugehörigkeit wird in der Türkei daher gern geleugnet oder verschwiegen. Aber irgendwie wissen alle doch immer ziemlich bald voneinander, wer was ist. Das Zusammenleben von Türken und Kurden ist von dieser Spannung stark geprägt.

Meine Eltern stammten also beide aus Großfamilien, es verband sie mehr als die türkische Sprache. Doch die unterschiedliche ethnische Herkunft schien ein unüberwindbares Hindernis, als sie sich ineinander verliebten. Sie konnten sich nur heimlich sehen und sprechen, soweit es bei der Kontrolle, die eine Großfamilie ausübte, überhaupt möglich war. Man musste extrem aufpassen, nicht entdeckt zu werden. Aber wie heißt es so schön im Türkischen: *Yalancının mumu yatsıya kadar yanar.* – «Die Kerze eines Lügners brennt nur bis zum Abendgebet.»

So geschah es, dass eine Frau sie eines Tages dabei beobachtete, wie sie einander Zeichen machten. Skandal! Sie rannte sofort zu meiner Großmutter und erzählte ihr brühwarm, was sie gesehen hatte. Meine Großmutter war nicht besonders glücklich darüber, dass meine Mutter sich in einen Kurden verliebt hatte.

Beide, sowohl meine Großmutter als auch mein Großvater, sagten: «Selbst wenn wir vierzig Hunde hätten, würden wir nicht einen davon vor der Tür des Kurden Ahmet anbinden.» Auf gut Türkisch heißt das: Niemals kriegt ein Kurde eine unserer Töchter zur Schwiegertochter.

So heftig sich meine türkischen Großeltern plötzlich gegen «die Kurden» stellten – die Familien waren vorher sehr gut befreundet gewesen –, hatten sie doch offensichtlich etwas ganz Wichtiges mit ihnen gemeinsam: Der Kurde Ahmet war nämlich auch nicht begeistert von der Idee, eine Türkin zur Schwiegertochter zu bekommen. Ganz ähnlich wie mein türkischer Großvater murmelte er irgendetwas von Türen, vor denen man nicht einmal einen Hund anbinden würde.

Während meine Eltern durch ihre Liebe eine Menge

Aufregung verursachten, traf die Familie meiner Mutter Vorbereitungen, um das Dorf Richtung Istanbul zu verlassen. Ein Bruder meiner Mutter war schon in die Stadt gezogen und wollte nun, dass die gesamte Familie nachkam.

Meinen Eltern lief die Zeit davon. Die Familie meiner Mutter konnte jederzeit aufbrechen und sie mitnehmen. Hinzu kam, dass einige andere junge Männer sich für meine Mutter, eine schöne und fleißige junge Frau, interessierten und ganz offiziell Bittsteller zu meinen Großeltern schickten, die um die Hand meiner Mutter anhielten. Sie war immerhin schon 16 Jahre alt und damit im heiratsfähigen Alter. Mein Vater hatte also alle Hände voll zu tun: Er musste seinen Vater und die Eltern meiner Mutter umstimmen und auch noch etwas gegen seine Rivalen unternehmen. Dabei waren die Rivalen das kleinere Übel. Einem von ihnen, der auf dem Weg war, seinen Heiratsantrag vorzubringen, verpasste er kurzerhand eine Tracht Prügel. Offensichtlich ein überzeugender Einwand, denn der Kandidat zog sich zurück.

Die viel größere Hürde waren meine Großväter, auf beiden Seiten. Beide Opas, die sich eigentlich mochten und seit Jahren eng befreundet waren, blieben stur. Es war ja schön und gut, eine Freundschaft unter Männern zu pflegen, aber sich tatsächlich mit der anderen ethnischen Gruppe zu vermischen? Undenkbar. Keiner von beiden konnte verstehen, wieso die jeweils andere Familie die Stirn hatte, eine Heirat zwischen Hatun und Mehmet auch nur in Erwägung zu ziehen.

Meine Eltern waren verzweifelt. Sie liebten sich sehr und wollten nicht aufeinander verzichten. Der Tag, an dem meine Mutter mit ihrer Familie nach Istanbul ziehen würde, rückte bedrohlich näher. Die Vorbereitungen im Haus meiner Mutter liefen auf Hochtouren und waren fast abgeschlossen. Die Ernte wurde eingeholt, das Haus geputzt, der Vorrat gut verstaut. Haus und Ländereien sollten nicht ganz aufgegeben werden, es war beabsichtigt, weiterhin die Felder zu bestellen und zu ernten. Ob meine Eltern sich je wieder sehen würden, war aber nicht sicher. Deshalb musste etwas geschehen.

Eines Tages, als meine Mutter im Garten beschäftigt war, kam mein Vater, wie so oft, stellte sich an die gegenüberliegende Mauer und machte ihr Zeichen. Es war ein sonniger Tag, Anfang Oktober 1954. Ganz mutig fragte er sie, wie lange sie noch warten wolle. Sie verstand sofort, was er meinte, und wollte wissen, ob er verrückt geworden sei. Er fragte sie nochmals und nochmals, ob sie nun mitgehen wolle oder nicht. Sie sträubte sich noch ein wenig. Doch dann wurden sie von einer Verwandten entdeckt, die sah, wie meine Mutter zu meinem Vater hinüberging. Sie rannte nicht, sondern ging ganz ruhig zu ihm hin. Die Verwandte deutete die Situation aber durchaus richtig und schrie aus vollem Leibe: «Hatun haut ab! Sie haut mit Mehmet ab!» Meine Eltern rannten los, so schnell sie konnten, die Dorfstraße hinauf. Mein Großvater, der sofort benachrichtigt wurde, griff nach seinem Gewehr und stürmte mit einigen Männern hinterher. Im Vorbeilaufen fragten sie ein paar Leute, wohin meine Eltern gerannt seien. Diese Leute hatten mitbekommen, worum es ging, und wiesen geistesgegenwärtig in die falsche Richtung. So rannte mein Opa samt Gefolge schreiend, schimpfend und mit dem Gewehr fuchtelnd das Dorf hinunter.

Glücklicherweise gab es in Kömürkaya also auch Menschen, die den Weltuntergang nicht kommen sahen, weil ein Kurde eine Türkin heiraten wollte. Außerdem wollten sie meinen Opa wahrscheinlich davor schützen, sein Kind und den Sohn seines Freundes umzubringen und dafür für mehrere Jahre ins Gefängnis zu kommen. Viele Männer saßen und sitzen wegen ähnlicher Tötungsdelikte in der Türkei in Haft. Nach wie vor spielt die Ehre eine «unheimliche» Rolle in der türkischen und kurdischen Gesellschaft.

Meine Eltern rannten und rannten, bis sie sich sicher fühlten. Dann liefen sie langsamer, aber immer noch sehr aufgeregt weiter, bis es dunkel wurde. Sie übernachteten draußen auf den Feldern und brachen am nächsten Morgen gleich nach Sonnenaufgang ins nächste Dorf auf, wo Verwandte meines Vaters wohnten. Er stellte meine Mutter dort als seine Schwester Fatma vor. Keiner glaubte ihm das, zumal die Verwandten Fatma, wenn auch vor Jahren, kennen gelernt hatten und meine Mutter ihr überhaupt nicht ähnlich sah. Nach einer Weile entschloss er sich, die Wahrheit zu sagen, denn er benötigte die Hilfe der Verwandten. Jemand musste in Erfahrung bringen, was die Eltern unternahmen, um sie zu finden, ob sie zum Beispiel schon durch die Gendarmerie gesucht wurden. Die Verwandten waren sehr nett und boten ihre Hilfe an. In einer solchen Situation bilden sich immer Parteien: Die einen sind solidarisch mit den Liebenden, während die anderen um jeden Preis die Ehre wiederhergestellt wissen wollen. Einer der Verwandten, ein junger Mann, wurde in das Dorf meiner Eltern geschickt, um sich umzuhören und gegebenenfalls Verhandlungen einzuleiten, damit meine Eltern zurückkehren konnten. So laufen Entführungen nun mal ab: Man versteckt sich eine Weile, bis sich die Gemüter beruhigt und die Parteien eine Lösung gefunden haben. Die Lösung besteht dann meist aus einer finanziellen Entschädigung für die Ehrverletzung des Brautvaters.

Der kurdische Opa war vom Schneid meines Vaters nicht besonders beeindruckt. Er missbilligte diese Entführung, genauer gesagt: Er kochte mindestens genauso vor Wut wie der Vater meiner Mutter, der sich in seiner Ehre zutiefst verletzt sah. Aber der *Kürt Ahmet* war auch vernünftig genug zu sehen, dass die Ehre des Vaters meiner Mutter und seine eigene Ehre nun dringend wiederhergestellt werden mussten, da sonst ein Blutbad drohte. Unter lautstarkem und lang anhaltendem Protest willigten beide Väter schließlich in eine Heirat ein. Meine Mutter war 16 und mein Vater 17 Jahre alt. Der Brautpreis wurde auf 500 Lira festgesetzt. Später wurde meine Mutter von *Kürt Ahmet* gern mit einer gewissen Häme «die 500-Lira-Schwiegertochter» genannt.

Der Brautpreis ist ein ganz wichtiger Faktor bei der Heirat in ländlichen Gebieten und in armen Familien. Damit kann man sich schon etwas anschaffen und leisten, was sonst nicht möglich wäre. Die ansonsten ja leider vollkommen nutzlosen Töchter gewinnen dadurch an Wert. Reich ist noch keine türkische oder kurdische Familie an ihren Töchtern geworden. Aber sie bringen schon was ein, wenn man sie gut erzogen hat.

Nachdem fürs Erste alle Feindseligkeiten beseitigt waren, heirateten meine Eltern am 20. Oktober 1954. Selbstverständlich lebten sie fortan in der Großfamilie meines Vaters. Viel lieber hätten sie eine eigene Familie gegründet, doch dazu fehlten ihnen die Möglichkeiten. Außerdem wäre dies für den Kurden Ahmet eine weitere Beleidigung gewesen. Wenn er schon gutes Geld für eine schlechte Wahl seines Sohnes hergab, musste die Schwiegertochter als Arbeitskraft für die Großfamilie eingesetzt werden. Meine Eltern waren einfache Bauern und arbeiteten für die Familie auf den Feldern. Eine richtige Schulbildung hatten sie nicht. Mein Vater hatte die Grundschule bis zur fünften Klasse besucht und somit abgeschlossen. Meine Mutter hingegen durfte nur bis zur dritten Klasse zur Schule gehen. Ihr Vater pflegte klarzustellen, was er von höherer Schulbildung für Mädchen hielt, indem er etwa sagte: «Was sollen meine Töchter in der Schule? Lernen, wie man Liebesbriefe schreibt?» Ganz unabhängig davon, dass er sich das Schulmaterial für neun Kinder nicht leisten wollte. Er soll die Bleistifte in der Mitte durchgebrochen und unter den Kindern aufgeteilt haben.

Im Winter 1957 musste mein Vater seinen zweijährigen Militärdienst antreten. Diese Zeit war für meine Mutter die Hölle. Sie blieb allein in der kurdischen Familie zurück, die sich – mit Ausnahme der beiden Schwiegermütter Zeynep und Seyran – nach wie vor nicht mit einer türkischen Schwiegertochter anfreunden wollte. Der Standort meines Vaters war sehr weit weg, was zur Folge hatte, dass er in der gesamten Militärzeit nur einmal zu Mutter ins Dorf reisen konnte. Briefe schreiben konnte er auch nicht, das galt als unanständig. Die Liebe durfte niemals öffentlich gelebt werden. Es war ja nicht einmal erlaubt, sein eigenes Kind in Gegenwart eines Älteren zu liebkosen. Mein ältester Bruder Kemal, der früh starb, kam einmal angekrabbelt, als die ganze Familie beisammensaß, und wollte auf den Schoß meines Vaters klettern. Vater schubste ihn ganz grob von sich, weil es nicht erlaubt war, vor den Augen des eigenen Vaters sein Kind in den Arm zu nehmen. Die Liebe zu seiner Frau durfte er natürlich erst recht nicht zeigen. Mein Vater konnte nur Briefe an seine Eltern schreiben und darin auch meiner Mutter Grüße zukommen lassen. Weil er aber nicht sicher war, ob sie meiner Mutter tatsächlich vorgelesen wurden, schrieb er während seiner gesamten Militärzeit nur drei oder vier Briefe.

Das erste Kind meiner Eltern war ein Junge, eben mein ältester Bruder Kemal. Mit zwei Jahren erkrankte er an Masern und starb nach einigen Wochen daran. Er hätte nicht sterben müssen, wenn man ihn zum Arzt gebracht hätte. Aber mein Vater war zu dieser Zeit beim Militär, und der älteste Bruder meines Vaters, nach dem Großvater der eigentliche Patriarch und Haustyrann in der Familie, verweigerte den Arztbesuch. Mein Onkel Mustafa war der Ansicht, man müsse für den Bastard einer Türkin ja nicht auch noch Geld ausgeben. Mein Vater war, wie gesagt, nicht da; ihm fehlte auch die Kraft, sich gegen die patriarchalischen Strukturen in der kurdischen Großfamilie zu wehren – zumindest am Anfang.

1955 waren die Eltern meiner Mutter nach Istanbul gezogen. Als mein Vater irgendwann endlich mitbekam, wie schlecht meine Mutter behandelt wurde, forderte er seinen Vater vom Militärdienst per Brief auf, meine Mutter zu ihren Eltern zu schicken und dort wohnen zu lassen. Also zog sie nach Istanbul. Mein Onkel ging mit seinen Gemeinheiten gegen meine Mutter so weit, dass er die Matratze, auf der sie nachts lag, kurzerhand halbierte, als mein Vater seinen Militärdienst antrat – schließlich schlafe sie doch jetzt allein darauf. So ging sie mit ihrer halben Matratze nach Istanbul zu ihren Eltern.

Mittlerweile hatte auch mein Vater die Nase voll von seiner Familie. Er wollte schon lange nicht mehr im Dorf arbeiten. Sie schufteten alle viel, bekamen aber kein Geld, denn der älteste Bruder meines Vaters steckte alles ein. Es wurde gar nicht wenig eingenommen, doch das Geld landete hauptsächlich bei dem Älteren, der sich bei seinem Vater eine entsprechende Rolle erschlichen und erkämpft hatte. Opa hatte den großen Fehler gemacht, meinem Onkel Mustafa sämtliche Geldangelegenheiten zu überlassen. Damit war seine Macht in der Familie unerschütterlich.

Im September 1959 ging meine Mutter also zunächst allein nach Istanbul und blieb dort bei ihrer Familie. Mein Vater kam vom Militär direkt in die Stadt, wo meine Eltern sich mit Hilfe meiner türkischen Großeltern niederließen. Die Familie meines Vaters hätte sie zwar gern überredet, ins Dorf zurückzukehren, weil zwei Arbeitskräfte fehlten, doch meine Eltern wollten nicht mehr zurück. Man hatte ihnen bisher kein angenehmes Leben bereitet, warum sollten sie sich weiter erniedrigen und ausbeuten lassen? Hinzu kam der Tod ihres Erstgeborenen, für den die Familie meines Vaters die Verantwortung trug.

Als Kemal starb, wurde mein Vater davon nicht unterrichtet. Einen Monat nach Kemals Tod erhielt er einen Brief, in dem stand, nun sei sein zweiter Sohn geboren und man habe ihn Kemal genannt. Es kam ihm merkwürdig vor, dass beide Söhne den gleichen Namen trugen, und er dachte sich schon, etwas müsse passiert sein. Doch erst als er auf Urlaub ins Dorf kam, erfuhr er vom Tod seines Kindes. Dass das Neugeborene den Namen und das Geburtsdatum des verstorbenen Bruders trug, hatte vor allem praktische Gründe: Einer der älteren Männer der Familie hätte eigentlich nach Şarkışla fahren und das Kind registrieren lassen müssen. Zu dieser Form von Zeitverschwendung war jedoch keiner bereit. Es gab doch schon Papiere für einen Jungen, also konnte man die ja wohl auch für das Neugeborene benutzen. Auf dem Dorf war es vollkommen egal, wie alt ein Mensch tatsächlich war. Danach fragte kaum jemand. Erst in Istanbul, als mein Bruder mit eigentlich vier, offiziell aber sechs Jahren eingeschult werden sollte, gab es ein Problem. Schließlich wurde er ordnungsgemäß angemeldet, allerdings diesmal ein Jahr jünger gemacht, weil niemand sich mehr an das genaue Datum seiner Geburt erinnerte. Er bekam auch einen neuen Namen, Cemil – zumindest im Pass. In der Familie wird er aber bis heute Kemal genannt, wie sein verstorbener Bruder.

In Istanbul richteten sich meine Eltern in der Nähe der Familie meiner Mutter ein. So ganz ohne Großfamilie konnten sie einfach nicht leben, weil sie deren Unterstützung benötigten. Erst wohnten alle zur Miete im Bezirk Kuştepe, wo mein zweitältester Bruder Cemal zu Hause am 20. Juni 1961 zur Welt kam. Registriert wurde er aber erst zum 1. Mai 1962, als jemand Zeit hatte, von Istanbul ins Dorf und dann nach Şarkışla zu fahren, wo sich unser Familienbuch befand. So hatte auch Cemal ein falsches Geburtsdatum, wie Millionen Türken und Kurden. Als die Wehen einsetzten, benachrichtigte mein Vater meine Großmutter und ging zur Arbeit. Er konnte nicht bleiben, weil sie ihn sonst entlassen hätten. Damals arbeitete er in der Färberei einer Fabrik, die Plastikschuhe herstellte. Der Job war ziemlich gefährlich, er hantierte dort ohne großartige Schutzvorkehrungen mit allen möglichen giftigen Substanzen. Als Gegenmittel bekam er nur täglich eine Extraportion Joghurt und Milch, die ihn vor dem Gift schützen sollten. Wenn er von der Arbeit kam, war er vor lauter Farbe kaum zu erkennen. Sogar seine Spucke war bunt.

Meine Eltern wohnten in einer Einzimmerwohnung, die sie mit zahllosen Holzwürmern und Zecken teilten. Mein Vater erzählte, dass er vergeblich Unmengen von Chemikalien einsetzte, um das Ungeziefer loszuwerden. Besonders die Nächte müssen schlimm gewesen sein, das ganze Bett war voller Insekten, aber sie hatten damals einfach nicht genug Geld, um sich etwas Besseres leisten zu können.

Schließlich baute die Familie meiner Eltern in dem Bezirk Mecidiyeköy-Gültepe nach und nach eigene Häuser, so genannte *Gecekondus*. So nennt man die Häuser der Armen, die illegal über Nacht auf staatlichem Grund und Boden entstanden. Damit sie genehmigt wurden, benötigte man nur vier Wände und ein Dach. Alles musste aber nachts errichtet werden. (*Gecekondu* heißt so viel wie «über Nacht gebaut».) Der Staat tolerierte diese Häuser zwar irgendwie, dennoch gab es Kontrollen, ob alles seine Richtigkeit hatte. Ziemlich bald, nachdem sie das Haus gebaut hatten, wurde mein Vater von der Gendarmerie abgeholt und befragt. Man wollte wissen, warum er das Haus gebaut hatte und wie viele Menschen darin leben sollten. Er versicherte, das Haus sei für die gesamte Großfamilie errichtet worden und unglaublich viele Menschen würden auf der Straße landen, wenn es wieder abgerissen würde. Zur Bekräftigung dieser Aussage setzten sich sämtliche Verwandten, die ihre eigenen *Gecekondus* in der näheren Umgebung hatten, in unser Haus und erweckten den Anschein, es handele sich tatsächlich um eine Art Massenasyl. Die Verwaltung hatte ein Einsehen, das Haus konnte stehen bleiben.

Zuerst hatten alle Verwandten gemeinsam das Haus der Großeltern und dann nach und nach das der Kinder gebaut. Die Gendarmen drückten auch mal ein Auge zu, wenn tagsüber daran gearbeitet wurde. Sie wussten vom Elend und der Armut. Mein Vater verdiente in der Fabrik nur 40 Lira in der Woche. Davon konnten sie einfach keine Miete zahlen, es reichte ja kaum zum Leben.

Nach einer bestimmten Anzahl von Jahren konnte man in manchen Gegenden sogar ins Grundbuch eingetragen und somit offiziell Eigentümer eines *Gecekondus* werden. Auf diese Weise wurden meine Eltern irgendwann auch auf dem Papier Eigentümer unseres Hauses.

So wohnten meine Eltern nun in Istanbul bei der türkischen Großfamilie. Sie wurden besser behandelt als in der Familie meines Vaters, denn sie hatten einen eigenen Hausstand. Die Tatsache, dass mein Vater Kurde war, wurde meist höflich übergangen. Höchstens im Streitfall ließ sich der eine oder andere zu politisch nicht ganz korrekten Äußerungen wie *Köpek Kürt* («Kurden-Köter») hinreißen.

Eigentlich war alles ganz in Ordnung.

Und dann kam ich.

Kapitel 2 Im Gecekondu

Meine Mutter lag zu Hause in den Wehen und wartete auf die Hebamme, aber die kam und kam nicht. Als sie es nicht mehr aushalten konnte, wurde sie von meinem Onkel mit dem Taxi in die Klinik gefahren. So ganz wohl war meiner Mutter dabei nicht.

Eigentlich hätte schon mein Bruder Cemal in der Klinik geboren werden sollen. Der Arzt hatte es jedenfalls empfohlen. Doch die Nachbarinnen sprachen so schlecht über Krankenhausgeburten, dass meine Mutter es mit der Angst bekam und ihn zu Hause zur Welt brachte. Was die Nachbarinnen genau erzählt hatten, wollte meine Mutter nicht sagen, aber ich kann es mir schon denken, weil sie sehr beschämt schaute und schwieg, als ich sie nach Details fragte.

Deshalb war es eigentlich klar, dass ich auch zu Hause entbunden werden sollte. Da die Hebamme aber nun einmal nicht kam, blieb meiner Mutter nichts anderes übrig, als in die Klinik zu fahren und zu hoffen, dass es glimpflich abginge.

Der Tag, an dem ich geboren wurde, war ein Sonnabend,

aber mein Vater musste trotzdem arbeiten. Als er am Nachmittag nach Hause kam, wurde er sofort wieder losgeschickt, um die Hebamme zu holen. Das dauerte eine Weile, und als er schließlich zurückkehrte, war meine Mutter längst unterwegs. Von dem Moment, als sie aus dem Taxi stieg, bis zu meiner Geburt im Kreißsaal soll nicht viel Zeit vergangen sein. Meine Mutter meint, etwa zehn Minuten. Beinahe wäre ich also im Taxi geboren worden.

Irgendwie muss das mein Leben geprägt haben, jedenfalls bin ich immer noch ständig unterwegs. Entweder ziehe ich gerade um oder ich verreise oder bin sonst wie auf Achse. Von einem ruhigen Leben träume ich zwar, aber bis heute ist nichts daraus geworden. Schließlich nannten sie mich auch noch Seyran, nach meiner Großmutter, was «große Reise, Ausflug, Feiern» bedeutet. Ein Name, der verpflichtet. Mein Nachname Ateş bedeutet übrigens «Feuer, Fieber».

Irgendwann traf dann auch mein Vater in der Klinik ein. Die Krankenschwester schaute meine Mutter mitleidig an und fragte, ob sie ihm erst später erzählen solle, dass es ein Mädchen sei. Meine Mutter grinste. «Nein, er wird sich freuen. Sagen Sie es ihm ruhig sofort.»

Es war damals in der Türkei nicht selbstverständlich, dass sich Väter über eine Tochter freuten. Ein Mädchen war nicht so viel wert wie ein Sohn. Aber was die Krankenschwester nicht wissen konnte, war, dass ich in jeder Hinsicht ein Wunschkind war. Meine Eltern wünschten sich ein drittes Kind, und sie wünschten sich ein Mädchen, weil sie schon zwei Söhne hatten.

So erhielt mein Vater die Nachricht von meiner Geburt

durch eine Krankenschwester. Über diese Nachricht war er so glücklich, dass er der Schwester 20 Lira in die Hand drückte. Es ist in der Türkei durchaus üblich, den Überbringern der Geburtsnachricht Geld zu schenken. Ungewöhnlich war lediglich die Höhe des Betrags. Es handelte sich nämlich um die Hälfte seines damaligen Wochenlohnes.

Später sagte er oft: «Hätte ich doch der Krankenschwester nochmal 20 Lira gegeben, damit sie dir gleich den Hals umdreht.» Daraus kann man wohl schließen, dass er nicht immer sehr glücklich über mich war. Sicherlich liebt er mich. Aber ich wurde nicht die Tochter, die er sich gewünscht hatte.

Das alles geschah am 20. April 1963. Mein Geburtsdatum stimmt und wurde richtig registriert, weil ich im Krankenhaus geboren wurde, so wie mein jüngerer Bruder Ahmet und meine Schwester Serpil. Niemandem in meiner Umgebung war damals bewusst, dass ich am selben Tag Geburtstag hatte wie Adolf Hitler. Warum auch? Die Menschen um mich herum interessierten sich nicht sonderlich für das Weltgeschehen. Sie hatten genug damit zu tun, sich ihr tägliches Brot zu erkämpfen. Von der Bedeutung dieses Datums erfuhr ich erst Jahre später in Deutschland.

Meine Eltern und Verwandten freuten sich über die Geburt eines jeden Kindes, obwohl sie dadurch finanziell in ziemliche Bedrängnis kamen. Sie hatten ein gewisses Gottvertrauen und den Rückhalt der Großfamilie. Keiner fühlte sich allein mit seinen Problemen, die Familie würde schon helfen. Das tat sie auch. Eine alte türkische Weisheit sagt: «Bir elin nesi var? İki elin sesi var.» – «Was hat schon eine Hand? Zwei Hände haben eine Stimme.» Einfacher gesagt: Zusammen können wir etwas schaffen.

Doch fünf Kinder konnte man als einfacher Fabrikarbeiter mit 40 Lira Wochenlohn in Istanbul beim besten Willen nicht ernähren, vor allem, wenn die Ehefrau nicht arbeiten durfte. Und das war streng verboten, obwohl der Rückhalt durch die Großfamilie in der Stadt an ihre Grenzen stieß. Jede Familie war auf sich gestellt und musste zusehen, wie sie ihre Kinder ernährte. In der Familie meiner Mutter besuchte man sich noch recht oft, zumal die einzelnen Häuser nur wenige Meter voneinander entfernt waren, aber mit der Zeit ließ die gegenseitige Hilfe nach. Alle kämpften ums Überleben, jeder hatte genug mit sich selbst zu tun.

Trotzdem war ich immer froh darüber, dass um uns herum so viele Verwandte lebten. Insgesamt waren es fünf Häuser, die unserer direkten Verwandtschaft gehörten. Entsprechend viele Menschen gab es, die sich um einen kümmerten, und viele Kinder, mit denen man spielen konnte. Für mich war es das Paradies – zumindest während der ersten fünf Jahre meines Lebens, solange meine Mutter noch da war.

Langeweile kannte ich in dieser Zeit nicht, obwohl wir Kinder nicht besonders viel Spielzeug hatten. Die Puppen, die mein Vater mir brachte, mochte ich nicht. Ich pikte ihnen die Augen aus und verschenkte sie weiter. Aber wir kannten viele Spiele, für die man kein teures Spielzeug benötigte. Ein paar Strommasten als Male, ein Stück fester Sand, Holzstücke und Steine reichten aus. Es waren sehr schöne und lustige Spiele.

Da wir in unserem Haus kein fließendes Wasser hatten,

musste ich mit meiner Mutter Wasser holen gehen von dem Brunnen am Fuße des gegenüberliegenden Hügels. Dazu hatte sie mir extra kleine Kanister gekauft, damit ich sie tragen konnte. Sogar das war wie ein Spiel für mich.

Mein wichtigster Halt in der Welt war der Rockzipfel meiner Mutter, er bedeutete für mich absolute Sicherheit und Schutz. Sie nahm mich fast überallhin mit, ich war ja die kleine Prinzessin. Die Jungs waren viel zu sehr mit sich und ihren Kumpels beschäftigt. Ständig waren sie unterwegs und machten irgendwelchen Unsinn. Das traf sich gut, denn so musste ich nicht um den Rockzipfel meiner Mutter kämpfen. Der gehörte mir allein. Und er half gegen eine Menge Dinge, die einem Angst machen konnten. Zum Beispiel die Gruselgeschichten, die sich die Erwachsenen erzählten. Darin kamen alle möglichen schaurigen Gestalten vor: Menschen, die sich in Vampire verwandelten, Leute, die auf dem Friedhof von den Toten ins Grab gezogen wurden, Frauen, die mit flackerndem Blick durch die Straßen irrten, weil sie vom Teufel besessen waren. Dass der Friedhof auf einem Hügel gegenüber von unserem Haus lag, verstärkte meine Angst natürlich noch.

Es gab in unserer Gegend auch einen älteren Mann, der *deli Muarem* – der verrückte Muarem – genannt wurde. Man erzählte sich, er sei einst sehr reich gewesen, habe alles verloren und sei darüber verrückt geworden. Er gab komische Laute von sich und erschreckte uns Kinder. Die Erwachsenen nutzten das, um uns Angst zu machen: «Wenn du nicht brav bist, holt dich der verrückte Muarem.» Die Angst vor dem etwas verwirrten Mann begleitete meine Kindheit in Istanbul. Panisch floh ich jedes Mal unter das Bett, wenn er in Sichtweite kam, damit er mich nicht mitnahm. Zum Glück kreuzte er nicht jeden Tag auf, sonst hätte ich am Ende meine gesamte Kindheit unterm Bett verbracht.

Glaubte man den Erwachsenen, war die Welt ohnehin voller Gefahren für uns Kinder. Eine weitere Bedrohung waren die «Zigeuner». Sie entführten angeblich Kinder und verkauften sie. Dabei fielen unter diesen Begriff nicht nur Sinti und Roma, sondern überhaupt alle verdächtigen Fremden. Und so klang es in meinen Ohren höchst bedrohlich, wenn meine Mutter manchmal sagte: «Du bist nicht meine Tochter. Man hat dich sicherlich im Krankenhaus vertauscht. Neben mir lag eine Zigeunerin, der siehst du sehr ähnlich.» Das bedeutete nämlich, dass sie mich irgendwann weggeben könnte an die Zigeuner, zu denen ich möglicherweise gehörte.

Die Türken und Kurden sind ein sehr abergläubisches Volk. Sobald jemand für ein Problem keine Lösung findet, wird der *Hoca,* der Geistliche, aufgesucht. Für viel Geld lassen die Menschen sich «besprechen», ihre Feinde «verwünschen» und sich die Zukunft weissagen. Sie bekommen kleine Zettel, auf denen Gebete notiert sind. Die Zettel müssen eingepackt und verschlossen aufbewahrt werden, meist werden sie mit Stoff umnäht. Dieses *Muska,* wie der Talisman auf Türkisch heißt, wird dann mit einer Sicherheitsnadel an der Kleidung nahe beim Herzen befestigt. Wichtig ist, das es ständig am Körper getragen wird, damit es seine Wirkung entfalten kann. Das Spannende an der ganzen Angelegenheit ist, dass das *Muska* keinesfalls geöffnet werden darf, weil es dann seine heilende Wirkung verliert. Millionen von Menschen laufen mit solch einem *Muska* herum, und keiner weiß, was tatsächlich darin geschrieben steht. So wie viele Moslems den Koran nicht verstehen und dennoch an seinen Inhalt glauben, sind all diese Leute überzeugt von der Kraft eines Schriftstücks, dessen Inhalt sie nicht kennen. Zu diesem Thema gibt es einen sehr treffenden Witz, der unseren Aberglauben wirklich gut wiedergibt:

Ein Bauer kommt mit seiner abgemagerten Ziege zum *Hoca* und erklärt, er sei verzweifelt darüber, dass seine Ziege so abmagere, und habe Angst, sie könne sterben. Er sei ein armer Bauer und könne keine neue Ziege kaufen; brauche aber die Milch von der Ziege. Der *Hoca* sagt: «Gut, mein Sohn, ich werde dir und deiner Ziege helfen. Ich schreibe dir auf, was du deiner Ziege täglich zu essen geben musst, und ich schreibe für deine Ziege ein *Muska*, damit der böse Blick von ihr abgewendet wird. Dieses *Muska* hängst du der Ziege an den Hals.»

Der Bauer befolgte alles, was der *Hoca* angeordnet hatte. Es vergingen einige Monate, und der Ziege ging es besser. Sie nahm zu, wurde quicklebendig und gab Massen an wohlschmeckender Milch. Der Bauer war überglücklich, andere Bauern machten es ihm daraufhin nach und gingen mit ihren Ziegen zum *Hoca*. Im Dorf gab es bald nur noch glückliche und zufriedene Ziegen.

Nach vielen Jahren starb der *Hoca* und schließlich auch die Ziege. Die Bauern hätten zu gern gewusst, was der *Hoca* wohl in das *Muska* geschrieben haben mochte, um solche Wunder zu bewirken. Ihre Neugierde war so stark, dass sie das *Muska* öffneten, um nachzuschauen. Was sie dort lasen, gefiel ihnen allerdings nicht besonders gut. Der *Hoca* hatte geschrieben: «Was interessiert mich die abgemagerte Ziege von dem blöden Bauern, der sie verhungern lässt. Soll er ihr doch vernünftig zu essen geben, dann wird es ihr schon besser gehen.»

Ein weiteres Orakel ist der Kaffeesatz. Es wird keine Gelegenheit ausgelassen, sich aus dem Kaffeesatz die Zukunft lesen zu lassen. Man kann sagen, dass der Kaffeesatz eine echte Konkurrenz zur Tageszeitung und den Nachrichten im Fernsehen ist. Dieses Jahr konnte ich in Istanbul beobachten, dass die miserable wirtschaftliche Situation in der Türkei den Menschen nur noch den Kaffeesatz als Hoffnungsschimmer gelassen hat. Es gab keinen Ort, kein Café, keine Bar, wo nicht aus dem Kaffeesatz gelesen wurde.

Vom Islam habe ich als Kind nicht besonders viel mitbekommen. Meine Geschwister und ich wurden nicht sehr religiös erzogen. Der Aberglaube hingegen hatte nachhaltige Wirkung und bestimmte mit seinen zuweilen absurden Vorschriften den Alltag: So durfte etwa in der Nacht nicht genäht werden, weil jeder Stich einem Stich in die toten Gebeine eines nahen Verstorbenen gleichkomme. Da meine Mutter einen Sohn verloren hatte, konnte sie nachts nicht nähen. Wenn man unter etwas durchlief, was nicht fest installiert war, zum Beispiel einer Leiter, musste man auch wieder darunter zurücklaufen, weil man sonst nicht mehr wachsen und an Körpergröße klein bleiben würde. Hausschuhe durften auf keinen Fall mit der Sohle nach oben liegen. Sonst würde es im Haus einen Toten geben. Wenn man sie verkehrt herum anzog, bekam man keinen Mann ab. (Dieses Verbot galt nur für Mädchen.) Man durfte nicht auf einer Türschwelle sitzen. Das brachte Unglück über die Hausgemeinschaft. Sogar bei der Fußballweltmeisterschaft im Jahre 2002 machte sich der nationale Aberglaube deutlich: Nachdem die türkische Nationalmannschaft das Viertelfinale geschafft hatte und bei dem Spiel gegen Senegal viele Torchancen verpasst wurden, hieß es, die Türken seien durch die Senegalesen verwünscht worden. Diese Ansicht wurde auch über türkische Medien verbreitet. Es brachte auch Unglück, sich nachts die Fingernägel zu schneiden. Diese ganzen Verbote hatte ich dermaßen verinnerlicht, dass ich tatsächlich erst mit Mitte dreißig den Mut fand, mir nachts die Nägel zu schneiden.

Eines Tages war meine Mutter verschwunden, einfach so, ohne jede Vorankündigung. Sie war nach Deutschland gegangen, um dort zu arbeiten, doch das konnte ich nicht wissen, weil niemand es mir gesagt hatte. Ich hatte zwar ziemlich viel von der Aufregung mitbekommen, die plötzlich herrschte, aber ich ahnte nicht, was das zu bedeuten hatte. Der Rockzipfel meiner Mutter war ja nach wie vor der Mittelpunkt meiner Welt und die Garantie dafür, dass nichts Schlimmes zu erwarten war. Dass er mitsamt meiner Mutter einmal verschwinden könnte, kam mir absolut nicht in den Sinn.

Mein Onkel väterlicherseits, Necati, war mit seiner Frau Ayşe und seinen drei Kindern aus dem Dorf gekommen, um bei uns zu wohnen und auf uns aufzupassen. In unserer Nachbarschaft lebten zwar viele Verwandte meiner Mutter, doch die hatten selbst viele Kinder und Häuser, um die sie sich kümmern mussten. Mein Onkel aus dem Dorf kam gern, er konnte sich sogar vorstellen, vielleicht ganz nach Istanbul zu übersiedeln. Uns Kinder fragte natürlich keiner, ob wir damit einverstanden waren.

Meine Mutter war also weg, und niemand verlor ein Wort darüber, wohin sie gegangen war und wann sie wiederkommen würde. Ich wusste nicht einmal, ob ich meine Mutter überhaupt jemals wieder sehen würde. Mein Vater war noch ein halbes Jahr bei uns, bevor er auch ging. Ich habe in diesen Monaten allerdings nicht viel von ihm gesehen. Er musste arbeiten und sich um uns Kinder und nun auch um seinen Bruder und dessen Familie kümmern.

Als meine Mutter ging, war unsere kleine Schwester Serpil gerade vier Monate alt. Eine der Schwestern meiner Mutter hatte fast zum gleichen Zeitpunkt entbunden, was sehr praktisch war: So konnte sie nämlich auch meine Schwester stillen. Diese Art von Gemeinschaftsfütterung wird in der Türkei oft praktiziert. Mein Cousin und meine Schwester wurden «Milch-Geschwister» – so nennt man das bei uns. Trotz der Versorgung durch meine Tante ging es Serpil nicht besonders gut, sie schrie ununterbrochen. Als mein Vater endlich mit ihr zum Arzt ging, bekam er dort einiges zu hören: Das Kind hatte einfach nur Hunger und einen entzündeten Po. Mein Vater sagt, er werde den Blick nie vergessen, mit dem der Arzt ihn anschaute: voller Verachtung, weil er sein eigenes Kind verhungern ließ. Bis heute gibt mein Vater ausschließlich sich selbst die Schuld für das, was meine Schwester erleiden musste. Er schämt sich jetzt noch dafür, dass er es mit uns Kindern nicht besser hingekriegt hat und nicht selbst sehen konnte, was meiner Schwester fehlte. Aber was hätte er tun sollen? Er arbeitete den ganzen Tag und musste plötzlich zwei Familien versorgen, obwohl es für eine schon kaum gereicht hatte. Und er hatte meiner Tante immer Geld für Serpils Nahrung gegeben. Wenigstens schickte meine Mutter regelmäßig etwas Geld. Sonst wären wir wohl alle verhungert. Außerdem kann meine Schwester von Glück reden, dass er zum Arzt gegangen ist mit ihr und nicht zum *Hoca*, was in der Türkei leider nicht unüblich ist.

Und dann verschwand mein Vater genauso plötzlich und unangekündigt wie vorher meine Mutter. Wir blieben allein mit meinem Onkel und seiner Familie zurück. Insgesamt war diese Zeit ziemlich furchtbar, schon weil mein Onkel und meine Tante mich sehr oft schlugen. Es kam häufig vor, dass ich nachts von ihnen geschlagen wurde, weil ich ins Bett machte. Daraufhin machte ich ins Bett, weil ich geschlagen wurde. Ein Teufelskreis, auf den ich irgendwann mit Trotz und Verstocktheit reagierte.

Die übrigen Verwandten kümmerten sich jetzt weitaus weniger um uns als früher. Vor allem das Verhältnis zu meinen Großeltern litt, weil mein Großvater über meine Mutter schimpfte, die sich in Deutschland prostituiere. Meine Großmutter liebte uns nach wie vor, aber ich durfte nicht mehr so oft zu ihr gehen, weil mein Opa und mein Onkel es nicht wollten.

Der Onkel Necati hatte auch eine Tochter, die ein Jahr alt war. Eines Tages, meine Cousine und ich hatten Masern, hustete ich wohl etwas mehr als sonst, und Ayşe bekam Angst um mich. In ihrer Verzweiflung sagte sie: «Lieber soll eins meiner Kinder sterben, als dass Seyran etwas passiert!» Wenige Tage später starb meine Cousine tatsächlich. Ich war am Boden zerstört und fühlte mich schuldig an ihrem Tod. Wiederum sprach kein Mensch mit mir darüber, ich weiß bis heute nicht, was das Kind hatte. Aber für mich lag es auf der Hand, dass mein Husten und der Spruch ihrer Mutter das Kind getötet hatten.

Ich habe nie eine Gelegenheit gefunden, mit Ayşe über den Tod ihrer Tochter zu sprechen. Seit wir in Deutschland lebten, habe ich sie kaum noch gesehen, und vor kurzem starb sie. So werde ich wohl nie erfahren, was in ihr vorgegangen ist, als meine Cousine starb. Jedes Mal, wenn sie mich gesehen hat, wird sie an ihre Tochter gedacht haben.

Merkwürdigerweise habe ich nur schwache Erinnerungen an das eine Jahr, in dem unsere Mutter uns allein ließ. Die Zeit war wohl einfach zu schrecklich für mich. Ich bin übrigens nicht die Einzige, die während der Gastarbeiter-Anwerbezeit Deutschlands von ihren Eltern in der Türkei zurückgelassen und von Verwandten schlecht behandelt wurde: Eine ganze Menge meiner Altersgenossen lassen sich mittlerweile psychiatrisch behandeln, um dieses Trauma zu verarbeiten. Man kann vielleicht sogar von einem Generationstrauma der Migrantenkinder sprechen. Unsere Eltern haben uns zurückgelassen, dann irgendwann wieder zu sich geholt, aber sie haben niemals mit uns über diese Zeit gesprochen. Ich glaube, sie haben auch nie wirklich darüber nachgedacht, was das für uns Kinder bedeutete – dazu hatten sie nicht die Zeit, aber auch nicht die Bildung oder Einsicht. Meine Vorwürfe verstanden sie nicht wirklich. Erst viel später, als ich ihre Version der Geschichte hörte, konnte ich so etwas wie Frieden mit meinen Eltern schließen. Mir wurde klar, dass sie es sich nicht so leicht gemacht hatten, wie ich angenommen hatte.

Aber damals verstand ich überhaupt nichts. Ich war einfach nur einsam und konnte nicht begreifen, warum meine Mutter, die mich doch liebte, mich allein zurückgelassen hatte. Ein Jahr lang wanderte ich wie durch einen Nebel, bis meine Mutter endlich wiederkam. Sofort packte ich mit festem Griff ihren Rockzipfel, und nichts in der Welt hätte mich dazu gebracht, ihn wieder loszulassen.

Kapitel 3 Aufbruch nach Deutschland

Bei seiner Arbeit in der Fabrik bekam mein Vater mit, dass viele Menschen nach Deutschland gingen, um dort zu arbeiten. Auch einige seiner Kollegen waren schon weg. Die Leute sagten, man könne in Deutschland viel Geld verdienen. Bekannte, die bereits in Deutschland arbeiteten und zum Urlaub oder zu Besuch nach Istanbul kamen, bestätigten diesen Eindruck: Sie wirkten reich oder zumindest wohlhabend. Es war also kein Wunder, dass mein Vater vom Deutschlandfieber angesteckt wurde. Zumal ihm bewusst war, dass er mit seinem bescheidenen Gehalt seiner großen Familie niemals etwas bieten könnte.

Im Sommer 1965 ließ er sich also beim deutschen Arbeitsamt registrieren und wartete auf eine Zusage. Drei Jahre später hatte er immer noch keine Nachricht aus Deutschland bekommen. Irgendwann erzählte er einem Kollegen, mit dem er sich besonders gut verstand, von der langen Wartezeit. Der Kollege tat geheimnisvoll: «Komm mit raus auf den Hof. Ich erzähl dir mal was. Das darfst du aber niemandem weitersagen.» Draußen schaute er sich vorsichtig um und sagte leise: «Ich gebe dir einen Rat. Es gibt einen Trick, wie du schneller nach Deutschland kommst: Schick deine Frau hin, sie kann dich dann nachholen. So habe ich es gemacht. Meine Frau ist schon dort. Sie hat mich als Familienangehörigen eingeladen, und ich fahre bald zu ihr.»

Offensichtlich hatte Deutschland genug Männer aus der Türkei angeheuert, aber einen Mangel an weiblichen Arbeitskräften.

Mein Vater besprach das gleich am selben Abend mit meiner Mutter, die von der Idee nicht gerade begeistert war. Wie auch: Sie war 30 Jahre alt, hatte vier Kinder und war hochschwanger. Außerdem kannte sie nur ihr Dorf, in Istanbul lediglich das Areal um unser *Gecekondu* herum, sprach natürlich nur Türkisch und war Analphabetin. Nicht unbedingt die beste Ausgangsposition für eine internationale Karriere. Hinzu kam, dass sie bis dato nie allein irgendwohin gefahren war. Was übrigens niemand besonders ungewöhnlich fand. Der Platz einer ehrenhaften Türkin ist nun mal ihr Zuhause. Anständige türkische und kurdische Frauen leben behütet, geschützt und unter vollständiger Kontrolle der Großfamilie.

Entsprechend kommentierte mein Großvater den Wunsch meiner Mutter, nach Deutschland zu gehen. Er hatte dazu eine klare Meinung: Arbeitende Frauen seien Huren. Frauen, die nach Deutschland gehen wollten, um dort zu arbeiten, seien noch schlimmere Huren.

Verzweifelt versuchten meine Eltern, seinen Segen zu bekommen. Es ging keineswegs nur darum, die Form zu wahren. Für die Generation meiner Eltern und zu deren Zeit war es einfach außerordentlich wichtig, dass die Ältesten mit dem, was man machte, einverstanden waren.

Meine Eltern standen erneut vor einer wichtigen Entscheidung, die von meinem Großvater nicht gebilligt wurde. Er war ja auch gegen ihre Heirat gewesen.

Sein letztes Wort zum Thema Deutschland war: «Wenn du dorthin gehst, dann habe ich keine Tochter mehr, die Hatun heißt.» Und so geschah es: Als meine Mutter sich entschloss, die Türkei zu verlassen, wurde sie von ihrem Vater verstoßen. Es war mehr ein Hinauswurf aus seinem Herzen, wirklich verstoßen konnte er sie ja nicht mehr, da sie ein eigenes Haus und eine eigene Familie hatte. Aber es war schlimm genug. Mit ihr verstieß er natürlich auch ihre Kinder, also uns. Wir wurden zu Bastarden erklärt und sollten ihm nicht mehr unter die Augen kommen.

Es fiel meiner Mutter nicht leicht, sich gegen ihren Vater zu stellen. Zwar hatte sie durch ihre Heirat bewiesen, dass sie einen eigenen Kopf hatte, aber das Verhältnis zu ihrem Vater hatte sich mittlerweile beruhigt, und sie wollte es nicht erneut gefährden.

Dass sie sich schließlich doch für den Aufbruch nach Deutschland entschied, hatte mit ihrer Freundin Havva zu tun, die zwei Häuser weiter wohnte. Sie war nicht mit uns verwandt, was ich damals immer erstaunlich fand. Mir kam es als Kind nämlich so vor, als wären alle Menschen mit uns verwandt – schließlich traf das für die allermeisten in meiner Umgebung ja auch zu. Havva fand die Idee, nach Deutschland zu gehen, sehr gut und meinte sogar, sie wolle auch mit. So ließen die beiden Frauen sich gemeinsam beim Arbeitsamt registrieren. Sie wurden von Kopf bis Fuß medizinisch untersucht und mussten einige Tests machen, um zu zeigen, wie geschickt sie waren. Beide Frauen erwiesen sich als geeignet für Deutschlands Fabriken.

Havva war weitaus selbständiger als meine Mutter. Sie konnte lesen und schreiben, und sie wusste sich durchzusetzen. Eine solche Freundin an ihrer Seite zu haben war für meine Mutter ein Segen. Allein wäre das Leben für sie in Deutschland viel schwieriger gewesen.

Meine Mutter kam also mit Havva in Berlin an. Sie hatten sich für Berlin entschieden, weil man dort wegen der Berlin-Zulage mehr Lohn bekam. Die Stadt an sich, ihre Lage, Größe oder sonstige Charakteristika, war ihnen ziemlich egal. Wichtig war, ob und wie viele Türken dort noch arbeiteten und was man in der jeweiligen Fabrik verdiente.

Der Monatslohn betrug damals 400 DM, nicht gerade die Reichtümer, die man sich in der Türkei erträumt hatte. Selbstverständlich war es viel mehr, als mein Vater in Istanbul verdiente. Andererseits waren die Lebenshaltungskosten in Deutschland relativ hoch, man konnte also in kurzer Zeit keine großen Summen sparen, um in der Türkei ein besseres Leben führen zu können.

Zu Anfang wohnten meine Mutter und Havva in einem Arbeiterwohnheim der Firma Siemens. Es war dort sehr sauber, und die Deutschen, mit denen sie im Heim zu tun hatten, waren freundlich.

Meine Mutter vermisste ihre Familie sehr. Sie weinte jeden Tag vor Sehnsucht. Deshalb nannten die Frauen im Heim meine Mutter *ağlayan kadın*, «die Frau, die weint». Es ging ihr also nicht viel besser als uns in Istanbul.

Mein Vater ließ sich sofort von meiner Mutter einladen. Damit er sich um den bürokratischen Kram kümmern konnte, der mit der Einladung einherging, ließ er sich von einem Hals-Nasen-Ohren-Arzt krankschreiben. Der Arbeitgeber sollte noch nichts von seinen Emigrationsabsichten erfahren. Weil sein eigener Antrag auf Arbeit in Deutschland noch lief, musste er sich ebenfalls einer gründlichen medizinischen Untersuchung unterwerfen und einen Eignungstest machen.

Wie viele Gastarbeiter wurden auch meine Eltern von anderen Türken übers Ohr gehauen, die sich die Unwissenheit der Gastarbeiter zunutze machten. So gab es zum Beispiel eine Mitarbeiterin im türkischen Konsulat, die den Frauen gegen einen bestimmten Geldbetrag versprach, die Bearbeitung der Visa zu beschleunigen. Meine Eltern erhofften sich die Beschleunigung ihrer Angelegenheit und übergaben der Frau alle Unterlagen. Geholfen hat diese Frau meinen Eltern jedoch nicht. Sie vertröstete in Berlin meine Mutter, und wenn sie in Istanbul war, vertröstete sie meinen Vater. Es half auch nichts, dass mein Vater sie gemeinsam mit Verwandten in Istanbul aufsuchte und ganz dringend um Erledigung seiner Angelegenheit bat.

Meine Eltern hielten es kaum aus, voneinander getrennt zu sein. Dazu kam die Ungewissheit, ob auch mein Vater ein Visum für Deutschland bekommen würde. Die Träume, die mit Deutschland verbunden waren, konnten nur in Erfüllung gehen, wenn auch mein Vater bald nachkäme. Er wusste ganz genau, dass meine Mutter es nicht sehr viel länger allein aushalten würde. Ihr war die Gemeinsamkeit mit ihrer Familie wichtiger als das Geld, das sie verdiente. Ihr jüngstes Kind war gerade vier Monate alt, als sie es zurückließ. Ein Baby zurückzulassen, das eigentlich noch gestillt werden muss, ist sicher für jede Mutter ein unerträglicher Schmerz. Aber meine Mutter hatte keine Wahl. Es war die einzige Chance für meine Eltern, die Existenz der Familie zu sichern.

Nach einigen Monaten klappte es dann endlich, und mein Vater kam im Februar 1969 nach Berlin als Gastarbeiter zu Siemens. Es hatte sich gelohnt, auf das Gastarbeitervisum zu warten. Denn so hatte er sofort Arbeit und musste nicht Fabriken abklappern und um Jobs bitten.

Meine Eltern lebten in getrennten Arbeiterheimen, weil sie keinen Platz in dem einzigen Familienheim bekamen. Das gefiel ihnen natürlich nicht besonders gut. Aber eine eigene Wohnung war zu teuer und zudem schwer zu finden. Die meisten deutschen Vermieter hatten sich noch nicht an die Gastarbeiter aus der Türkei gewöhnt. Glücklicherweise lagen die Heime wenigstens nicht weit auseinander, und meine Mutter konnte meinen Vater besuchen. Frauen durften zu Besuch ins Männerheim, umgekehrt war es den Männern nicht erlaubt, die Frauen im Heim zu besuchen. Eine sehr interessante Vorschrift. Woran mag es wohl gelegen haben, dass Männer «Frauenbesuch» haben durften, aber Frauen nicht gestattet wurde, ihre eigenen Ehemänner als Besuch zu empfangen?

Nach zwei Monaten fanden meine Eltern durch die Vermittlung eines Bekannten aus unserem Dorf eine Einzimmerwohnung im Wedding. Die Gemeinschaft funktionierte auch in der Migration. Es gibt in Berlin ganze Straßenzüge, in denen Menschen aus dem gleichen Dorf leben, zuweilen wie in einer Kopie der Anordnung ihrer Häuser auf dem Dorf oder der *Gecekondus* in der Stadt. Für sie war es das große Los. Die Enge machte ihnen nichts aus, sie kamen aus ärmlichen Verhältnissen und waren es gewohnt, nicht besonders luxuriös zu leben.

Die Wohnung war eigenartig geschnitten, eigentlich waren es zwei Wohnungen in einer. Wenn man die Wohnungstür öffnete, gelangte man in einen kleinen Flur, von dem rechts das Zimmer und links die Küche abging. Geradeaus war eine zweite Tür. Wenn man durch diese Tür ging, stand man in der Wohnung unserer deutschen Nachbarin. Auch bei ihr ging rechts ein Zimmer und links die Küche ab. Sie musste also durch unseren Flur laufen, um in ihre Wohnung zu gelangen, und wir mussten jedes Mal unser Zimmer und die Küche abschließen, wenn wir die Wohnung verließen. Die Toilette befand sich eine halbe Treppe tiefer und wurde von allen vier Mietparteien auf der Etage benutzt. Der Andrang war manchmal entsprechend groß. Wobei wir später als große Familie zugegebenermaßen eher zu Engpässen beitrugen als die beiden allein stehenden Frauen und die deutsche Familie mit ihren zwei Kindern, die in der Wohnung gegenüber lebten.

Nun hatten sie also eine eigene Wohnung, konnten in Ruhe ein Jahr arbeiten und dann zurückkehren. So war ihr ursprünglicher Plan, deshalb hatten sie auch nicht die Absicht, uns Kinder überhaupt nachzuholen. Irgendwann wurde ihnen dann aber klar, dass die Kosten in Berlin zu hoch waren, um in einem Jahr genug Geld für eine eigene Existenz in der Türkei zusammenzusparen.

Dann bekamen meine Eltern auch noch einen Brief von meinem Onkel Necati, der schrieb, er wolle in sein Dorf zurückkehren und könne daher nicht mehr länger auf uns Kinder aufpassen. Er schrieb auch, er könne mich nicht mehr bändigen. Ich sei verrückt geworden. Ich würde um mich schlagen und sogar meinen ältesten Bruder respektlos behandeln, ihm die schrecklichsten Schimpfwörter an den Kopf werfen.

Als meiner Mutter der Brief vorgelesen wurde, war für sie klar, dass sie sofort losfahren und uns holen würde. Für sie war die Zeit ohne uns schon mehr als zu lang gewesen. Außerdem machte sie sich große Sorgen, weil ihre Kinder offenbar nicht gut behandelt wurden. Sie vermutete sofort, dass ich deshalb so rebellisch reagierte. Wie sollte sie meinem Onkel auch vertrauen? Immerhin hatte sie schon ein Kind verloren, das sie der Familie meines Vaters zur Obhut gegeben hatte.

Bald nach der Ankunft meines Vaters in Deutschland wurde meine Mutter erneut schwanger. Meine Eltern waren darüber nicht besonders glücklich, obwohl sie wirklich sehr kinderlieb sind. Sie hatten schon fünf Kinder und wussten nicht, wie sie noch ein zusätzliches versorgen sollten. Meine Mutter hatte versucht, sich die Pille zu besorgen, doch der Frauenarzt sagte, er könne ihr zurzeit keine Hormone verschreiben, weil sie etwas hätte, was vorher medikamentös behandelt werden müsste. Die Pille dürfe sie erst nach dieser Behandlung bekommen. So wurde sie also ungewollt schwanger und war verzweifelt.

Meine Eltern sprachen lange darüber und kamen zu dem Entschluss, dass sie das Kind abtreiben lassen müssten. In Deutschland war Abtreibung verboten, in der Türkei nicht. Also fuhr meine Mutter nach Istanbul, um den Eingriff vornehmen zu lassen. Kurz vorher entschieden sich meine Eltern, uns Kinder nach Deutschland zu holen.

Während der ersten Wochen ihrer Schwangerschaft hatte meine Mutter die Tabletten eingenommen, die der

Gynäkologe in Deutschland ihr verschrieben hatte. Sie meint, das Risiko, ein behindertes Kind zur Welt zu bringen, sei deshalb ohnehin sehr hoch gewesen. Damit mag sie Recht haben, es kann aber auch sein, dass sie sich ihr Gewissen erleichtern will. Sie verzeiht sich den Abbruch im Grunde bis heute nicht. Es war auch kein besonders schönes Erlebnis. Sie war schon im vierten Monat, als der Arzt in Istanbul ihr Tabletten gab und ein Mittel, mit dem sie Sitzbäder machen sollte. Sie befolgte alle Anweisungen, doch irgendwann war ihr Urlaub vorbei, sie war immer noch schwanger, und sie musste nach Deutschland zurück. Flugtickets waren zu teuer. Deshalb musste sie eine dreitägige Zugreise antreten, mit uns im Schlepptau. Meine jüngste Schwester Serpil blieb zurück, weil sie noch zu klein war. Sie wurde erst ein Jahr später nachgeholt.

Während der Zugfahrt begannen die Mittel des Arztes zu wirken, und als wir gerade an einem Bahnhof hielten, verlor meine Mutter ihr Kind. Glücklicherweise befand sich eine Hebamme im Abteil, die sie versorgte. Das tote Baby wurde in einen Stofffetzen gewickelt und aus dem Fenster geworfen, als der Zug sich wieder in Bewegung setzte. Die Frauen hatten extra darauf gewartet, dass sich der Zug in Bewegung setzte, damit das Bündel nicht auf dem Bahnsteig oder an einer anderen auffälligen Stelle landete. Unterwegs im Nirgendwo war es ihrer Ansicht nach besser aufgehoben.

Ich bekam die ganze Aufregung um meine Mutter ziemlich klar mit, obwohl wir Kinder aus dem Abteil geschickt wurden. Als eine Frau mit dem Bündel in der Hand aus dem Abteil kam, fragte ich, was los sei. Sie sagte, ich hätte gerade ein Schwesterchen verloren. Ich bekam nicht mit, dass das

Bündel aus dem Fenster geworfen wurde, und irgendjemand sagte mir, sie hätten es zur Toilette gebracht. Ich rannte hin und schaute in die Toilettenschüssel. Irgendwie hatte ich das Gefühl, ich könnte mein Schwesterchen noch retten. Ich konnte nicht glauben, dass sie einen Menschen wegwarfen. Ich sehe es heute noch vor mir – die Toilettenschüssel und das Nichts, in das ich hineinblickte. Ziemlich lange stand ich da und versuchte etwas zu entdecken. Vergeblich. Traurig über meine Erfolglosigkeit, den Zustand meiner Mutter und den Verlust einer Schwester, kehrte ich in das Abteil zurück.

Vom Rest der Zugfahrt weiß ich nichts mehr. Meine Erinnerung setzt erst wieder ein, als wir drei Tage später in Berlin eintrafen.

Wir standen auf dem Bahnsteig, und meine Mutter suchte mit hoffnungsvollen und verzweifelten Blicken nach meinem Vater, der uns eigentlich hätte abholen sollen. Aber er war nicht da, und so stand unsere Mutter umringt von vier Kindern und einigen Koffern da und wusste nicht, was sie zuerst von der Stelle bewegen sollte. Sie konnte uns auch keine Sekunde allein lassen, weil wir, vor allem ich, sofort in lautes Protestgeheul ausbrachen. Sie hatte mein Vertrauen noch nicht wiedererlangt. Wer garantierte denn, dass sie nicht wieder für längere Zeit verschwinden würde?

Während sie unter großen Mühen Kinder und Koffer in ein Taxi verfrachtete, schwebte ich schon in einer anderen Welt. Mutter wollte ich zwar nicht loslassen, aber die vielen Lichter und Menschen beeindruckten mich sehr. Alles war so schön bunt, sauber, hell und lebendig. Die Doppeldecker-Busse kamen mir riesig vor. Die Menschen darin sahen aus wie übereinander gestapelt. Natürlich hatte ich in Istanbul auch schon Autos gesehen. Aber hier wirkte alles so viel schöner und größer. Die Gebäude waren hoch und hell erleuchtet. Umso trauriger wurde ich, als es während der Taxifahrt immer dunkler wurde und immer weniger Menschen zu sehen waren. Die Straße, in der wir schließlich anhielten, gefiel mir nicht. Die verfallenen Häuser und die spärliche Beleuchtung ließen sie düster und unfreundlich erscheinen.

Das nächste aufregende Ereignis war, dass wir in eines dieser großen Häuser gingen und für meine Begriffe unglaublich viele Treppen hinaufstiegen, bis in den zweiten Stock. Oben stand mein Vater, und das Wiedersehen nach so langer Zeit war sehr merkwürdig. Er lächelte uns zuerst liebevoll an, so wie wir ihn kannten, dann schaute er aber plötzlich ganz grimmig und sagte: «Was macht ihr denn hier? Wieso seid ihr gekommen?»

Wir blieben wie angewurzelt stehen und guckten ziemlich erschrocken nach oben. Als er merkte, dass wir seinen Scherz nicht verstanden hatten, war es zu spät. Die Freude, ihn zu sehen, war schon aus unseren Gesichtern gewichen.

Unser neues Zuhause gefiel mir nicht, ich fing sogar sehr schnell an, es zu hassen. Vom ersten Tag an wurde ich eingesperrt. Ich durfte nicht zum Spielen hinausgehen, ich hätte mich ja verlaufen können. Die Jungs durften aber hinaus – als ob sie sich nicht ebenso hätten verlaufen können. Mein Spielfeld vor der Haustür war ganz klar abgesteckt: links bis zur Ecke und rechts bis zum Schuster. Bis dahin konnte man mich nämlich vom Fenster aus beobachten. Das waren circa 50 Meter nach jeder Seite. Meine Brüder mussten darauf achten, dass ich ja nicht aus dieser Begrenzung heraustrat. Nur einige wenige Male habe ich mich getraut, weiter zu laufen, und dafür ziemlich viel Schläge bekommen. Alles in allem lohnte es nicht, sich für einige wenige Stunden Freiheit verprügeln zu lassen. Ich muss nur Geduld haben, dachte ich damals. Sie können mich nicht mein Leben lang einsperren. Wenn ich groß bin, werde ich selbst bestimmen, wohin ich gehe und wie lange ich dort bleibe.

«Das Haus meines Vaters», so wird das Elternhaus in der Türkei genannt, erschien mir immer mehr wie ein Gefängnis. Damit wir Kinder nicht lange allein blieben, arbeiteten meine Eltern in der Fabrik im Schichtbetrieb. So konnten sie sich kaum noch sehen, aber auch für uns hatten sie wenig Zeit. Meine Mutter war mit Beruf und Kindern sehr belastet und begann bald, mich in den Haushalt mit einzubeziehen. Sie war sichtlich überfordert. Ein großes Problem war zum Beispiel, Zutaten für unser Essen zu finden. Es gab kaum Gemüsesorten, und was es gab, war sehr teuer. Die türkische Küche besteht aber zum größten Teil aus Gemüse. So musste meine Mutter neben Fabrikarbeit, Hausarbeit und vier Kindern noch Kreativität in der Küche an den Tag legen. Wie nötig sie meine Hilfe tatsächlich hatte, weiß ich jetzt besser als damals. Meine Mutter spannte mich bei fast jeder Arbeit ein, und mit zehn Jahren konnte ich schon fast alles im Haushalt erledigen. Ich bin ihr durchaus dankbar, dass sie mir so viel beigebracht hat. Aber es wäre schöner gewesen, wenn es ohne Druck und Schläge abgegangen wäre und wenn ich ein wenig mehr Kind hätte sein dürfen.

Auch mein Vater spannte mich ein, wenn er «Männerarbeit» machte, wie zum Beispiel Tapezieren, Streichen oder Möbel zusammenbauen. So lernte ich auch, mit einem Hammer und sonstigem Werkzeug umzugehen, Dinge, die ein Mädchen sonst nicht unbedingt mitbekommt. Aber ich lernte das alles nicht, weil meine Eltern mich zur Selbständigkeit erziehen wollten, sondern weil meine Brüder sich vor der Arbeit drückten. Jungs mussten nicht helfen, meine kleine Schwester auch nicht, weil sie eben die Jüngste war.

Ich traute mich auch nicht zu widersprechen, denn dann setzte es meist Schläge. Ich war ohnehin eher ängstlich und zudem von der Zeit mit meinem Onkel eingeschüchtert, deshalb hatte ich keine Kraft und keinen Mut, mich durchzusetzen. Es gab auch niemanden, der mir beistand. Wenn meine Mutter mich schlug, fand mein Vater das richtig, und umgekehrt. Mein Bruder Kemal schlug mich am meisten, einige Jahre lang fast täglich. Auch daran hatten meine Eltern nichts auszusetzen. Es hieß immer: «Du musst schon was angestellt haben, sonst würde er dich nicht schlagen.»

Als ältester Sohn wurde Kemal von meinen Eltern angewiesen, die Rolle des Familienoberhauptes zu übernehmen, wenn sie nicht da waren. So bekam er eine ganze Menge Macht. Mich behandelte er wie seine persönliche Sklavin, mit größter Selbstverständlichkeit und mit dem Segen meiner Eltern. Wenn er sich die Haare waschen wollte, was er fast täglich tat, musste ich ihm das Wasser über den Kopf schütten, obwohl wir mittlerweile einen Badeofen hatten und er seinen Kopf nur unter den Wasserhahn hätte halten müssen. Wenn ich das Wasser aber so schüttete, dass ihm irgendetwas daran nicht gefiel, schlug er mich. Wenn ich weinte, schlug er mich noch mehr. Also musste ich meinen Groll runterschlucken und zusehen, dass ich alles richtig machte.

Kemal fand trotzdem immer eine Gelegenheit, mir eine runterzuhauen: wenn ich zu laut lachte, wenn ich ihm nicht sofort brachte, was er wollte, wenn seine Jacke vom Haken fiel. Meine kleine Schwester schlug er nie, denn sie wurde von meinem Bruder Cemal beschützt. Einmal versuchte Kemal, Serpil zu schlagen. Das hätte er lieber sein lassen sollen. Cemal stürzte sich so heftig auf ihn, dass wir dachten, er würde seinen großen Bruder gleich umbringen.

Ich liebte meine kleine Schwester und war froh, dass sie beschützt wurde und nicht so leiden musste wie ich. Auf keinen Fall hätte ich gewollt, dass es ihr genauso erging wie mir. Neidisch war ich nicht, nur traurig, weil mich niemand beschützte. Ich musste mich selbst verteidigen, was mir eher schlecht als recht gelang. Ich fing deshalb schon bald an, darüber nachzudenken, wie ich mich aus dieser Sklaverei befreien könnte. Mir war klar, dass ein langer Weg vor mir lag. Aber irgendwie glaubte ich auch daran, dass ich es schaffen und irgendwann frei sein würde, selbstbestimmt leben könnte, ohne der Willkür eines anderen Menschen ausgesetzt zu sein.

Meine Eltern hatten sich während ihrer Zeit in Deutschland sehr verändert. Von ihrer liebevollen Art war nicht mehr viel zu spüren. Sie gingen zur Arbeit und kamen völlig erschöpft zurück. Nur an den Wochenenden war es manchmal etwas lockerer, vor allem am Samstag. Tagsüber wurde gemeinsam eingekauft und geputzt, wovon meine Brüder natürlich befreit waren. Abends hatten wir dann Besuch oder gingen zu Verwandten oder Bekannten.

Da zwei Schwestern meiner Mutter kurz nach uns ins selbe Haus gezogen waren, hatte ich bald wieder Cousinen, mit denen ich spielen konnte. Es war also ein klein wenig wie in Istanbul, wo wir Tür an Tür gewohnt hatten, bloß durfte ich auch mit meinen Cousinen nur vor der Haustür spielen. Meine Verwandten waren keine große Hilfe gegen die Verbote meiner Eltern. Ihre eigenen Töchter durften immer mehr als ich, aber sobald mich jemand irgendwo etwas weiter weg von zu Hause sah, wurde das meinen Eltern brühwarm erzählt. Es war schön, innerhalb einer Großfamilie zu leben, aber es hatte eben auch ein paar Nachteile. Die ständige Kontrolle war einer davon.

Kurz nach uns zog im vierten Stock unseres Hauses ein türkisches Ehepaar ein, das seine zwei Kinder noch in der Türkei hatte. Meine Eltern hatten sich schnell mit ihnen angefreundet, man besuchte sich gegenseitig und half sich, wenn es notwendig war. Die Frau erzählte oft von ihrer Tochter, die so alt war wie ich. Ich fand das ganz spannend, denn meine Cousinen waren entweder älter oder jünger als ich, und mit sechs Jahren macht das viel aus. Ich konnte kaum erwarten, dass Arzu, so hieß sie, endlich kommen würde. Ein Jahr nach unserer Ankunft in Berlin kam sie dann wirklich und wurde sofort meine Freundin. Die Mutter von Arzu brachte auch unsere kleine Schwester mit, weil sie ohnehin nach Istanbul musste. So mussten meine Eltern nicht extra runterfliegen, um sie zu holen.

Allmählich war ich etwas glücklicher in Berlin, weil ich Arzu hatte zum Spielen.

Kapitel 4 Neue Welt, neue Sprache

Als ich in Deutschland ankam, war ich mit meinen sechs Jahren bereits schulpflichtig und hätte eigentlich in die erste Klasse kommen müssen. Ich sprach aber kein einziges Wort Deutsch, also kam ich erst einmal in die Vorschule. Damals sagte man auch Spielschule, was ein ziemlich treffender Ausdruck war, denn wir spielten dort sehr viel mehr als wir lernten. Ich konnte es kaum abwarten, auch in die richtige Schule zu kommen, wie meine älteren Brüder. Die Anfangszeit in der Vorschule erlebte ich wie hinter einem Schleier. Ich verstand kein Wort, saß meist irgendwie da und beobachtete, was um mich herum passierte. Wie ich schließlich Deutsch gelernt habe, weiß ich nicht mehr. Ich konnte es einfach irgendwann.

Das merkte ich vor allem daran, dass die deutsche Nachbarin, die meine Eltern bis dahin bei Behördenangelegenheiten begleitete, nicht mehr mitging. Stattdessen wurde ich eingespannt und übersetzte schon mit sechs Jahren bei Arztbesuchen und Behördengängen. Meine Brüder sprachen auch relativ gut Deutsch, weigerten sich aber mitzugehen. Sie behaupteten, sie könnten nicht übersetzen.

Auf den Ämtern und in den Arztpraxen merkte ich, wie schlimm es war, wenn man sich nicht gut verständigen konnte. Die Sachbearbeiter waren zum größten Teil unfreundlich und frei von jeder Hilfsbereitschaft. Sie mokierten sich über die Leute, für die ich übersetzte, und hatten einen sehr rüden Ton an sich. Am Anfang machten sie mir mit ihren lauten und herrischen Stimmen und ihrem selbstbewussten Auftreten Angst. Doch mit der Zeit gewöhnte ich mich daran. Wenn man sich an ihre Regeln hielt, ließen sie einen weitgehend in Ruhe oder behandelten einen, als sei man gar nicht da. Immerhin angenehmer, als angebrüllt zu werden.

Die Kinder in der Spielschule wollten nicht viel mit mir zu tun haben. Warum, weiß ich nicht. Vielleicht weil ich «Ausländerin» war, weil sie mich nicht verstanden und ich sie nicht verstand. Vielleicht aber auch nur, weil sie mich einfach nicht mochten. Ich war nicht unbedingt ein Wildfang, eher artig und gehorsam. Damit machte ich mich nicht gerade interessant. In der Vorschule wartete ich immer, bis man mir sagte oder zeigte, was ich zu tun hatte. Meine Eltern hatten mich oft genug ermahnt, ich solle artig sein, sonst würde ich bestraft.

Zu Hause wurden wir auch dauernd angehalten, ruhig zu sein, weil sonst die deutschen Nachbarn die Polizei rufen und uns aus der Wohnung werfen lassen würden. Dabei waren die meisten Nachbarn sehr nett zu uns Kindern, bis auf eine Familie, die direkt unter uns wohnte. Bei jedem kleinen Pieps kam der Mann hoch und brüllte rum, wir sollten leise sein. Er fand auch, wir seien «Scheißausländer» und sollten dahin zurückgehen, wo wir herkämen. Dabei waren wir wirklich nicht besonders laut. Viel Platz zum Toben gab es ja auch nicht in unserem einzigen Zimmer, das zudem noch voll gestellt war mit Möbeln. Dieser eigenartige Nachbar war einfach ausländerfeindlich. Er zog auch nach ein paar Monaten aus, weil er nicht ertragen konnte, dass immer mehr Türken ins Haus zogen.

Wir lebten nun also in einem anderen Land, das uns nicht gehörte. Und die Deutschen, denen dieses Land gehörte, durften bestimmen, wie man sich zu verhalten hatte, jedenfalls in der Öffentlichkeit. Das wurde uns von unseren Eltern immer wieder vorgebetet. Wir sollten uns in Acht nehmen vor den Deutschen, sie seien ganz anders als wir.

Auch ich empfand mein Elternhaus und die Schule als zwei sehr unterschiedliche Welten. Aber so schlimm, wie meine Eltern die Deutschen darstellten, fand ich sie nicht. Gut, hin und wieder beschimpften uns die Leute, besonders die älteren Frauen. Wenn wir mit anderen Kindern vor unserer Haustür spielten, sagten sie im Vorbeigehen schon mal: «Macht Platz, ihr Scheißausländerkinder. Man hat ja kaum noch Platz auf der Straße. Geht doch zurück in eure Heimat.» Glücklicherweise waren nicht alle Deutschen so abweisend.

Unsere deutsche Nachbarin, die direkt Tür an Tür mit uns wohnte, war unglaublich nett. Sie hatte mich in der Vorschule angemeldet und mir einen Satz beigebracht, den ich auswendig lernte, bevor ich Deutsch sprach oder verstand.

Der Satz lautete: «Ich heiße Seyran Ateş und wohne in der Liebenwalder Straße 22, Vorderhaus, zweiter Stock links.» Erst später habe ich begriffen, warum ich diesen Satz lernen sollte. Alle Erwachsenen in meiner näheren

Umgebung hatten eine Heidenangst, ich könnte verloren gehen.

Kaum hatte ich angefangen, Deutsch zu sprechen, wollte ich unbedingt in die richtige Schule. Ich hatte keine Lust mehr zu spielen, ich wollte dringend etwas lernen, wobei ich keine genaue Vorstellung davon hatte, was man in der Schule lernte. Nach den Sommerferien sollte es endlich so weit sein. Das hatten mir die Erwachsenen versprochen.

Die Ferien selbst waren furchtbar, ich musste die ganze Zeit in der Wohnung hocken, weil wir in Berlin blieben. Einen Urlaub in der Türkei konnten wir uns im ersten Jahr nicht gleich leisten. Ich langweilte mich zu Tode und sehnte den Tag herbei, an dem ich endlich zur Schule gehen konnte. Deshalb stand ich auch am allerersten Tag nach den Ferien als Einzige vor der Grundschule. Die erste Klasse begann erst zwei Wochen nach den Ferien, doch das hatte ich nicht gewusst, und ich beharrte so nachdrücklich auf meinem Recht zum Besuch einer ordentlichen Schule, dass mich eine gnädige Lehrerin schließlich in die hintere Ecke ihrer zweiten Klasse setzte und mir ein paar Buntstifte in die Hand drückte, mit denen ich mir vierzehn Tage die Zeit vertrieb.

Nach zwei Wochen war die Einschulungszeremonie. Wir kamen in die Aula und wurden nach Klassen platziert. Ich wurde Frau Güntzel zugewiesen. Sie begrüßte mich und zeigte mir, wo ich mich hinsetzen sollte. Arzu wurde zu meiner großen Freude ebenfalls in die Klasse von Frau Güntzel eingeteilt. Ich hatte zwar das Gefühl, dass Arzu sich darüber nicht so freute wie ich, aber das störte mich nicht weiter. Es war einfach schöner, wenn man in der

Klasse schon eine Freundin hatte. So fühlte ich mich auch nicht ganz allein unter den vielen deutschen Kindern.

Unsere Klassenlehrerin war für mich eine Art Halbgöttin. Sie war freundlich und einfühlsam, und ich liebte sie so innig, dass ich gar nicht mehr nach Hause gehen mochte. Bald spannte Frau Güntzel mich gemeinsam mit einem deutschen Mitschüler ein, um den anderen Schülern zu helfen. Wir beide waren meist zuerst mit allen Aufgaben fertig und begriffen den Stoff rasch. Es gab nur einen Unterschied zwischen ihm und mir: Seine Leistungen wurden als selbstverständlich hingenommen. Bei mir wurde sehr oft betont, dass ich als Türkin das eine oder andere besser könne als meine deutschen Mitschüler.

Frau Güntzel war natürlich viel zu einfühlsam für so etwas, aber der Direktor der Schule, der uns auch unterrichtete, und andere Lehrer führten mich oft vor. Wenn ich die Einzige war, die sich meldete, hieß es: «Nun sagt euch eine Türkin die richtige Antwort.» Ein Satz, der nicht gerade zur Völkerverständigung beitrug. Ich hatte ohnehin nicht viel Kontakt zu den anderen Kindern, weil ich nach der Schule zu Hause bleiben musste. Wer sich mit mir treffen wollte, hätte zu mir nach Hause kommen müssen. Aber wer wollte das schon? Es gab bei uns zu Hause nicht viel Platz, und es war viel interessanter, draußen zu spielen. Um die diplomatischen Beziehungen nicht weiter zu gefährden, passte ich irgendwann auf, dass ich nie die Einzige war, die sich zu einer Frage meldete.

Meine Freundin Arzu ließ mich auch bald allein. Ihre Mutter hatte ihr gesagt, sie solle lieber den Kontakt zu deutschen Mitschülerinnen suchen, damit sie ihr Deutsch verbessere. Außerdem würde es in der Schule mehr nützen, wenn sie deutsche Freundinnen und Freunde hätte. Arzu freundete sich mit einer gewissen Erika an, der Tochter eines Bäckers, und wollte nichts mehr mit mir zu tun haben. Erikas Eltern hatten eine eigene Bäckerei und waren damit etwas Besseres als unsere Familie.

Die Eltern von Arzu hielten sich immer auch für was Besseres, was sie in der Türkei wohl auch gewesen waren. Es wurde erzählt, dass der Vater von Arzu große Baumwollplantagen besessen habe und irgendwann Pleite gegangen sei. Sie seien dann nach Berlin gekommen, um sich eine neue Existenz aufzubauen. Der Vater hatte einen Job in der Fabrik, während die Mutter als Putzfrau arbeitete. Ihre Sprache und ihr Gehabe waren auch tatsächlich anders als das meiner Eltern. Arzus Eltern siezten einander und sprachen sich gegenseitig immer mit Herr Fikret und Frau Sultan an. (Im Türkischen ist es üblich, beim Siezen den Vornamen zu verwenden.) Sehr vornehm.

Arzus Mutter wollte also, dass ihre Tochter sich in besseren Kreisen bewegte. Was sie allerdings nicht daran hinderte, mich und meine Familie gelegentlich zu Serviceleistungen heranzuziehen. Damit Arzu den Schulweg nicht allein zurücklegen musste, wurde mir aufgetragen, sie abzuholen und mit ihr gemeinsam zur Schule zu gehen. An der Toreinfahrt zur Schule ließ mich Arzu dann aber stehen, weil sie dort auf ihre Freundin Erika traf. Ich wurde von Arzus Eltern auch um Übersetzungen gebeten, weil Arzu so etwas nicht konnte. Aber als Freundin für ihre Tochter war ich nicht gut genug.

Ich beneidete Arzu auch ein wenig, weil sie so viel durfte wie die deutschen Mädchen. Die Öztürks waren keine so große Familie wie wir und konnten sich mehr leisten. Deshalb wünschte ich mir manchmal auch, ich hätte nur meinen kleinen Bruder Ahmet gehabt. Aber im Grunde war ich froh, dass wir mehr waren, weil dadurch auch viel los war bei uns. Irgendwie war es lebendiger, nicht so steif wie bei besseren Familien.

Die meisten Gastarbeiterfamilien stammten aus ländlichen Gebieten der Türkei. Das galt auch für die meisten Familien, mit denen wir Kontakt hatten. Einige verhielten sich nach einer gewissen Zeit aber tatsächlich so, als hätten sie mit dem Dorf nichts mehr zu tun, und wurden so förmlich und hochnäsig, wie man es von Stadtmenschen vermeintlich erwartete.

Später zog Arzu mit ihren Eltern nach Wilmersdorf. Das war ein besserer Bezirk, schon weil es dort nicht so viele Türken gab. Ich fand die Gegend eher langweilig. Aber das kam wohl daher, dass wir tatsächlich verschiedenen sozialen Schichten angehörten. Am Ende profitierte ich sogar von ihrem Umzug nach Wilmersdorf, weil sie dort Bettina kennen lernte, die inzwischen zu meinen allerliebsten Freundinnen gehört.

Irgendwann in der zweiten oder dritten Klasse wurden Arzu und ich auf eine andere Schule abgeschoben, angeblich, damit wir unsere Muttersprache nicht vergaßen. Die Schule war weiter weg von zu Hause, und es waren nur Türkinnen und Türken in der Klasse. Die meisten sprachen kaum Deutsch. Dort wurde uns erzählt, wir sollten erst mal Deutsch lernen.

Das Ganze war ziemlich absurd. In meiner ersten Schule hatte ich deutschen Mitschülern bei den Hausaufgaben geholfen, und nun sollte ich hier Deutsch lernen, ausgerechnet in einer Klasse, in der alle nur Türkisch miteinander sprachen. Ich langweilte mich im Unterricht und verstand die Welt nicht mehr.

In den Pausen war es ziemlich unruhig auf dem Hof. Es war alles viel lauter und chaotischer, vor allem die Jungs waren aggressiver. Einer von ihnen bedrängte mich ständig und versuchte mich zu begrapschen. Ich wehrte mich und rannte weg. Eines Tages drückte er mich gegen einen Zaun, sodass ich nicht weg konnte. Trotzdem wehrte ich mich mit Händen und Füßen. Er schlug mir ins Gesicht und richtete mich ziemlich übel zu. Das Ganze fand nach Schulschluss statt, sodass uns niemand sah. Schließlich gelang mir die Flucht, und ich rannte mit blutender Nase nach Hause. Meine Mutter war über meinen Anblick ziemlich erschrocken. Ich erzählte ihr, was passiert war, wobei ich schamhaft verschwieg, dass der Junge mich begrapschen wollte. Ich hatte irgendwie das Gefühl, sie würde mir nicht glauben oder mich beschuldigen. Jedenfalls war sie mit mir einer Meinung, dass ich nicht mehr auf diese Schule gehen sollte. Am nächsten Tag brachte sie mich persönlich zurück in die alte Klasse und erklärte, die andere Schule komme nicht infrage. Arzu und ich wurden einfach wieder aufgenommen, und alles war wie vorher, als seien wir nie weg gewesen. Im Nachhinein kann ich diesem Jungen fast dankbar sein, dass er mich verprügelt hat. Sonst hätte ich wohl eine ganz andere Schulkarriere oder, besser gesagt, gar keine gehabt.

In der vierten Klasse, mit knapp neun Jahren, bekam ich meine Periode. Ich hatte keine Ahnung, was mit mir geschah. Es begann an einem Tag, als meine Eltern mir ausnahmsweise erlaubt hatten, Schlittschuh laufen zu gehen, mit Arzu und einigen anderen Kindern. Plötzlich fühlte ich mich sehr komisch und spürte, wie etwas Warmes mir den Schenkel hinunterlief. Ich machte, dass ich nach Hause kam, um nachzusehen, was los war. Als ich das viele Blut sah, dachte ich an eine innere Verletzung und wusste überhaupt nicht, was ich nun machen sollte.

Ich wechselte meine Sachen und hoffte, dass niemand die blutige Wäsche entdecken würde. Doch bald spürte ich wieder einen warmen Strom zwischen den Beinen. Es blieb mir nichts anderes übrig, als erneut die Unterhose zu wechseln. Das ging noch einige Male so weiter, bis ich in meiner Verzweiflung meine Mutter bat, mit mir ins Zimmer zu kommen. Ich zeigte ihr die blutigen Sachen und beteuerte, ich könne mir nicht erklären, was passiert sei. Sie schaute ganz erschrocken und knallte mir erst mal eine. Wäre auch ein Wunder gewesen, wenn ich keine Schläge bekommen hätte. Sie sagte, ich hätte ihr das nicht sagen dürfen. Das habe ich bis heute nicht verstanden. Wen hätte ich denn sonst um Hilfe bitten sollen, wenn nicht sie?

Später bekam ich mit, dass türkische und kurdische Mädchen so etwas normalerweise von anderen Mädchen oder Verwandten erfahren. Es ist selten die eigene Mutter, die einen aufklärt. Ich hatte Pech, weil ich zu früh angefangen hatte zu bluten. Ein paar Jahre später hätte ich wohl mitgekriegt, dass Mädchen irgendwann ihre Tage bekommen.

Meine Mutter zeigte mir die Binden, die ich nun benutzen sollte, und fügte hinzu, dass ich ab jetzt jeden Monat bluten würde. Damit war das Thema abgeschlossen. Sie hat nie wieder mit mir über das Thema Menstruation gesprochen. Ich habe sie auch nie wieder darauf angesprochen oder um Hilfe gebeten. Auch wenn ich starke Schmerzen hatte, sagte ich nichts. Die Ohrfeige hatte mir ein für alle Mal klar gemacht, dass meine Mutter nicht die richtige Beraterin bei Menstruationsbeschwerden war. Ich sah also zu, dass ich irgendwie klarkam. Da ich auch in der Schule niemanden hatte, mit dem ich darüber sprechen konnte, bedeutete es ganz viel Stress, wenn ich meine Tage hatte.

Niemand durfte sehen, wie ich die Binden aus der Tasche nahm und damit auf die Toilette ging. Ganz schlimm war es, wenn wir Schwimmunterricht hatten. Die Wahrheit konnte ich unmöglich vor meinen Mitschülern sagen, also musste ich eine Ausrede finden. Einmal im Monat vergaß ich entweder mein Schwimmzeug, oder ich war krank. Insgesamt haderte ich kräftig mit der Ungerechtigkeit meines Schicksals. Die anderen Mädchen hatten es ohnehin besser als ich, und nun kam wieder etwas, was mich einschränkte. Während sie ungehindert weiter am Schwimmunterricht teilnahmen, musste ich mir Ausreden ausdenken.

Am allerschrecklichsten war es im Urlaub in der Türkei, wenn ich meine Tage hatte. Ich traute mich nicht, meine Mutter nach Binden zu fragen, weil ich mich schämte. So suchte ich die Koffer danach ab oder behalf mich, soweit ich konnte, mit irgendwelchen Stofffetzen. Sogar als meine Cousinen etwas von meinem Stress merkten und mich fragten, ob sie mir helfen könnten, traute ich mich nicht, ihnen die Wahrheit zu sagen. Ich schämte mich zu Tode. Sie waren übrigens weitaus weniger schamhaft als ich. Unsere Erziehung in Deutschland schien anders zu verlaufen als die Erziehung gleichaltriger Mädchen in der Türkei. Ich war immer sehr erstaunt darüber, wie viel mehr Freiheiten meine Cousinen in der Türkei hatten. Während ich in einem angeblich moderneren Land ein eingeschlossenes Leben führte, verfügten meine Cousinen in Istanbul über weitaus mehr Freiraum als ich. Sie waren auch im Umgang miteinander lockerer.

Die Erklärung dafür war, dass ich in Deutschland vor den bösen Ureinwohnern beschützt werden musste. Sie stellten eine große Gefahr für meine jungfräuliche Seele dar. Die sexuelle Revolution Anfang der siebziger Jahre trug ihren Teil dazu bei, dass meine Eltern wenig Vertrauen in den moralischen Zustand der Deutschen hatten, ein Urteil, dass ihnen auch nicht wirklich vorzuwerfen ist. Selbst ich hatte eine Zeit lang den Verdacht, meine Eltern könnten mit ihren Befürchtungen Recht haben. Denn auf dem Weg zum Spielplatz in unserer Straße kam man an einer Ladenwohnung vorbei, in die man hineinschauen konnte. Auf dem Boden lagen eine Menge Matratzen und auf den Matratzen eine Menge nackter Menschen. Kinder waren auch dazwischen. Ich hatte strengste Anweisung, niemals in den Laden zu schauen und ganz schnell daran vorbeizulaufen. Das Ganze war natürlich ein klarer Beweis dafür, dass die Deutschen ständig Gruppensex und Partnertausch betrieben.

Das Thema Sexualität gehörte insgesamt nicht zu den Themen, über die man in unserer Familie viel sprach. Eine Ausnahme waren Schimpfwörter. Das Wort Nutte oder Hure kam sehr oft vor, wenn ich geschlagen und beschimpft wurde. Ich kannte diese Bezeichnungen schon, bevor ich überhaupt wusste, was Huren sind und machen.

Töchter verkörpern die Ehre der Familie und müssen vor allen Gefahren geschützt werden. Sie müssen ihre Jungfräulichkeit bewahren, bis sie verheiratet werden. Deshalb wurde ich eingesperrt. Damit meine Jungfräulichkeit nicht gefährdet würde, damit ich nicht auf Abwege käme. Sexualität hatte mit Ehre zu tun, die Ehre war ich, ich war das Jungfernhäutchen. Wenn ich protestierte, wurde mir erklärt, ich solle vernünftig sein und wie ein türkisches Mädchen denken und handeln. Mädchen und Frauen hätten in unserer Kultur eine ganz bestimmte Rolle, und das sei auch gut so. Von «den Deutschen» solle ich mir nichts abgucken. Die seien sowieso jenseits von gut und böse. Allah würde sie irgendwann dafür bestrafen.

Ein Bekannter sagte einmal, wir Mädchen seien so wertvoll wie Gold. Am schönsten sei es, wenn wir poliert und in die Vitrine gestellt würden, damit wir nicht beschmutzt werden könnten. Bei der Vorstellung, den Rest meines Lebens in der Vitrine zu verbringen, wurde mir angst und bange.

In der Schule fühlte ich mich viel wohler als zu Hause, auch wenn ich dort auch sehr viel allein war. Von den Lehrern wurde ich wenigstens nicht geschlagen, außerdem lernte ich ziemlich viel. Sie respektierten meine Leistungen und lobten mich. Zu Hause war das anders: Obwohl meine Zeugnisse immer besser waren als die meiner Brüder, war das kein Grund für meine Eltern, mir besondere Beachtung zu schenken. Die Zeugnisse wurden kurz angesehen und sehr bald vergessen. Meine Eltern waren stolz, taten aber nicht besonders viel, um mich zu unterstützen. Im Gegenteil, wenn ich mich mal in die Ecke setzte und ein Buch las, schimpfte meine Mutter und sagte, davon werde die Wohnung auch nicht sauber. Ich solle mich lieber um den Haushalt kümmern und lernen, was Mädchen lernen müssten, damit sie später gute Hausfrauen würden.

Erst als meine Mutter mit fast 50 Jahren selbst lesen und schreiben lernte, entwickelte sie ein wenig Verständnis für mich. Tatsächlich war sie von ihren Büchern und Schreibheften kaum noch wegzukriegen. Manchmal vergaß sie sogar zu kochen, und mein Vater stand vor leeren Töpfen, wenn er von der Arbeit kam.

Sie hatte angefangen, lesen und schreiben zu lernen, weil sie es satt hatte, nur durch meinen Vater zu erfahren, was in den Zeitungen stand. Sie wollte selber lesen können und entscheiden, was sie las. Also brachte ich sie in eine Beratungsstelle für Frauen aus der Türkei und meldete sie beim Alphabetisierungskurs an. Dort lernte sie eine Frau kennen, mit der sie sich anfreundete und regelmäßig traf, um gemeinsam Hausarbeiten zu machen. Sie holten einander abwechselnd von zu Hause ab und gingen gemeinsam zum Kurs. Als Kind hatte mein Opa ihr ja nicht erlaubt, die Schule länger als bis zur dritten Klasse zu besuchen.

Heute liest meine Mutter den Koran auf Arabisch. Natürlich versteht sie kein Arabisch, genauso wenig wie Millionen von Moslems, die den Koran in dieser Sprache lesen. Aber sie kennt die Zeichen und deren Aussprache. Darauf wäre mein Opa wiederum stolz gewesen. Denn den Koran zu lesen ist nichts Verfängliches.

Ich lernte in der Schule eine ganze Menge Dinge, die meinen Eltern nicht gefielen. Sie bekamen davon allerdings nicht viel mit, weil sie weder mich noch die Lehrerinnen und Lehrer danach fragten, was eigentlich gelehrt wurde. Um solche Gespräche zu führen, konnten sie einfach nicht gut genug Deutsch.

Zum Beispiel nahm ich sehr gerne am Religionsunterricht teil. Meine Eltern wussten gar nicht, dass es überhaupt Religionsunterricht an unserer Schule gab, bis ich ihnen eines Tages von der Geburt Jesu erzählte. Sie waren ziemlich schockiert, und es kam zu einer heftigen Diskussion, weil meine Eltern Jesus anders darstellten, als ich es in der Schule gelernt hatte. Sie hatten meiner Ansicht nach ein falsches Bild von Jesus, und ich versuchte, sie von meiner Variante und den Zehn Geboten zu überzeugen. Als die Diskussion so heftig wurde, dass ich aufpassen musste, keine Schläge zu bekommen, gab ich nach. Meine Eltern wollten keinesfalls, dass ich weiterhin am Religionsunterricht teilnähme, was sie auch meiner Klassenlehrerin mitteilten. Die Befreiung vom Religionsunterricht war kein Problem für die Schule, aber für mich: Ich wollte sehr gern weiter hingehen. Deshalb machte ich mit der Religionslehrerin einen Deal. Sie ließ mich in ihrem Unterricht sitzen, ich erzählte es meinen Eltern nicht, stritt mich mit ihnen nicht über Religion und bekam am Ende des Schuljahres dafür keine Note. So konnte ich weiter zu einem meiner Lieblingsfächer gehen. Das Vaterunser habe ich gern auswendig gelernt und kann es heute noch. Die Zehn Gebote haben mich bestimmt genauso geprägt wie meine islamische Erziehung zu Hause. Wobei unsere Eltern uns nur den Islam vermitteln konnten, der in kulturelle Traditionen übergegangen war. Von der islamischen Religion an sich habe ich als Kind nicht viel mitbekommen, weil meine Eltern auch nur wussten, was ihnen andere erzählt hatten. Sie wurden nie richtig unterrichtet. Erst jetzt, im Alter, beschäftigen sie sich wirklich mit dem Islam, indem sie Bücher lesen, zum Koran-Kurs gehen und Sendungen im Radio und Fernsehen verfolgen. Dementsprechend war meine Erziehung auch nicht besonders religiös, sondern eher traditionell geprägt. So war zum Beispiel nie ein Thema, ob ich ein Kopftuch tragen sollte oder nicht. Meine Mutter hatte, mit Einverständnis meines Vaters, das Kopftuch in Berlin abgelegt. Heute, nachdem sie zur Pilgerfahrt nach Mekka gereist ist, trägt sie wieder ein Kopftuch. Meine Eltern sind nach wie vor liberale Moslems. Sie lassen uns Kinder mit diesem Thema in Ruhe, sie nötigen uns nicht, uns auf die eine oder andere Art und Weise mit dem Islam zu beschäftigen. Der Glaube ist etwas zwischen Allah und dem einzelnen Menschen.

Ich hätte mir allerdings gewünscht, in der deutschen Schule mehr über den Islam zu erfahren. In die Koran-Schule bin ich nie gegangen, weil die islamische Gemeinde in Berlin zu fundamentalistisch ist. In diesem Punkt war ich mit meinen Eltern ausnahmsweise einer Meinung. Mein Vater ging hier in Berlin nicht mehr in die Moschee, weil dort mehr Politik betrieben als Religion ausgeübt wurde. Im Übrigen wurden regelrechte Hetzreden gegen Deutsche gehalten, in deren Land wir lebten, für die wir arbeiteten, um unseren Lebensunterhalt zu verdienen. Selbstverständlich waren viele Deutsche fremdenfeindlich, und auch mein Vater war «den Deutschen» gegenüber skeptisch. Aber in der Moschee muss es wohl zu heftig zugegangen sein, weshalb er sich weigerte, in Berlin den

Gottesdienst zu besuchen. Diese Meinung meines Vaters wird inzwischen von vielen anderen Moslems bestätigt, die in Berlin vergeblich eine Moschee suchen, in der sie ausschließlich ihrer Religion nachgehen können.

Dass ich eingesperrt wurde, war also mehr eine Mischung aus Tradition, Religion und der Angst vor den Deutschen. Ich litt sehr darunter, dass die anderen Kinder sich nach der Schule verabredeten, um miteinander zu spielen, während ich zu Hause bleiben musste. Als meine kleine Schwester etwas älter wurde, habe ich meine Eltern überreden können, mich rauszulassen, damit ich Serpil zum Spielen auf den Spielplatz brachte. Selbstverständlich wollte ich selber auch spielen. Aber allein ließen sie mich nicht gehen. Also nahm ich Serpil mit. Ob sie wollte oder nicht, weiß ich nicht genau, jedenfalls hat sie sich nie geweigert mitzugehen. Das Problem war nur, dass ich dann ständig mit ihr nach Hause laufen musste, wenn sie auf die Toilette wollte. Und ich hatte das Gefühl, als müsste sie ständig auf die Toilette. Manchmal konnte ich mich vom Spielen nicht schnell genug losreißen, und Serpil machte sich dann in die Hose. Wenn meine Eltern das merkten, bekam ich dafür Schläge. Also musste ich sie schnell unbemerkt umziehen. Ich empfand meine Schwester dennoch nie als Last, ich ging gern mit ihr spielen. Sie war relativ selbständig und klebte nicht an mir. Das lag vielleicht auch daran, dass sie erst mit zwei Jahren zu uns zurückgekommen war, in ihre echte Familie. Sie hatte bei der Großmutter in Istanbul gelebt und zu unserer Oma «Mutter» gesagt. Daher fand sie uns alle erst einmal für eine Weile fremd. Nur Cemal konnte sich ihr richtig nähern. Sobald Besuch kam, versteckte sie sich hinter einer Tür und war schwer wieder hervorzulocken. Mittlerweile bin ich nicht mehr sicher, ob mein Trauma wirklich so groß ist im Vergleich zu dem meiner kleinen Schwester, die von unserer Mutter mit vier Monaten verlassen worden war und erst mit zwei Jahren wieder zurückgeholt wurde. Alles in allem haben wir Kinder der zweiten Generation unter der Trennung von unseren Eltern ziemlich gelitten.

Kapitel 5 Wandern zwischen zwei Welten

Gegen Ende der sechsten Klasse mussten an unserer Grundschule alle Schüler einen Test machen, damit festgestellt werden konnte, auf welche weiterführende Schule wir gehen sollten. Ich hatte die meisten Punkte in unserer Klasse und wurde für das Gymnasium vorgeschlagen. Nun sollten wir uns die Schulen aussuchen, auf die wir nach der sechsten Klasse gehen wollten. Listen mit den nahe gelegenen Mittelstufen wurden verteilt, Lehrer verschiedener Schulen kamen, um bei unseren Eltern zu werben. Meine Eltern verstanden nichts von alledem. Das deutsche Schulsystem blieb ihnen auch nach sechs Jahren fremd. Zu den Elternabenden waren sie nie gegangen. Warum auch? Sie hätten mich zum Übersetzen mitnehmen müssen, was absurd gewesen wäre. Hin und wieder baten einzelne Lehrer sie zu Gesprächen, wenn sie etwas Wichtiges erfahren mussten. Und ich übersetzte selbstverständlich.

Während uns die einzelnen Schulen erklärt wurden, erfuhr ich, dass es neben der Haupt- und Realschule und dem Gymnasium auch die so genannte Gesamtschule gab. An der Gesamtschule fand der Unterricht von Montag bis

Freitag in der Zeit von 8.00 bis 16.00 Uhr statt. Das hörte sich prima an. Fast den ganzen Tag in der Schule zu verbringen erschien mir traumhaft. Ich wäre dann später zu Hause als meine Mutter und würde weniger im Haushalt helfen müssen. Außerdem hasste ich es, früh aufzustehen, und auf der Gesamtschule würde ich mir das wenigstens am Samstag ersparen. So kamen zwei sehr wichtige Argumente für die Gesamtschule zusammen. Meine Eltern begriffen das Ganze nicht so gut, also nahm ich die Angelegenheit in die Hand und meldete mich an. Die Eltern von Arzu erkundigten sich bei mir nach meiner neuen Schule, und Arzu wurde dort ebenfalls angemeldet. Leider landeten wir nicht in derselben «Kerngruppe». Die meisten Schüler in meiner Gruppe kannten sich von der Grundschule, einige waren schon sehr lange befreundet. Ich war die Einzige aus meiner Grundschule und die einzige Nichtdeutsche. Es war sehr schwer für mich, mit den anderen Mädchen Kontakt zu bekommen, sie hatten ihre festen Cliquen. Außerdem gab es nach wie vor das alte Problem: Ich konnte mich nicht mit ihnen verabreden, weil ich nicht raus durfte. Daran würde sich auch so bald nichts ändern, denn je älter ich wurde, desto mehr Grund gab es, mich einzusperren. Das männliche Umfeld wurde mit den Jahren zu einer immer größeren Bedrohung für meine Unschuld.

Es gab ein Mädchen in der Kerngruppe, das auch eher eine Außenseiterin war: Sabrina. Mit ihr freundete ich mich ziemlich bald an. Sie wirkte auch schon etwas reifer als die anderen. Was mir an ihr weniger gefiel, war ihr großes Interesse an Jungs. Zu allem Überfluss interessierte sie sich auch noch ganz besonders für türkische Jungs. Dafür brachte ich nun gar kein Verständnis auf. Ich hatte ein sehr schlechtes Bild von türkischen Jungs und Männern und war mir sicher, dass ich nichts mit ihnen zu tun haben wollte. Sie unterdrückten Mädchen und Frauen, und sie missbrauchten ihre Machtpositionen. Sie wendeten Gewalt an und waren rücksichtslos.

Sabrina verliebte sich ausgerechnet in einen Freund meines Bruders Kemal. Ich kannte den Typ und riet ihr davon ab, mit ihm irgendetwas anzufangen. Er würde sie sowieso nur benutzen, und wenn die Zeit kam, würde er eine Türkin heiraten wollen. Sabrina wollte mir nicht glauben und machte alles mit, was er wollte. Sie durfte sich plötzlich nicht mehr schminken und auffällig kleiden. Sie musste ihm Rechenschaft über jeden Schritt geben, den sie tat. Am Ende verließ er sie und heiratete eine Türkin.

Man soll nicht dauernd verallgemeinern, aber meine Erfahrungen als Teenager waren nun mal so, dass alle Türken um mich herum schlecht über deutsche Mädchen und Frauen dachten und sprachen. Deutsche Mädchen und Frauen waren leicht zu haben, sie waren unmoralisch und taugten nichts. Sogar meine Brüder, die auch deutsche Freundinnen hatten, wollten selbstverständlich keine deutsche Frau heiraten. Sie sagten das nicht nur, um meine Eltern zu beruhigen, die nicht besonders begeistert über die deutschen Freundinnen waren.

Schließlich heirateten meine Brüder Cemal und Ahmet dann doch deutsche Frauen, mit denen sie jeweils drei Kinder bekamen. Während Cemal seinen Kindern leider kein Türkisch beigebracht hat, achtete Ahmet sehr darauf, dass seine Kinder auch die türkische Kultur und Sprache kennen lernten.

Cemals Ehefrau und ihre Familie haben lange gebraucht, um zu akzeptieren, dass Cemal kein Deutscher ist. Ob sie akzeptiert haben, dass er ein Türke ist, kann ich bis heute nicht einschätzen. Cemal selbst spricht nicht mehr so gut Türkisch. Es ist zum Beispiel unmöglich, ihn allein zum türkischen Konsulat zu schicken, weil er zwar einigermaßen erklären kann, was er will, aber nicht in der Lage ist, mit den Beamten dort umzugehen. Er kann sich nicht wehren, wenn er angepflaumt und beleidigt wird, was im türkischen Konsulat durchaus zum normalen Umgangston gehört. Weder kennt er die notwendigen Schimpfwörter noch könnte er sie benutzen. Er ist ein ruhiger und höflicher Mensch, der bei Ungerechtigkeit sehr wütend werden kann. Er kann aber nichts machen, wenn er keine tätliche Auseinandersetzung anzetteln will. Also muss er zum Konsulat begleitet werden, oder wir übernehmen den Gang für ihn. Irgendwie wiederholt er die Geschichte meines Vaters.

Ahmet hingegen ist da genau das Gegenteil von Cemal. Er kann sich gut auf Türkisch ausdrücken und beherrscht sämtliche Umgangsformen. Er hat auch sehr viele türkische Kontakte, beide Kulturen, in denen er aufwuchs, sind ihm bis heute wichtig.

Kemal und Serpil haben türkische Ehepartner und ebenfalls mehrere Kinder. Insgesamt habe ich zurzeit elf Nichten und Neffen im Alter von einem Jahr bis 16 Jahren. Alle sind begeisterte Türkei-Urlauber.

Sie sind gerne bei meinen Eltern, und sie sind schwer wieder nach Deutschland zurückzuholen. Auch die Kinder von Cemal, die kein Türkisch sprechen, fühlen sich extrem wohl in Selimpaşa bei den Großeltern. Zuweilen beobachte ich besonders bei den Söhnen von Ahmet einen Nationalstolz, den ich übertrieben finde, weil sie, wie viele türkische und kurdische Kinder, nicht verstehen, was für ein Land sie da eigentlich hochpreisen. Aber insgesamt ist es schön, mit anzusehen, dass sie die beiden Kulturen kennen, die ein Teil ihres Lebens sind. Glücklicherweise sprechen die, die beide Sprachen beherrschen, entweder Türkisch oder Deutsch und vermischen die Sprachen nicht, wie es viele Kinder der zweiten und dritten Generation tun.

Meinen Eltern reicht es inzwischen auch aus, wenn sie in den Sommerferien «nur» von den Enkelkindern besucht werden, was immer häufiger passiert. Das Haus ist voll, lebendig, und die Kinder kommen gut miteinander aus, weil sie ganz offensichtlich von uns den Sinn für eine Großfamilie übernommen haben.

Meine Mitschüler bekamen sehr wenig von all diesen Problemen mit. Sie interessierten sich nicht besonders für die Dinge, die sich in meinem Leben abspielten. Es gab zu dieser Zeit auch sonst niemanden, mit dem ich solche Probleme hätte besprechen können.

Ich versuchte auf meine Art Kontakt zu den Mitschülern zu bekommen. So wäre ich gern Kerngruppensprecherin geworden und ließ mich immer zur Wahl aufstellen, doch meine Mitschüler haben mich nie gewählt. Die Mädchen in der Kerngruppe zeigten mir ihre Ablehnung ziemlich deutlich. Das ging so weit, dass sie sich an einem Platz innerhalb der Schule trafen, den ich nicht kannte und den sie ganz konspirativ «S-Punkt» nannten, damit ich ihnen nicht dorthin folgte. Ich fand das alles ziemlich gemein und unerträglich, aber was konnte ich schon dagegen machen? Ich machte mir dauernd Gedanken darüber, warum sie mich mieden. Erst Jahre später erfuhr ich, dass sie wohl auch etwas gegen mich hatten, weil ich Türkin bin. Das hätten sie mir allerdings nie ins Gesicht gesagt.

Trotzdem gab ich nicht auf. Ich wollte zeigen, dass ich mich zu der Kerngruppe zugehörig fühlte und mir wünschte, von den anderen angenommen zu werden. Irgendwann wurde ich dann doch noch zur Kerngruppensprecherin gewählt, weil kein anderer mehr Interesse an dem Amt hatte. Ich nahm meine Aufgabe sehr ernst, und als auch im folgenden Schuljahr niemand anders das Amt übernehmen wollte, wurde ich wieder gewählt. Danach ließ ich mich ganz mutig als Kandidatin für die Schulsprecherwahl aufstellen.

Die Mutter meiner Mitschülerin Natalie saß bei der Versammlung neben mir. Wir kamen ins Gespräch, und sie fragte mich unter anderem nach meinem Geburtsdatum. Als ich ihr sagte, 20. April, fragte sie sofort, ob ich wüsste, mit wem ich am selben Tag Geburtstag hätte. Ich wusste es nicht. Sie sagte mir, Hitler habe am selben Tag Geburtstag gehabt. Ich war regelrecht geschockt. Bis zu diesem Tag war mein Geburtstag für mich ein ganz normaler Geburtstag gewesen, wie jeder andere auch. Aber nachdem ich erfahren habe, dass viele Menschen am 20. April den Geburtstag von Hitler begehen, kann ich nicht mehr gelassen feiern. Es gibt immer jemanden, der mich daran erinnert.

Die Mutter meiner Mitschülerin fand es gut, dass ich mich hatte aufstellen lassen, fürchtete aber, ich könnte nicht gewählt werden, weil ich Ausländerin war. Ich fand ihren Einwand ziemlich komisch. Was hatte meine Nationalität damit zu tun, dass ich Schulsprecherin werden wollte? Sie weckte in mir aber tatsächlich ein Gefühl, das ich bisher nicht gekannt hatte. War es möglich, dass ich abgelehnt wurde, weil ich Türkin war? Ich wusste, dass Ausländer schlecht behandelt wurden. Ich wurde als Kind auf der Straße auch oft als «Scheißausländer» angemacht. Aber in der Schule fühlte ich mich als ein Teil der Schulgemeinschaft. Hier war eine andere Welt, in der meine Nationalität nicht wichtig war und auch kaum thematisiert wurde. Wenn der Rektor mich in der Grundschulklasse vorführte, fühlte ich mich zwar schlecht und merkte, dass er mich ausgrenzte. Aber das änderte nichts an meinem Selbstverständnis. Ich fühlte mich einfach nur als Seyran. Doch plötzlich wurde mir bewusst, dass ich eine der wenigen Türkinnen an der Schule war und die Einzige, die sich in dieser Versammlung befand.

Trotz dieser Bedenken wurde ich gewählt, und sogar mit einer ziemlich starken Mehrheit. Mein Selbstbewusstsein und mein Lebensgefühl wurden durch diese Wahl dermaßen gesteigert, dass ich fast sagen könnte, dass die schönste Zeit meiner Jugend begann. Ich lernte Michael kennen, den Sozialarbeiter an unserer Schule, der mir sehr viel bei meinem Amt als Schulsprecherin half. Ich saß oft bei ihm in seinem Zimmer und sprach mit ihm über Gott und die Welt. Meine ersten ernsthaften politischen Diskussionen führte ich mit ihm. Er war auch der Erste, mit dem ich über meine Probleme in der Familie sprechen konnte. Geduldig hörte er mir zu und hielt mich von einigen Dummheiten ab – zum Beispiel davon, mir das Leben zu nehmen. Ich saß oft verzweifelt in seinem Zimmer und erklärte ihm, ich hätte keine Lust mehr, mein Leben könne man eigentlich gar nicht Leben nennen.

Ich wanderte täglich zwischen zwei Welten und wurde

von meinen Gefühlen und Gedanken zerrissen. Zu Hause musste ich die Türkin sein, die traditionell leben und denken sollte. In der Schule war ich mit der deutschen Kultur konfrontiert, in der mir mehr Freiraum geboten wurde. Hier durfte ich eine eigene Persönlichkeit entwickeln, während mir zu Hause ständig Vorschriften gemacht wurden, wie ich als Türkin zu sein hätte. In meiner Familie wurde ich in erster Linie darauf vorbereitet, irgendwann zu heiraten und meinem Ehemann und meinen Gästen das Leben angenehm zu gestalten. In der Schule wurde mir hingegen vermittelt, dass ich viel lernen und eine Berufsausbildung machen sollte, um selbständig und selbstbestimmt zu leben.

Mit den Jahren empfand ich es als immer quälender, dass die deutschen Mädchen um mich herum so viel mehr durften. Sie waren frei, während ich eingesperrt war wie in einem Gefängnis ohne Schlösser und Gitter.

Das Wandern zwischen den Welten führte dazu, dass es mir vorkam, als hätte ich zwei Gesichter. Es fühlte sich für mich auch physisch und psychisch so an, als ob ich aus zwei Personen bestünde.

An einem ganz gewöhnlichen Tag wechselte ich mehrmals die Identität: Am Morgen wachte ich als Türkin auf und bereitete mich für die Schule vor. Auf dem Weg zur Schule war alles neutral, weil ich meist allein war und mir Gedanken darüber machte, was die Zukunft mir wohl bringen würde. Ich hatte wunderschöne Tagträume, wie ich leben könnte, wenn ich irgendwann älter und frei sein würde. In der Schule fühlte ich mich deutsch, auch wenn ich nicht alles durfte, was meine deutschen Klassenkameradinnen durften. Wichtiger war mir, wie ich mich fühlte, mit all dem, was ich dachte, was ich mir für mein Leben wünschte und wie ich es mir vorstellte. Interessant war auch, dass ich mich auf dem Weg zur Schule immer viel wohler fühlte als auf dem Weg zurück nach Hause.

Trotz der Ablehnung durch meine Klassenkameraden war ich sehr viel lieber in der Schule als zu Hause. In meinem Amt als Schulsprecherin blühte ich regelrecht auf. Mit Michaels Hilfe las ich die Schulgesetze und informierte die Schülervertretung darüber. Ich merkte, wie selbstsicher ich der Schulleitung gegenübertreten konnte, wenn ich wusste, was unsere Rechte waren, und den Rektor auf die betreffende Stelle im Gesetz hinweisen konnte.

Dem Rektor gefiel nicht alles, was ich machte. So wurde zum Beispiel der Vertrauenslehrer von den Kerngruppensprecherinnen in der Schülerversammlung gewählt. Ich schlug vor, dass alle Kerngruppensprecherinnen sich bezüglich der Wahl des Vertrauenslehrers mit ihren Gruppen absprechen sollten. Dazu hatte ich ein Formular vorbereitet. Sie sollten in den Kerngruppen eine Wahl durchführen und mir das Ergebnis mitteilen. Als der Rektor davon erfuhr, zitierte er mich zu sich und hielt mir einen Vortrag darüber, dass wir in einer Demokratie lebten und nicht im Sozialismus. Mein Vorgehen bei der Wahl des Vertrauenslehrers passe nicht zu den Prinzipien der Bundesrepublik Deutschland, sondern eher zu denen der DDR. Er fragte mich auch, ob wir das noch nicht im Unterricht durchgenommen hätten.

Sein Vortrag war für mich nicht auf Anhieb verständlich. Erst durch Gespräche mit Michael begriff ich, warum der Rektor so aufgeregt war. Die Schülervertreter fanden meine Idee allerdings ganz gut und führten sie auch durch.

Als Ergebnis dieser Wahlaktion wurde ein gewisser Stefan als Vertrauenslehrer gewählt. Bis zu seiner Wahl kannte ich ihn nicht, aber alle Schülerinnen schwärmten von ihm. Er galt als wirklich guter Lehrer, bei dem man etwas lernte und auch Spaß hatte. Ein paar Mal hatte ich ihn durch das Schulgebäude rennen sehen, er konnte einfach nicht langsam laufen. Nun lernten wir uns also kennen. Stefan war auch ein guter Vertrauenslehrer, er setzte sich tatsächlich für die Interessen der Schüler ein. Neben Michael war er der Zweite in der Schule, mit dem ich über sehr viele Dinge reden konnte. Gegen Ende der zehnten Klasse merkte ich, dass ich mich langsam in ihn verliebte. Was für eine Tragödie! Ich würde bald die Schule verlassen und ihn wahrscheinlich nie mehr wiedersehen.

Nicht nur meine Vorstellungen von Basisdemokratie, sondern auch mein sonstiges Engagement war dem Rektor ein Dorn im Auge. Alle, die mal ein Mittelstufenzentrum in Berlin gesehen haben, werden wissen, dass mehrere absolut identische Schulen gebaut wurden. Da diese Schulen die gleiche Architektur hatten, wiesen sie auch die gleichen Konstruktionsfehler und Baumängel auf. Zum Beispiel fensterlose Räume mit Neonlicht, in denen Schülerinnen ständig Bindehautentzündungen und Kopfschmerzen bekamen. Am allermeisten machte uns aber die Klimaanlage zu schaffen, die nach offiziellen Angaben vom TÜV nicht abgenommen wurde. Wir durften im Sommer die Fenster nicht öffnen, damit die angeschlagene Anlage nicht kaputtging, obwohl es manchmal unerträglich heiß war.

Als Protest gegen die defekte Klimaanlage dachte ich mir einen Sitzstreik aus, damit die Schulleitung dieses

Thema endlich anging. An einem bestimmten Tag zu einer bestimmten Zeit marschierten sämtliche Schüler aus den Klassen und setzten sich einfach auf die so genannte Schulstraße. Bei diesem Sitzstreik sollte es nicht bleiben. Ich nahm Kontakt mit den Schulsprecherinnen der anderen Mittelstufenzentren auf, um eine Demonstration zu organisieren. Dazu nutzte ich das Telefon des Lehrerzimmers, bis der Rektor davon Wind bekam und sagte, er könne mir nicht erlauben, das Schultelefon zu nutzen, um eine Demonstration gegen die Schule zu organisieren. Was er sagte, klang einleuchtend. Bloß hatte ich keine andere Möglichkeit, die Kontakte herzustellen, und so blieb mir nichts anderes übrig, als heimlich weiterzuarbeiten, mit der Unterstützung einiger Lehrer, die es wunderbar fanden, dass wir uns endlich gegen die Zustände in der Schule wehrten. Sie litten unter den gesundheitsschädlichen Umständen schließlich genauso wie wir. Hinsichtlich der Teilnehmerzahl wurde die Demo ein Erfolg, aber leider gab es nicht die erhoffte Konsequenz. Wir litten weiter unter den Missständen an unserer Schule. Erst sehr viele Jahre und Klassengenerationen später wurden alle Mittelstufenzentren komplett umgebaut.

In dieser Zeit als Schulsprecherin beschloss ich, Rechtswissenschaften zu studieren und Rechtsanwältin zu werden. Ich hatte begriffen, dass Ratlosigkeit nicht Rechtlosigkeit bedeutete. Man musste seine Rechte nur kennen, um sie vertreten zu können. So fing ich an, mir aus der Bücherei entsprechende Bücher auszuleihen.

In der Schule war ich inzwischen keine Außenseiterin mehr, sondern im Gegenteil anerkannt und sogar bei meinen Klassenkameradinnen ziemlich beliebt, wahrscheinlich, weil ich durch das Schulsprecheramt eine gewisse Popularität erreicht hatte. Dennoch war mein Leben zu Hause nicht besser zu ertragen. Im Gegenteil, es fiel mir immer schwerer, das Selbstbewusstsein und die Bestätigung, die ich in der Schule bekam, wie einen Mantel ablegen zu müssen, wenn ich über die Türschwelle in das Haus meines Vaters trat.

Ich sah nur zwei Möglichkeiten, mich aus dieser Unterdrückung zu befreien: Entweder haute ich von zu Hause ab, oder ich heiratete. Diese beiden Alternativen diskutierte ich mit Michael. Er konnte nicht begreifen, dass ich ernsthaft daran dachte zu heiraten, um Freiheit zu erlangen. Über das Abhauen wollte er mit mir lieber nicht weiter sprechen. Ich sollte abwarten, bis ich volljährig würde.

Zugegeben, es klang etwas merkwürdig, aber warum sollte eine Heirat keine Lösung für meine Probleme sein? So viele türkische und kurdische Frauen waren verheiratet und lebten in sehr strengen traditionellen Verhältnissen. Und nicht alle waren deshalb unglücklich. Sie hatten ihre Ehemänner, ihre Kinder und den Haushalt – klar abgesteckte Bereiche, die eine gewisse Sicherheit und Ordnung in ihr Leben brachten. Meine Familie erwartete, dass aus mir eine ehrenhafte, ordentliche Türkin würde. Wer wollte behaupten, dass ich das nicht sein konnte? Das meiste, was man dazu brauchte, hatte ich ja schon gelernt. Von den Frauenrechten, die ich ständig einklagen wollte, musste ich mich dann eben verabschieden. Dafür hätte ich aber einen festen Platz im Leben und wüsste, wo ich hingehörte. Jemand würde mich wollen, mich beschützen und zu mir stehen. Obwohl in meiner Familie kein Kopftuch getragen wurde, fing ich an, zu Hause immer öfter eines zu tragen. Es sah zwar aus, als trüge ich es vor allem wegen der Hausarbeit. Aber innerlich wollte ich mich damit mit dem Gefühl auseinander setzen, wie es wäre, wenn ich mich «verschließen» würde. (Im Türkischen nennt man es *kapanmak* = «sich verschließen», wenn eine Frau plötzlich ein Kopftuch trägt.)

Mein Doppelleben nahm immer bizarrere Gestalt an. In der Schule war ich so weit weg von dem Gedanken, mich zu «verschließen», dass ich mich selbst nicht verstand. Ich ging in die Schuldisco, tanzte dort für mein Leben gern und so wild ich konnte, gewann fast jeden Tanzwettbewerb und träumte von einem abenteuerlichen, ungestümen Leben.

Viele Türkinnen sehen die Ehe als eine Möglichkeit an, sich aus dem Joch der Familie zu befreien. Sie glauben, die Ehe könne nicht so schlimm sein wie das Leben im Haus des Vaters. Für einige Frauen trifft das vielleicht auch zu, aber viele werden auch bitter enttäuscht. Viele Türkinnen und Kurdinnen heiraten nach wie vor sehr jung und werden entsprechend junge Mütter. Dass sie auch sehr jung geschieden werden könnten, erwarten die meisten von ihnen nicht. Selbstverständlich gibt es auch Ehen, die funktionieren, aber eine bedenklich hohe Anzahl dieser Frauen lässt sich nach kurzer Zeit wieder scheiden.

Für mich sah es damals auch so aus, als wäre die Ehe eine Möglichkeit, mich aus den Fängen meiner Familie zu befreien. Als ob meine Umgebung ahnte, was in meinem Kopf vorging, wurde das Thema schneller aktuell, als mir lieb war. Ich war 15, als ich eines Tages mit meiner Cousine Ayfer zusammensaß. Wir unterhielten uns ganz ungezwungen darüber, welchen unserer Cousins wir am schönsten fanden und ob wir uns vorstellen könnten, mit ihm befreundet zu sein. Mein absoluter Favorit war Mustafa, der ältere Bruder von Mariye. Meine Cousine Mariye hatte ich schon als Kind angehimmelt. Mit ihren langen Haaren, dunklen Augen und ihrer schlanken Figur sah sie einfach umwerfend aus. Aber jetzt war ich ja nach einem Cousin und nicht nach einer Cousine gefragt worden. Mustafa war schon 23, und ich sah ihn mir mindestens genauso gern an wie seine Schwester. Es kam mir jedoch niemals in den Sinn, dass er tatsächlich eine Partie für mich sein könnte, denn ich nannte ihn ja *Mustafa abi* («großer Bruder Mustafa»). Damit gehörte er für mich eigentlich zu der Kategorie: «Kommt nicht infrage». Es hatte einfach etwas Inzestuöses, wie wenn man mit seinem älteren Bruder ein Verhältnis hätte. Wobei es in der Türkei nichts Ungewöhnliches ist, seine Cousine oder seinen Cousin zu heiraten. Sehr viele Familien in der Türkei sind darauf fixiert, ihre Kinder innerhalb der Großfamilie zu verheiraten, weil fremde, sprich: nicht verwandte, Schwiegertöchter und Schwiegersöhne angeblich nur Ärger und Neid mit sich bringen. Jeder würde versuchen, die Partnerin oder den Partner von seiner Familie weg zur eigenen zu ziehen. Aber auch wenn die Ehe mit einem Verwandten unter Türken und Kurden nichts Ungewöhnliches war, schien mir so ein Arrangement doch ziemlich befremdlich. So ernst nahm ich die Sache daher nicht.

Meine Cousine schien unser Gespräch aber anders verstanden zu haben und erzählte ihrer Mutter davon. Meine Tante Hatice beeilte sich, meine Mutter und die Mutter von Mustafa zu informieren. Das war nicht wirklich verwunderlich, denn alle drei Frauen sind Schwestern. Die Gespräche nahmen ohne mein Wissen konkrete Formen an und gipfelten darin, dass per Brief aus der Türkei um meine Hand angehalten wurde. Und zwar für Mustafa.

Ich war ziemlich geschockt. So hatte ich mir das nicht vorgestellt. Es war schließlich nur ein Gespräch zwischen zwei pubertierenden jungen Mädchen gewesen, die sich erzählten, wen sie gut fanden.

Mein Vater war von dieser Idee auch nicht gerade begeistert – genauer gesagt: Er kochte vor Wut. Er fühlte sich gekränkt, beleidigt und tief in seiner Ehre verletzt. Kurz vorher hatte er nämlich einen Brief an die Eltern von Mustafa geschrieben und um die Hand von Mariye angehalten. Und zwar für meinen ältesten Bruder Kemal. Mein Vater hatte den Brief kaum abgeschickt, da kam der Brief aus der Türkei, in dem seine Anfrage mit keinem Wort erwähnt und stattdessen um meine Hand angehalten wurde. Mein Vater fühlte sich erpresst und argwöhnte, man wolle Mariye nur hergeben, wenn er mich hergäbe. Es sah aus wie ein Kuhhandel.

Mein häusliches Leben war bis dahin ja auch schon nicht besonders toll gewesen, aber jetzt wurde es die reine Hölle. Wochenlang tobte mein Vater, schlug um sich und traf dabei relativ oft mich oder meine Mutter. Er war partout nicht davon zu überzeugen, dass die Briefe sich gekreuzt hatten, zumal er wenig später einen weiteren Brief erhielt, in dem die Eltern von Mariye mitteilten, sie könnten sich durchaus vorstellen, ihre Tochter mit Kemal zu verheiraten. Aber mein Vater solle doch auch über die Heirat mit Mustafa und mir nachdenken und bald antworten. Sie ließen also nicht von mir ab, obwohl mein Vater ihnen geschrieben hatte, er habe keine heiratsfähige Tochter. Die Schuld für diese Hartnäckigkeit vermutete mein Vater bei mir und meiner Mutter, also bestrafte er uns beide dafür.

Richtig war, dass meine Mutter meinen Bruder gern mit Mariye verheiraten wollte, weil sie ein ausnehmend fleißiges Mädchen war. Offensichtlich dachte sie bei dieser Auswahl eher an eine *Gelin* («Schwiegertochter»), die ihr im Haushalt helfen konnte, als an eine große Liebe für meinen Bruder. Und das, obwohl sie selbst aus Liebe geheiratet hatte – oder vielleicht gerade deshalb? Ihre Liebesheirat hatte sie ja nicht unbedingt so uneingeschränkt glücklich gemacht, wie sie sich das vorgestellt hatte.

«Was soll das mit der Liebe?», sagte sie. «Die kommt und geht so schnell, das kriegst du gar nicht mit. Bei einer Heirat sind andere Dinge wichtiger.» Diese anderen Dinge waren: Sauberkeit, Geschicklichkeit, Belastbarkeit, Bescheidenheit und so weiter – klassische Merkmale einer guten Haushaltshilfe. Was sollte ihr Sohn denn auch anderes brauchen? Er musste es doch bequem haben, wenn er von der Arbeit erschöpft nach Hause kam. Es musste eine warme Mahlzeit auf dem Tisch stehen, und um ihn herum musste es sauber und ordentlich sein, damit er sich zu Hause wohl fühlte und seine Augen nicht nach draußen gelenkt würden. Ich, seine persönliche Sklavin, würde ja nicht den Rest seines Lebens für ihn zur Verfügung stehen. Das sagte meine Mutter natürlich nicht in dieser Deutlichkeit, aber die Idee war klar.

Mein Vater war nicht zu bändigen. Er fand Kemal auch noch zu jung, um zu heiraten. Es war für ihn schon eine Überwindung gewesen, um die Hand von Mariye anzuhalten. Nun sollte er auch noch eine Tochter hergeben. Aber meine Mutter ließ nicht locker.

Mit der Zeit gewöhnte ich mich an den Gedanken zu heiraten. Die Möglichkeit, auf diese Weise aus der Familie rauszukommen, war zu verführerisch. Mustafa als Ehemann stellte ich mir auch nicht so streng vor, er wirkte ziemlich modern. Jedenfalls war zu diesem Zeitpunkt nicht absehbar, dass er später ein fundamentalistischer Moslem werden würde und seine Ehefrau ein Kopftuch tragen musste.

Es war schon eine unheimliche Zeit. In der Schule führte ich weiterhin ein ganz anderes Leben. Auch wenn ich Michael davon zu überzeugen versuchte, dass es gar nicht so schlecht für mich wäre zu heiraten, glaubte ich es tief in meinem Herzen selbst nicht so recht. Gleichzeitig verliebte ich mich in andere Jungs in der Schule und fand das überhaupt nicht widersprüchlich. Die Jungs, in die ich mich verliebte, waren Deutsche. In meiner deutschen Welt wollte ich auch keinen Kontakt zu türkischen Jungen. Ich wollte nichts mit anderen Türken und Türkinnen zu tun haben. Die waren mir zu rückständig und folkloristisch.

Mein Vater war zwar immer noch gegen meine Heirat, doch er musste sich bald der Übermacht der Großfamilie beugen. Die Verwandten überredeten ihn zuzustimmen. In Abwesenheit meines zukünftigen Ehemannes, der in Istanbul wohnte, wurde mir der Versprechungsring angesteckt. Wie romantisch!

Mein Vater schaute mich nicht mehr an. Er hasste mich. Vorher hatte er sich mir gegenüber auch nicht viel besser benommen, aber nun wurde es noch viel schlimmer. Ich konnte nur beten, dass ich sehr bald heiraten würde, um endlich woanders zu leben. Irgendwie war ich vom Regen in die Traufe gekommen.

Nach ungefähr einem halben Jahr nahm ich den Versprechungsring wieder ab und erklärte, ich wolle nicht mehr heiraten, weil ich die zusätzlichen Schläge nicht mehr aushalten könnte. Der Ring wurde an die Eltern von Mustafa zurückgeschickt. Mustafas Eltern schickten daraufhin den Ring von Mariye zurück. Mein Vater hatte sich durchgesetzt. Aber Ruhe hatten wir immer noch nicht, denn die Großfamilie ließ nicht locker. Jeder und jede mischte sich ein und versuchte zu schlichten und den «Fall» zu lösen. Zumindest musste die Beziehung von Mariye und Kemal geklärt werden. Ich hielt mich aus der Sache raus, soweit ich konnte.

Die ganze Auseinandersetzung hatte zur Folge, dass wir zwei Jahre nicht nach Istanbul in den Urlaub fuhren. Mein Vater hatte keine Lust, sich mit den Verwandten herumzustreiten. Außerdem bestand die Gefahr, dass ich entführt würde, was ja auch nichts Ungewöhnliches und nicht so abwegig war. Er hatte seine Frau schließlich auch entführt. So heilte die Zeit einige Wunden, und allmählich legte sich die ganze Aufregung.

An meinem 16. Geburtstag durfte ich eine Party geben und Freundinnen dazu einladen. Jungs durften selbstverständlich nicht kommen. Es war meine erste Party mit Gleichaltrigen, und es war meine erste Frauenparty. Irgendwie gefiel es mir ziemlich gut, dass nur Mädchen da waren. Wir hatten sehr viel Spaß, obwohl – oder gerade weil – keine Jungs da waren. Es wurde viel getanzt, geredet und gelacht. Keine wollte aufhören zu feiern. Wir durften auch Sekt trinken, den meine Eltern sogar selbst für uns gekauft hatten. Ich stieß mit jeder einzeln an und hatte danach meinen ersten Sektschwips.

Meine Eltern ließen uns weitgehend in Ruhe. Sie saßen mit den Eltern meiner türkischen Gäste in der gegenüberliegenden Wohnung und schauten nur hin und wieder vorbei, um zu sehen, ob alles in Ordnung war. Unsere Wohnverhältnisse hatten sich mittlerweile ziemlich gebessert. Wir hatten die gesamte zweite Etage gemietet und insgesamt fünfeinhalb Räume. So hatten wir auch viel Platz zum Feiern.

Eine Mitschülerin lud mich danach auch zu ihrem Geburtstag ein. Mein Vater war zuerst dagegen, dass ich hinging, ließ sich schließlich doch überreden und wollte mich hinfahren und abholen. Es gefiel ihm nicht, dass es eine Geburtstagsparty von einer deutschen Freundin war. Wer weiß, was da alles passieren konnte. Als ich mich fertig gemacht hatte und wir losfuhren, verschlechterte sich seine Stimmung. Er wurde aggressiv und abweisend. Nach einer halben Stunde waren wir wieder zu Hause. Er wusste nicht genau, wo die Straße sich befand, und ich hatte ihn an der entscheidenden Stelle nach rechts statt nach links gelenkt. Damit hatte ich meine Chance vertan. Ich korrigierte mich und bat ihn umzukehren. Doch er wurde immer wütender, und ich musste aufpassen, dass ich keine Ohrfeige bekam. Ich hielt den Mund, wie so oft, wenn ich merkte, dass ich keine Chance hatte.

An meinem 17. Geburtstag galt mein Gedanke nur der Tatsache, dass ich in 365 Tagen volljährig sein würde. Dann konnten meine Eltern mir nichts mehr vorschreiben. Ich würde einfach ausziehen, ob sie damit einverstanden waren oder nicht. Um die Tage zu zählen, die ich nur noch auszuhalten hatte, führte ich eine Strichliste, wie Robinson Crusoe oder wie Menschen, die im Gefängnis sitzen. Die Strichliste war direkt am Kopfende von meinem Bett, mit Bleistift auf der Tapete. Niemand hat sie je entdeckt.

Mein Vater beschloss, dass wir in diesem Jahr wieder nach Istanbul fahren sollten. Er hatte schließlich auch Sehnsucht nach der Heimat. Zudem schien es, als hätte sich die Sache mit meiner Heirat erledigt. Ich bat ihn, mich in Berlin zu lassen, aber ich durfte nicht bleiben, obwohl meine Brüder Kemal und Cemal auch nicht mit nach Istanbul fuhren.

Kurz vor den Sommerferien hatte ich mich in Stefan verliebt. Ich hatte den Eindruck, als hätte er auch Interesse an mir, traue sich aber nicht. Schließlich war ich Schülerin an der Schule, an der er unterrichtete, und zudem noch nicht volljährig. Er hatte also viele gute Gründe, zurückhaltend zu sein. Außerdem hatte er zu der Zeit noch eine Freundin, mit der es allerdings gerade auseinander ging.

Nach der zehnten Klasse musste ich die Schule verlassen, weil man dort nicht Abitur machen konnte. Ich war darüber sehr traurig, weil es gerade angefangen hatte, schön zu werden. Gleichzeitig freute ich mich auf die neue Schule. Ich hatte mich auf dem Oberstufenzentrum Wirtschaft und Verwaltung – Recht – angemeldet, weil ich unbedingt Jura studieren wollte.

Ich war aber auch traurig wegen Stefan, den ich nicht mehr so oft sehen würde. Da ich mir keine ernsthaften Hoffnungen machte, wollte ich ihn wenigstens sehen können. Gegen Ende der Schulzeit raffte ich daher meinen ganzen Mut zusammen und sagte ihm, ich fände ihn sehr nett. Er verstand, was ich meinte, und wurde knallrot. Ich war erleichtert, weil er es jetzt wenigstens wusste. Wir trafen uns dann nur noch ein paar Mal ganz zufällig in der Schule. Er hatte meine Adresse und versprach, mir zu schreiben. Dann verabschiedete er sich in die Ferien. Er fuhr mit seiner Freundin nach Griechenland. Ich machte mir wirklich keine Hoffnungen. Warum sollte ein Typ wie Stefan überhaupt Interesse an mir haben? Was hatte ich schon zu bieten? Eine eingesperrte kleine Türkin, die gerade die zehnte Klasse beendet hatte. Ich hatte sehr gut abgeschlossen und erhielt sogar ein Ehrendiplom für meine Tätigkeit als Schulsprecherin. In mehreren Zeitungen wurde ich lobend erwähnt, als erfolgreiche Türkin, die Großes vorhatte. Dennoch gab es meiner Ansicht nach nichts, was mich für Stefan attraktiv machte.

So fuhr ich ziemlich traurig mit meinen Eltern nach Istanbul. Mustafa war inzwischen verlobt und schien somit keine Gefahr darzustellen. Doch da hatten mein Vater und ich die Rechnung ohne den Wirt gemacht. Kaum waren wir in Istanbul angekommen, stürzten sich alle mit dem Thema auf uns. Mein Vater wurde gefragt, ob er es sich nicht anders überlegen wolle. Ich wurde gefragt, ob ich nicht doch Interesse hätte.

Und irgendwie reizte mich das Thema plötzlich wieder. Zumal ich etwas gekränkt war, dass Mustafa nun eine andere heiraten wollte. Nicht gerade konsequent von mir, aber so war es. Aus purer Neugierde und Langeweile bat ich dann meine Tante, ein Gespräch mit Mustafa zu arrangieren.

Ich musste sie nicht lange überreden. Irgendwie hatten

alle immer noch die Vorstellung, dass es sehr schön wäre, wenn Mustafa und ich heiraten würden. Über mehrere Tage wurde nun ein Treffen mit Mustafa eingefädelt, von dem mein Vater nichts mitbekommen durfte. Mein Vater hatte wohl irgendwie gespürt, dass etwas nicht mit rechten Dingen zuging, jedenfalls ließ er mich kaum aus den Augen. Für das Treffen mit Mustafa nutzten wir die Gelegenheit, als wir bei meinem Onkel Ömer zu Besuch waren. Im selben Haus, genau eine Treppe tiefer, hatte mein Onkel Ergün eine Wohnung. Während mein Vater oben von meinen Verwandten abgelenkt wurde, konnte ich mich unten in der Wohnung heimlich mit Mustafa treffen.

Wir saßen uns ganz brav gegenüber, und ich versuchte ihm zu erklären, dass er mir nicht böse sein solle, wenn ich ihn nicht heiratete, weil ich ganz einfach ein ganz anderes Leben führen wolle als er. Im Übrigen sei ich gar nicht sauer darauf, dass er sich nun verlobt habe. Er solle diese Frau heiraten und mit ihr glücklich werden.

Er fand das alles vernünftig und war, glaube ich, auch ganz froh, dass ich nicht darauf bestand, von ihm geheiratet zu werden. Ich erklärte ihm auch, ich sei doch zu jung und es wäre für ihn bestimmt besser, wenn er die andere nähme, die ja weitaus älter war als ich.

Wir unterhielten uns lange über unsere Familien und über die ganze Angelegenheit. Als wir dann aufbrachen, im Flur standen und uns voneinander verabschieden wollten, gab es aber plötzlich eine Situation, die alles bisher Besprochene ad absurdum führte und die ganze Angelegenheit wieder auf den Kopf stellte. Mustafa nahm mich nämlich in den Arm und küsste mich, wie ich noch nie geküsst worden war. Ich war von dem Kuss und von meinen Gefühlen dermaßen überwältigt, dass mir die Beine zitterten und ich das Gefühl hatte, gleich in Ohnmacht zu fallen. Mit so einer Wendung hatte ich überhaupt nicht gerechnet. Ich glaube, Mustafa auch nicht. Wir standen beide ziemlich dumm da und wussten nicht, was wir nun anfangen sollten. Schließlich nahm er seinen Verlobungsring ab und sagte mir, er habe nicht die Absicht, diese andere Frau zu heiraten, er wolle nun mich heiraten. Das schmeichelte mir natürlich. Aber irgendwie spürte ich, dass ich mich da in etwas hineinmanövriert hatte, wofür ich die Verantwortung schwer übernehmen konnte. Dennoch ließ ich die Sache fürs Erste einfach laufen. Wir blieben noch eine Weile in der Wohnung, bis eine Tante kam und meinte, ich solle besser nach oben kommen, weil mein Vater langsam unruhig wurde und nach mir fragte. Ich ging mit ihr, und Mustafa verließ das Haus, ohne dass mein Vater irgendetwas mitbekam. Solche Heimlichkeiten und Arrangements gehören übrigens zum Alltag der von Doppelmoral geplagten islamischen Gesellschaft, die versucht, eine strikte Trennung von Männern und Frauen aufrechtzuerhalten. Was da hinter verschlossenen Türen und heruntergelassenen Schleiern geschieht, ist mehr als unanständig und verlogen. Diese Seite unserer Traditionen lernte ich somit auch hautnah kennen.

Der Rest der Ferien wurde zu einer ziemlichen Tortur. Mein Vater war damit beschäftigt, mich irgendwo zu verstecken, und der Rest der Familie war damit beschäftigt, mich und Mustafa heimlich zusammenzubringen. Es wurden regelrechte Schlachtpläne ausgedacht, minuziös Zeiten abgestimmt und Treffen organisiert. Wirklich komisch wurde es, als mein Vater mich in das Sommerhaus eines Onkels außerhalb von Istanbul brachte, wo er mich tagsüber beaufsichtigte, aber abends mit meiner Mutter nach Istanbul fuhr. Mustafa, der tagsüber arbeitete, kam dann mit dem Bus aus der Stadt, blieb über Nacht bei mir und fuhr morgens ganz früh, bevor mein Vater kam, wieder zurück zur Arbeit. So verbrachte ich fünf kurze, aber wunderschöne Nächte mit Mustafa. Wobei ich klarstellen muss, dass ich von ihm nicht entjungfert wurde. Denn auch wenn er die Absicht hatte, mich zu heiraten, hielt er sich dennoch an die traditionellen Vorgaben. Das würde er sich für die Hochzeitsnacht aufsparen, sagte er. Mir war das ganz recht, da ich sowieso einigermaßen verwirrt und verängstigt war.

Ziemlich traurig und sehr durcheinander brachen wir am Ende der Sommerferien wieder auf und fuhren mit dem Auto nach Berlin.

Als zusätzlichen Fahrgast hatten wir Mariye an Bord. Die Verwandten hatten sich nicht nur in meiner Angelegenheit sehr viel Mühe gegeben, sondern sich mindestens genauso für die Heirat von Mariye und Kemal ins Zeug gelegt. Kemal wurde telefonisch gefragt, ob er Mariye heiraten wolle und ob wir sie mitbringen sollten. Am Telefon sagte er ständig, nein, er wolle das nicht. Das sagte er zu meiner Mutter und auch zu mir. Trotzdem wollte niemand auf ihn hören. Alle meinten, es sei lediglich eine Laune von Kemal, in Wirklichkeit würde er schon wollen. So wurden alle Papiere von Mariye vorbereitet, ein Pass und ein Touristenvisum beantragt. Außerdem wurde ein Brautkleid gekauft, mit dem sie schließlich das Haus ihres Vaters verlassen sollte.

Mariye war nicht blöd. Sie bekam mit, dass Kemal wohl plötzlich nicht mehr so begeistert von der Idee war, sie zu heiraten. Aber da sie ihn sehr liebte und offensichtlich zwischen den beiden auch schon irgendetwas passiert oder zumindest besprochen worden war, kam sie ohne Widerrede mit nach Berlin.

Ich liebte Mariye sehr, und ich verstand nicht, warum sie ausgerechnet Kemal heiraten wollte. Für mich war er der schlechteste Ehemann, den sie sich aussuchen konnte. Schon als Kind hatte ich Mariye angehimmelt, und auch jetzt fühlte ich mich ihr sehr nahe und verbunden. Ich konnte sie nicht anlügen. Deshalb erzählte ich ihr, was Kemal mir am Telefon gesagt hatte. Sie wollte aber trotzdem mitfahren und von ihm höchstpersönlich hören, dass er sie nicht heiraten werde.

Was dann folgte, waren, glaube ich, die schrecklichsten fünf Jahre im Leben von Mariye. Für mich war die Zeit nach den Sommerferien in Berlin auch nicht besonders gut. Aber ich hatte ein Ziel und durchaus auch die Möglichkeit, dieses Ziel zu erreichen. Sie hingegen war davon abhängig, was meine Familie und insbesondere Kemal mit ihr machten. Wie man so schön sagt, kannte sie weder Land noch Leute. Kemal wurde ziemlich unter Druck gesetzt und heiratete sie schließlich, obwohl er immer wieder beteuerte, dazu gezwungen worden zu sein. Er war unglücklich, sie war unglücklich, und meine Eltern waren auch unglücklich. Die Atmosphäre in unserer Familie wurde immer unerträglicher. Und irgendwie ließen alle ihre Wut an mir aus. So empfand ich es zumindest. Kemal wollte Mariye nicht. Er unternahm sogar einen Selbstmordversuch, aus lauter Verzweiflung. Was in seinem Kopf aber wirklich vorging, ist immer noch ein Rätsel. Denn sie trennten sich und ließen sich sogar scheiden. Aber nach fünf Jahren wollte Kemal sie unbedingt wiederhaben und heiratete sie erneut.

Ich hörte nicht auf, heimlich meine Striche an der Wand am Kopfende von meinem Bett zu machen. In den Ferien hatte ich zwar wunderschöne Tage mit Mustafa gehabt. Aber ich glaubte nicht daran, dass ich ihn tatsächlich heiraten und mit ihm glücklich sein könnte. Denn ich sah, wie das Eheleben in den türkischen und kurdischen Familien meiner Umgebung aussah. Irgendwie konnte ich mich einfach nicht mit diesen türkischen Männern und ihrem Verhalten abfinden. Dass Mustafa in dieser Hinsicht nicht sehr anders war, konnte ich aus den Briefen erkennen, die er mir heimlich schrieb.

Gott sei Dank hatte ich Michael, meinen guten Geist, den ich nach den Schulferien wieder traf. Ich erzählte ihm die ganze Geschichte und erklärte ihm, ich glaubte nicht, dass ich es bis zu meinem 18. Lebensjahr in dieser Familie aushalten würde. Außerdem fand ich nach den Schulferien einen Brief von Stefan, den er mir noch vor seinem Urlaub geschickt hatte. Es war ein Liebesbrief, und darin lag eine Kette mit einem Anhänger. Ich war ziemlich überrascht und überwältigt, und nun tat ich etwas, was ich die ganzen Jahre vorher nie gewagt hatte: Ich log meine Eltern an und traf mich heimlich mit Stefan. Ich erzählte ihm auch von Mustafa und davon, was in der Türkei passiert war. Dabei verliebte ich mich immer mehr in ihn, weil er überhaupt nicht aufdringlich war und mir ganz ehrlich dabei helfen wollte, herauszufinden, was ich selber für mich und mein Leben wünschte.

Und irgendwann hatte ich das dann auch herausgefunden. Anfang Dezember 1979 beschloss ich endgültig, von zu Hause abzuhauen.

Kapitel 6 Auf und davon

Das Problem war, dass ich erst in vier Monaten volljährig wurde. Sonst wäre ich einfach abgehauen und zu Stefan gezogen. Als Lehrer konnte er aber unmöglich eine Minderjährige bei sich aufnehmen, also musste ich eine Unterkunft finden, wo ich mich bis zu meinem 18. Lebensjahr verstecken konnte.

Michael bekam von mir den Auftrag, etwas über die Rechtslage für mich herauszubekommen. Er erkundigte sich beim Jugendamt und erfuhr, dass dort ein netter junger türkischer Mann arbeite, der mir mit Sicherheit helfen könne. Als Micha mir sagte, ich solle zu einem Türken gehen, um mich beraten zu lassen, war ich empört. Hatte dieser Mensch denn immer noch nicht begriffen, dass ich türkische Männer nicht ausstehen konnte?

Er überredete mich, wenigstens ein Gespräch mit diesem jungen Mann zu führen. Sein Name war Hikmet, und Michael fand, er sei ganz anders als andere türkische Männer, nicht so traditionsbewusst und erst recht nicht nationalistisch.

Ich hätte meinem Gefühl vertrauen und nicht auf

Micha hören sollen. Denn dieser angeblich fortschrittliche junge Mann war eher link als links. Schon bei meinem ersten Gespräch mit ihm merkte ich, dass ihm meine Pläne gar nicht gefielen. Nachdem ich ihm meine ganze Geschichte erzählt hatte, sagte er, er könne mir nicht helfen, und übergab mir einen Zettel mit der Anschrift des Kinder- und Jugendnotdienstes. Das war alles – kein einziger weiterer Hinweis, kein Hilfsangebot, nichts.

Später erfuhr ich, dass ich nicht das einzige türkische Mädchen war, das bei ihm Hilfe gesucht und noch hilfloser weggegangen war. Einige Mädchen waren sogar mit seiner Unterstützung in die Türkei verschleppt worden. Er verriet den Eltern einfach, wo ihre Töchter untergebracht waren.

Er hatte etwas gegen Deutsche, die seiner Meinung nach versuchten, aus uns türkischen Mädchen deutsche Mädchen zu machen, er liebte und lobte die Großfamilie. Wir seien arme verwirrte Geister, die ohne den Schutz der Familie nur auf Abwege geraten würden.

Er hatte auch etwas gegen die Jugend-WGs, in denen türkische Mädchen zu viel Freiheit hätten. Schließlich könnten sie mit diesem Freiraum doch nicht wirklich etwas anfangen. Ganz besonders schlimm war in seinen Augen, dass einige Betreuerinnen der Jugend-WGs auch noch lesbisch waren. Das reinste Sodom und Gomorrha, in das die aus dem Nest gefallenen türkischen Mädchen da hineingerieten.

Glücklicherweise hatte ich jedoch Stefan, Michael und meine Freundinnen, die mir ernsthaft helfen wollten. Michael hatte sich weiter erkundigt und herausbekommen, dass für mein Alter tatsächlich nur der Kinder- und Jugendnotdienst infrage kam. Also bereitete ich mit Birthe meinen Auszug vor. Ich hatte einen ganz kleinen Koffer und eine Tasche, die ich heimlich packte. Michael vermittelte mir den Kontakt zu einem Herrn von der Arbeiterwohlfahrt. Beim Beratungsgespräch erfuhr ich von der Möglichkeit, meinen Eltern das Aufenthaltsbestimmungsrecht zu entziehen. Damit hätten sie zwar das Sorgerecht, könnten aber nicht mehr bestimmen, wo ich mich aufhielt.

Ich stellte umgehend einen Antrag beim Gericht, mit der Begründung, dass meine Eltern mich daran hinderten, mich persönlich, schulisch und somit auch beruflich weiterzuentwickeln. Würde ich zu Hause bleiben, würde ich irgendwann von ihnen verheiratet werden und hätte kein selbstbestimmtes Leben zu erwarten.

Mein Eilantrag wurde abgelehnt, weil ich mich nach wie vor im Elternhaus aufhielt. Der Richter meinte, wenn ich weiterhin zu Hause wohne, könne es ja nicht so schlimm sein. Das war wie ein Schlag ins Gesicht. Dieser Richter hatte keine Vorstellung davon, wie es mir und sehr vielen anderen türkischen Mädchen ging. Durch diesen ablehnenden Beschluss war jedenfalls klar, dass ich sehr bald das Haus meines Vaters verlassen musste. Die Vorbereitungen liefen auf Hochtouren, und schließlich verabredete ich mich mit Stefan und Birthe für den Tag vor Heiligabend, um meine Sachen aus der Wohnung zu holen und in den Kinder- und Jugendnotdienst zu gehen. Gott sei Dank war niemand in der Wohnung, als ich mit Birthe dort ankam. Nur mein kleiner Bruder kam uns auf der gegenüberliegenden Straßenseite entgegen, als wir gerade das Haus verlassen hatten. Wir winkten ihm zu und liefen schnell weiter, ohne mit ihm zu reden. Zufälligerweise war an diesem Tag der Termin der standesamtlichen Trauung von Kemal und Mariye. Das hatte ich vorher gar nicht bedacht, aber nun profitierte ich davon, weil die Gefahr der Entdeckung nicht so groß war. Außerdem musste ich dann meinen verärgerten Bruder nicht ertragen, der gegen seinen Willen verheiratet wurde.

Zwei Straßen weiter wartete Stefan in seinem Auto. Wir stiegen schnell ein. Ich duckte mich, damit ich während der Fahrt von niemandem erkannt wurde. Stefan fuhr mich auf direktem Weg zum Kinder- und Jugendnotdienst. Sie nahmen mich auf, wollten aber sofort meine Eltern darüber informieren, wo ich sei, weil ich noch nicht volljährig war. Den Anruf bei meinen Eltern würde das zuständige Jugendamt vornehmen. Also würde Hikmet meine Eltern informieren. Ich wollte nicht, dass dieser Mensch Kontakt mit meinen Eltern aufnahm. Mir war klar, dass er die ganze Angelegenheit nicht zu meinen Gunsten bearbeiten würde. Später erfuhr ich, dass ich mit meinem Gefühl richtig gelegen hatte: Er war nicht auf der Seite der Jugendlichen. Er hat nicht meine Interessen, sondern seine eigenen Traumvorstellungen von der türkischen Großfamilie vertreten.

Die erste Nacht im Kinder- und Jugendnotdienst, ganz allein an einem fremden Ort, war grausam. Wenn das Gebäude nicht gefängnisartig bewacht gewesen wäre, hätte ich wohl kein Auge zugetan. Das Licht ließ ich die ganze Nacht brennen.

Die Erzieherinnen konnten nicht besonders viel mit mir anfangen. Nach ihrer Erfahrung gingen die meisten türkischen Kinder und Jugendlichen trotz zuweilen extremer

Misshandlung wieder zurück zu ihren Familien. Deshalb lohnte es in ihren Augen nicht, sich besonders für die türkischen Kinder und Jugendlichen zu engagieren. Wir hätten einen anderen Familiensinn.

Ich schwor Stein und Bein, ich sei anders und würde niemals zurückkehren. In langen Gesprächen versuchte ich die Erzieherinnen von meiner Entschlossenheit zu überzeugen. Parallel dazu kamen meine Verwandten und versuchten, mich zur Rückkehr zu bewegen. Fünf lange Tage dauerte das Gezerre. Sie ließen nicht locker, boten ihre Vermittlung zwischen meinem Vater und mir an. Schließlich machten sie mir ein Angebot, das ich annahm, um ihnen doch noch eine Chance zu geben. Eigentlich war es mir selbst ja auch lieber, in der Familie bleiben zu können – wenn ich zugleich meine Freiheit hatte. So bekamen die deutschen Erzieherinnen doch noch Recht: Ich ging zurück, weil auch ich einen anderen Familiensinn hatte. Nach so vielen Bemühungen älterer Verwandter musste ich nachgeben, wenn ich sie nicht ganz verlieren wollte. So allein ohne Familie, ohne Menschen mit dem gleichen Blut, wollte ich doch nicht dastehen. Das neue Leben kannte ich noch nicht und wusste nicht, wie gut ich es ohne Familie meistern könnte. Freundinnen und Freunde kommen und gehen, Blut bindet und bleibt. So war ich erzogen worden, und so fühlte ich auch. Natürlich vertraute ich meinen deutschen Freundinnen und Freunden, sie waren die Einzigen, die mich wirklich kannten, die wussten, wer und wie ich bin. Und doch konnte ich mich nicht ganz ausliefern. Ich wollte die Türen nicht endgültig zuschlagen. Wenn meine Familie das schon nicht tat, wollte ich es erst recht nicht.

Also kehrte ich wieder nach Hause zurück. Es dauerte genau zwei Wochen, bis alles wieder beim Alten war, vor allem mein Vater. Dabei war ich in erster Linie seinetwegen zurückgekommen. Aus dem Kinder- und Jugendnotdienst war ich zunächst zu meiner Tante gezogen, die mich aufgenommen hatte, weil ich nicht zu meinen Eltern wollte. Silvester besuchten uns meine Eltern, um zu feiern. Zum ersten Mal setzte mein Vater sich zu einem ernsten Gespräch mit mir zusammen und sagte etwa Folgendes: «Kind, ich kann dich verstehen, wenn ich darüber nachdenke und mich anstrenge. Aber ich bin in einem anderen System aufgewachsen. Ich kenne nur das, was ich lebe. Und zu meinem Leben gehören andere Menschen. Das sind Verwandte, Freunde, Bekannte und Nachbarn. Du bist nicht abhängig von diesen Menschen, aber ich bin es. Mir macht ihr Gerede etwas aus. Ich kann es nicht ertragen, wenn sie reden. Ich kann aber auch nicht ohne sie leben. Ich kann mich nicht auf einen Berg verziehen und allein mit euch leben. Das Einzige, was ich dir versprechen kann, ist, dass ich versuchen werde zu lernen. Dazu brauche ich aber Zeit, und ich bitte dich um diese Zeit. Gib mir eine Chance, mich zu verändern. Ich kann dir nicht versprechen, dass ich auf die Menschen verzichten werde, die über dich und uns reden, aber ich will lernen, dass es mir nichts mehr ausmacht. Ich werde dir in Zukunft mehr vertrauen und dir erlauben, dich mit deinen Freundinnen zu treffen.»

Ich war gerührt, glücklich und weinte. Ich konnte gar nicht anders, als ihm eine Chance zu geben.

Bald erkannte ich aber, dass mein Vater in Wirklichkeit alles andere als bereit war, sich zu ändern. Wenn er es doch jemals ernsthaft in Erwägung zog, würde es Jahrzehnte dauern. So viel Zeit hatte ich nicht. Er dachte, ich hätte nur eine kleine Krise, die sich legen würde, wenn ich wieder zu Hause wäre und zur Schule ginge. Da hatte er sich wiederum getäuscht. Ich war fest entschlossen, mich nicht mehr wie Dreck behandeln zu lassen, nur weil ich ein Mädchen war und über ein Stück Haut verfügte, für das sie bereit waren, die Welt auf den Kopf zu stellen. Sie sollten mich mit ihren schmutzigen Phantasien, ihren veralteten und frauenfeindlichen Ansichten in Ruhe lassen. Ich pfiff darauf, ihre Ehre zu sein.

War ich einmal nicht in der Schule, wenn er mich abholen wollte, beschimpfte er mich und gebärdete sich, als wolle er mich schlagen. Ich hätte seine Ehre verletzt. Meine Brüder beschimpfte er auch, weil sie untätig zusähen, wie ich Hure ihre Ehre beschmutze. Ständig rieb er mir unter die Nase, dass ich abgehauen war. Was die Leute denken sollten, wenn ich ständig unterwegs sei, hieß es plötzlich doch wieder.

Es half nichts, ich musste gehen. Also bereitete ich mich auf die endgültige Flucht vor. Meine Mutter spürte das und durchsuchte täglich mein Zimmer. Sobald sie eine Tasche mit mehreren Kleidungsstücken fand, wurde sie nervös und redete auf mich ein, ich solle keinen Unsinn machen. Sie würde es nicht überleben. Wie ich lebte, interessierte sie nicht. Sie sah nicht einmal, wie unglücklich ich war. Wir waren schließlich Frauen, und Frauen lebten nun mal unterdrückt. Frauen hätten nie was zu sagen gehabt. Das sei seit Menschengedenken so. Ihre Großmutter und ihre Mutter hätten auch so gelebt, alle Frauen, die sie kenne, lebten so. Außerdem seien wir Türken und Moslems, und daher sei das Ganze bei uns nochmal anders als in anderen Ländern und bei Andersgläubigen, sprich: Ungläubigen. Es sei nun mal so: Die Männer hätten das Sagen.

Ich hatte Glück, weil ich mittlerweile einige Menschen kannte, die bereit waren, mir zu helfen. Meine Klassenlehrerin auf der neuen Schule, Frau Müller, gehörte inzwischen auch zu dem Kreis meiner Vertrauten. Sie half mir, nach einer Unterkunft zu suchen – auch, weil sie nicht begeistert von meiner Beziehung zu einem weitaus älteren Lehrer aus meiner vorherigen Schule war. Sie fürchtete, er könnte mich unterdrücken und ausbeuten. Ich war ihr deshalb nicht böse, die Vermutung lag ja wirklich nahe. Stefan hätte ein Mann sein können, der sich eine junge, hübsche Putzhilfe und Gespielin zugelegt hatte. Doch wer Stefan und mich näher kennen lernte, war in dieser Hinsicht schnell beruhigt.

Im Januar 1980 brannte ich endgültig durch und versteckte mich für eine Woche in der Zweitwohnung meiner Klassenlehrerin. Sie hatte für mich eine Unterkunft bei zwei Frauen organisiert, wo ich aber erst in einer Woche einziehen konnte. Vor lauter Angst, entdeckt zu werden und meine Gastgeberinnen zu gefährden, ging ich die gesamte Woche nicht aus der Wohnung. Nur nachts, wenn kaum Menschen auf der Straße waren, zog ich Sachen von Frau Müller an und lief mit Stefan um den Block, um ein wenig frische Luft zu bekommen. Ich genoss diese Spaziergänge nicht besonders, ich hatte ständig das Gefühl, verfolgt zu werden. Also klammerte ich mich an Stefan und rannte mehr, als entspannt zu laufen. Erst später erfuhr ich, was ich damit riskiert hatte: In dieser Straße wohnten tatsächlich Bekannte von uns, Leute aus unserem Dorf, die mich sehr gut kannten. Ich wusste das nicht, weil sie gerade umgezogen waren und wir sie bisher nicht besucht hatten. Schieres Glück, dass ich ihnen nicht begegnete.

Nach einer Woche zog ich um, in eine WG mit zwei Frauen. Anna war Rechtsanwältin beim Berliner Mieterverein und Frieda Dolmetscherin, hauptsächlich beim Gericht. Der Vater von Frieda war ein sehr bekannter Juraprofessor. Von beiden Frauen erfuhr ich viel über ihre Arbeit, was mich in meinem Wunsch bestärkte, Jura zu studieren.

Im Übrigen fand ich es nicht gerade einfach, mich in der Wohnung von Frieda und Anna versteckt zu halten. Ich hatte das Gefühl, vollkommen abgetrennt von der Welt zu sein. Ich war sauer auf meinen Vater, weil er mir keine richtige Chance gegeben hatte. Eigentlich wäre ich gern zu Hause geblieben, wenigstens bis zum Abitur. Auch wenn ich Stefan liebte und alle anderen mir eine große Hilfe waren, bedrückte mich die finanzielle Abhängigkeit sehr. Außerdem fürchtete ich, ein Jahr zu verlieren, weil ich ja nicht zur Schule gehen konnte.

Auch die Wohnung von Anna und Frieda verließ ich nur nachts. Wenn ich mit Stefan um den Block rannte, zog ich immer die Regenjacke von Frau Müller an, um nicht erkannt zu werden.

Anna und Frieda wollten von mir keine Miete und für den Einkauf wollten sie auch nur einen kleinen Betrag, sofern ich eigenes Geld hatte. Da mein Antrag auf Schüler-BAföG noch nicht durch war, durfte Stefan auf sein Drängen hin einen kleinen Betrag für mich zahlen, oder er kaufte ab und zu für uns ein.

Den ganzen Tag verbrachte ich damit, auf Stefans Besuch zu warten. Ich durfte ja nicht zu ihm, weil er Lehrer war und ich noch nicht volljährig.

Ich hatte Angst, allein zu schlafen, und bestand darauf, dass Stefan so oft wie möglich bei mir schlief. Die Frauen fanden das, glaube ich, nicht so toll, doch davon bekam ich kaum etwas mit. Ich war gerade von meiner Familie abgehauen und wusste eigentlich nicht, wie die Welt, in der ich gelandet war, funktionierte. Ich las sehr viel Frauenliteratur und hatte Träume, doch ich spürte schon, dass diese Träume sich noch lange nicht erfüllen würden. Ich wollte unabhängig und selbständig leben, was das auch immer genau bedeuten mochte.

Stefan allein konnte mir das Gefühl von Sicherheit, das ich suchte, nicht geben, doch er war derjenige, dem ich am meisten vertraute. Schließlich liebte er mich – zumindest glaubte ich das damals. Manchmal hatte ich auch das Gefühl, er kümmere sich nur um mich, weil er sich verantwortlich fühlte. Ich fürchtete, er hätte ein schlechtes Gewissen, weil er sich mit mir eingelassen hatte und mich armes türkisches Mädchen nicht einfach sitzen lassen konnte.

Die Küche in der Wohnung von Frieda und Anna werde ich nie vergessen, da es der Ort war, an dem ich mich am meisten aufhielt. Entsprechend sah ich nach den drei Monaten, die ich dort verbrachte, aus. Ich bekämpfte meinen Kummer mit Essen, außerdem hatte ich, auf Anraten meiner Lehrerin und weil ich auf keinen Fall schwanger werden wollte, mit der Pille angefangen. Als ich von zu Hause weggegangen war, hatte ich 52 Kilo gewogen, jetzt waren es 57. Bei meiner Körpergröße von 165 cm ziemlich viel.

Stefan hatte seinen Teil dazu beigetragen. Er meinte immer, ich sei so zerbrechlich. Er traue sich gar nicht, mich anzufassen, aus Angst, mir wehzutun. Also aß ich, aus Trauer um die Familie, aus Langeweile und damit Stefan sich traute, mich anzufassen.

Da ich viel allein war, in meinem selbst gewählten Gefängnis, hatte ich Zeit, nachzudenken und zu lesen. In meinem Versteck gab es nämlich keinen Fernseher. Die Frauen hatten sich bewusst dagegen entschieden, was für mich auch eine neue Erfahrung war. In den allermeisten türkischen Familien läuft der Fernseher den ganzen Tag. So war es auch bei uns. Auch wenn man Besuch hatte und sich unterhielt, bildete der Fernseher eine ständige Geräuschkulisse. Damals waren es ausschließlich deutsche Programme, heute laufen hauptsächlich türkische Programme im Hintergrund. Der Fernseher war und ist jedenfalls immer an.

Meine Gedanken beschäftigten sich hauptsächlich damit, dass ich die Schule zu Ende bringen und studieren wollte. Aber ich dachte auch oft an meine Familie.

Mein Angstpegel war in dieser Zeit ziemlich hoch. Sobald die Tür oder das Telefon klingelte, hatte ich Panik, dass es jemand von meiner Familie sein könnte, dass ich nun mit Gewalt zurückgeholt und geschlagen würde.

Es war für mich sehr schwer, mich den beiden Frauen mitzuteilen. Ich hatte das Gefühl, sie könnten mich gar nicht richtig verstehen. Frieda war selbst zur Hälfte Türkin, doch sie hatte eine deutsche Mutter. Dann ist eben alles anders. Sie lebte allein in Berlin, die Eltern in Hamburg. Sie hat mir auch viel von ihren eigenen Problemen erzählt. Ich konnte sie nicht verstehen, weil sie es doch so gut hatte. Offensichtlich hatten es alle gut, nur ich nicht. Sie war doch frei und konnte leben, wie sie wollte. Zugleich konnte sie ihre Eltern jederzeit anrufen und besuchen. Ich dagegen hatte zu dem Zeitpunkt nicht ganz ohne Grund das Gefühl, ich würde meine Eltern nie wieder sehen. Kein Tag verging, an dem ich nicht an meine Eltern dachte und sie vermisste. Ich hatte sie gehasst und war abgehauen. Doch jetzt, aus der Entfernung, spürte ich, wie sehr ich sie liebte und wie weh ich ihnen getan hatte.

Trotzdem wollte ich auf keinen Fall wieder zurückkehren. Immer wenn mich dieses Heimweh erfasste, dachte ich daran, was ich in den Wochen und Monaten, die ich von zu Hause weg war, schon gesehen und erlebt hatte. Das alles hätte ich nicht erfahren, wenn ich bei ihnen geblieben wäre. Es ging mir nicht darum, in Discotheken zu gehen und zu feiern. Discos waren auch nicht der Grund, warum ich abgehauen war. Ich wollte leben, etwas erleben, etwas Spannendes aus meinem Leben machen, mich entwickeln.

Wenn wir mit den Freundinnen und Freunden von Stefan zusammen waren, wurde ich oft kritisch beobachtet, weil es schon sehr ungewöhnlich war, dass ein Lehrer mit 28 eine 17-jährige türkische Freundin hatte. Ich musste ihnen beweisen, dass ich kein kleines Mäuschen war, das sich von einem Deutschen als exotisches Spielzeug hatte fangen lassen. Das war teilweise schon anstrengend. Glücklicherweise waren die meisten Freundinnen und Freunde von Stefan ehrliche und offene Menschen, die mich als eigenständige Person kennen lernen wollten. Den Altersunterschied zwischen mir und Stefan habe ich erst mit den Jahren hin und wieder als störend empfunden, am Anfang unserer Beziehung fiel er mir gar nicht auf. Natürlich war ich sehr stark auf ihn fixiert. Kein Wunder – immerhin war er mein erster Freund, und ich hatte gerade, auf eine für mich sehr brutale Weise, meine Familie verloren.

Das Leben mit den beiden Frauen war zwar recht angenehm, aber zu diesem Zeitpunkt nicht das, was ich wollte. Ich wollte, dass Stefan jeden Tag zu mir kam. Das tat er natürlich nicht, er hatte ja auch eine eigene Wohnung und ein eigenes Leben.

Anna und Frieda waren auch alles andere als eine harmonische WG. Sie kamen nicht besonders gut miteinander aus, vielleicht weil sie sehr unterschiedlich waren. Anna war eher eine ernste Person, Frieda hingegen mehr esoterisch.

Bezeichnenderweise hatte ich das Zimmer in der Mitte zwischen ihnen. Und so fühlte ich mich auch hier wieder zwischen den Stühlen. Ich mochte beide sehr gern, war ihnen auch unendlich dankbar, aber ich war noch nicht in der Lage, mich mit den Dingen, die sie beschäftigten, auseinander zu setzen. Am Anfang redeten sie wenigstens noch über organisatorische Dinge, aber mit der Zeit sprachen sie kein Wort mehr miteinander. Und das in einer Wohnung. Mein Familiensinn war noch so stark ausgeprägt, dass ich versuchte, sie miteinander zu versöhnen und jeder zu erzählen, wie toll die andere doch sei. Aber sie hatten einen ganz anderen Blick und eine ganz andere Wahrnehmung. Mein Gerede kam ihnen wahrscheinlich lächerlich vor.

Am schlimmsten aber waren die Nächte, die ich allein in meinem Zimmer verbringen musste. Vor Angst starb ich tausend Tode. Ich hatte schon zu Hause Angst vor der Dunkelheit gehabt. Deshalb schlief ich mit Licht und einer

Decke über dem Kopf. Das erzählte ich allen, damit sie mich nachts nicht allein ließen. Aber niemand in meiner Umgebung nahm das richtig ernst. Sie erklärten mir, es sei albern, dauernd jemanden zum Händchenhalten zu brauchen, ich müsse diese Angst überwinden. Ich gab es ziemlich schnell auf, ihnen von meiner Angst zu erzählen, und quälte mich durch die Nächte, weil das offensichtlich auch zu der Freiheit gehörte, die ich wollte.

Zur Schule konnte ich nicht gehen, weil ich Sorge hatte, dass mein Vater mich dort abfangen könnte. Eine Psychologin hatte mich krankgeschrieben, damit ich der Schule gegenüber eine Erklärung hatte, warum ich wochenlang nicht kam.

Während ich mich bei Anna und Frieda versteckte, beantragte ich erneut, meinen Eltern das Aufenthaltsbestimmungsrecht zu entziehen. Diesmal hatte ich Glück. Der Richter ließ sich überzeugen, weil ich mittlerweile untergetaucht war und es sich nur noch um drei Monate handelte, bis ich volljährig wurde. Der Mann von der Arbeiterwohlfahrt, der mir geholfen hatte, wurde mein Vormund. Er erlaubte mir, bei Anna und Frieda wohnen zu bleiben.

Meine Eltern versuchten, über meine Klassenlehrerin Kontakt zu mir aufzunehmen. Sie flehten sie regelrecht an, mich sehen zu dürfen, weil sie mich so vermissten. Meine Mutter wurde krank, und mein Vater war geknickt. Ihre Welt war zusammengebrochen. Und diesmal endgültig, ohne die geringste Aussicht auf eine zweite Chance. Ihre Kontakte zu Freunden und Verwandten reduzierten sich, als hätten sie eine ansteckende Krankheit. Mit einer sehr gut befreundeten Familie verkrachten sie sich, weil sie dachten, dass die Frau mich zum Durchbrennen überredet hätte und nun verstecken würde. Diese Frau hatte nicht das Geringste mit meinem Verschwinden zu tun, doch davon waren meine Eltern nicht zu überzeugen. Sie suchten die Schuld bei anderen, statt sich an die eigene Nase zu fassen. Das war so typisch für alle Erwachsenen, die mich umgaben.

Ich war traurig darüber, wie schlecht es ihnen ging, aber trotzdem ließ ich ihnen ausrichten, sie sollten mich in Ruhe lassen. Wenn sie nicht akzeptierten, dass ich nicht mehr zurückkam, und mich verfolgten, würde ich nach Westdeutschland ziehen. Dann hätten sie mich wahrscheinlich nie wieder gesehen. Stefan hatte sich schon erkundigt, ob er in Köln eine Stelle bekommen würde, falls wir gezwungen wären, Berlin zu verlassen.

Mein Vater schrieb mir daraufhin, er habe nun begriffen und akzeptiert, dass ich nicht mehr zurückkäme. Er versprach, mich nicht zu verfolgen. Ich solle ihm nur versprechen, meine Schulausbildung zu beenden und zu studieren. Er habe keine Chance gehabt, etwas anderes als ein Fabrikarbeiter zu werden. Ich hätte die Chance und solle sie nutzen.

Nach diesem Brief, und weil er versprochen hatte, dass er mich nicht verfolgen würde, ging ich wieder zur Schule. Es war unheimlich erleichternd, dass wir Berlin nicht verlassen mussten, und ich war heilfroh, endlich die Wohnung verlassen und zur Schule gehen zu dürfen. Meine ganze Zukunft hing davon ab, ob ich mein Abitur schaffte oder nicht. Und ich hatte mir die Freiheit nicht so vorgestellt, dass ich mich den Rest meines Lebens in einer Wohnung versteckte.

Mein kleiner Bruder Ahmet wurde zum Vermittler zwischen mir und meiner Familie. Ich rief ihn heimlich an und traf mich mit ihm. So kam er eines Tages, wie schon so oft, um mich von der Schule abzuholen. Wir wollten im Park spazieren gehen und reden. Ich ging mit ihm über die Straße und bot ihm eine Zigarette an. Er wirkte ein wenig unruhig und lehnte die Zigarette ab, was ganz ungewöhnlich war. Ich wurde misstrauisch, schaute mich panisch um und fragte Ahmet, ob unser Vater mitgekommen sei. Er sagte zwar nein, aber ich spürte, wie unwohl er sich in seiner Haut fühlte. Noch einmal versuchte ich, ihm eine Zigarette aufzudrängen, um festzustellen, ob er log. Bei Türken und Kurden rauchen Jüngere nicht in Gegenwart von Älteren. Außerdem durfte mein Vater nicht wissen, dass sein 16-jähriger Sohn schon rauchte. Für mich galt das Gleiche, eigentlich war es sogar noch schlimmer, dass ich als Tochter rauchte. Rauchen ist nun mal Männersache.

Ahmet steckte sich eine Zigarette an und rauchte ganz verunsichert. Ich hatte den Eindruck, er sei vor Wut den Tränen nahe, und fragte erneut, ob unser Vater da sei. Er schüttelte den Kopf und sagte, es gehe ihm nur so schlecht, weil es zu Hause so unerträglich sei. Ich solle doch zurückkommen, damit wir wieder ein normales Leben führen könnten. Ich hatte aber kein normales Leben geführt. Genau genommen hatte ich gar kein Leben geführt. Das erklärte ich ihm nun schon zum tausendsten Mal. Er gab mir Recht, aber er vermisse mich eben auch.

Während wir so spazierten und redeten, schaute ich mich die ganze Zeit um, weil ich spürte, dass heute etwas nicht stimmte. Mitten im Satz blickte ich hinauf in den

Park und sah meinen Vater. Ich rannte sofort los. Im Weglaufen rief ich Ahmet zu, er solle sich keine Sorgen machen, ich sei ihm nicht böse, ich würde ihn wieder anrufen.

Er schrie weinend zurück, ich solle doch bleiben, ich bräuchte keine Angst zu haben, unser Vater würde mir nichts tun. Es tat mir so Leid, vor allem für meinen kleinen, süßen Bruder, den ich über alles liebte. Doch ich rannte, so schnell ich konnte, fast wie um mein Leben. Ich hätte die Konfrontation mit meinem Vater in diesem Moment nicht meistern können. Unzählige Male hatte ich mir ausgemalt, wie es sein würde, wenn ich meine Eltern wieder sah. Aber so wollte ich es nicht, so unerwartet und überraschend.

Zu Hause rief ich sofort meinen Vormund an und bat ihn um Rat. Ich konnte mich doch nicht schon wieder verstecken und nicht zur Schule gehen. Wozu war ich denn abgehauen? Jedenfalls nicht, um in einem noch engeren Gefängnis zu leben.

Gemeinsam mit meinem Vormund dachte ich darüber nach, wie es wäre, wenn ich in die Offensive ginge und den Kontakt wieder aufnahm, indem ich meine Eltern mit einer Freundin besuchte. Aber das war keine gute Idee. Da meine Eltern sich mittlerweile sehr kooperativ zeigten, durfte ich sie nicht noch mehr vor den Kopf stoßen, indem ich mit Begleitschutz bei ihnen anrückte.

Die zweite und akzeptablere Variante war, dass ich allein hinging und meine Freundin Birthe mich nach zwei Stunden anrief, um zu fragen, ob alles okay sei. Wenn sie mich nicht ans Telefon ließen, würde sie mit der Polizei bei meinen Eltern auf der Matte stehen.

Also rief ich bei meinen Eltern an und verabredete mich mit ihnen für den nächsten Tag nach der Schule. Es war ein komisches Gefühl. Mein Vater war dermaßen gerührt, dass er schon am Telefon vor Freude darüber weinte, dass ich kommen würde.

Seit meiner Flucht waren ungefähr drei Monate vergangen, und ich war noch nicht volljährig, als ich meine Familie das erste Mal besuchte. Meine Mutter weinte fast die ganze Zeit und klebte wie eine Klette an mir. So oft hatte sie mich in den letzten zehn Jahren nicht umarmt. Meine Eltern waren mindestens genauso aufgeregt wie ich. Nur mein Bruder Ahmet, meine Schwester Serpil und Mariye, die mich in den letzten Wochen heimlich getroffen hatten, waren ganz ruhig.

Meine Eltern wollten sehr viel wissen. Sie stellten tausend Fragen, die ich ihnen nicht alle ehrlich beantwortete. So konnte ich ihnen nicht erzählen, dass ich einen Freund hatte, der auch noch Deutscher war. Also erzählte ich ihnen nur die halbe Wahrheit, nämlich dass ich mit zwei Frauen zusammenwohnte, dass sich daran in Zukunft nichts ändern würde und dass ich mir nichts so sehr wünschte, wie meine Schule zu beenden und Jura zu studieren.

Mein Vater zeigte mir den Beschluss, durch den ihm das Aufenthaltsbestimmungsrecht entzogen worden war. Die Stimmung wurde dadurch plötzlich sehr bedrückt und ein wenig aggressiv. Ich bekam Angst, er würde mir jetzt etwas antun, weil ich ihn so erniedrigt hatte. Ich saß ganz verspannt da und traute mich nicht mehr, auch nur einen Ton zu sagen. Meine Eltern spürten, dass ich verängstigt war. Ausgerechnet in diesem Moment rief, wie verabredet,

Birthe an. Ich sagte ihr, es sei alles okay und ich würde bald losgehen. Mein Vater begriff sofort, dass es ein Kontrollanruf war. «Was musst du für ein Bild von mir haben», sagte er. «Bin ich wirklich so ein Tier, dass du solche Angst vor mir hast?»

Ich schwieg. Sein Ton war so aggressiv, dass ich Angst hatte, er könnte sich auf mich stürzen, wenn ich ihm sagte, was ich fühlte. Ja, ich hatte unheimliche Angst vor ihm. Im Gegensatz zu ihm hatte ich noch nicht vergessen, wie er mich vor einigen Monaten behandelt hatte.

Ich sagte, ich sei noch mit Birthe verabredet, und wollte ihre Erlaubnis zu gehen. Die Tür in dieser Wohnung war für mich immer noch eine Barriere, durch die ich nicht selbstbestimmt gehen konnte. Ich betete, dass zum Schluss nicht doch noch irgendetwas Schlimmes passierte. Widerwillig ließen sie mich gehen. Meine Mutter fragte mit Tränen in den Augen, ob ich nicht bleiben könne. Es brach mir das Herz. Aber ich wollte nicht bleiben, nur damit es ihnen gut ging. Mir würde es dabei nicht gut gehen. Ich versprach, sie ganz oft zu besuchen. Sooft sie wolle. Und mich wieder um all ihre Behördenangelegenheiten zu kümmern.

So begann für die nächsten vier Jahre eine Zeit, in der ich wieder ein Doppelleben führte. Ich besuchte meine Eltern oft, kümmerte mich um jeden Arztbesuch meiner Mutter und den Papierkram für die ganze Familie. Sie verfolgten mich nicht. Sie ließen mich tatsächlich kommen und gehen, wann ich wollte. Und nur ganz selten fragten sie in diesen vier Jahren danach, wo ich eigentlich wohnte und ob es stimme, dass ich einen deutschen Freund hätte, der Lehrer sei. Ich habe nie erfahren, wer mich verraten hat. Ich wollte es auch gar nicht ernsthaft wissen. Aber ich konnte meinen Eltern nicht die Wahrheit sagen. Ich hatte ihnen schon genug angetan. Wenn ich ihnen nun auch noch einen deutschen Freund präsentiert hätte, wäre das zu weit gegangen. Dachte ich jedenfalls. So wanderte ich also wieder zwischen der türkischen und deutschen Welt hin und her. Diesmal mit einem anderen Schwerpunkt.

Ich hatte nur eine Hand voll türkische Freundinnen, deshalb sprach ich auch kaum noch türkisch und hörte selten türkische Musik. Die deutsche Welt nahm einen weitaus größeren Teil meines Lebens ein. Ich hielt mich auch ganz bewusst von Türkinnen und Türken fern, weil ich ihnen nicht traute. Sie konnten mich verraten oder, fast genauso schlimm, mir Moralpredigten halten. Meine ersten Anfeindungen durch Landsleute hatte ich schon erlebt. So verließ einmal ein Türke schimpfend die U-Bahn, weil er mitbekommen hatte, dass ich als Türkin zu dem blonden Deutschen gehörte, der in der Öffentlichkeit meine Hand hielt. Ein türkischer Mitschüler stand neben mir, als das passierte. Der wildfremde Mann beschimpfte ihn auch, wie er als Türke es zulassen könne, dass ich mich einem Deutschen hingebe.

Noch vor meinem 18. Geburtstag fuhr ich mit Stefan nach Westdeutschland, um seine Eltern und Freunde kennen zu lernen, die alle sehr gespannt auf mich waren.

Den ersten Eindruck von Stefans Mutter hatte ich durch einen Brief bekommen. Nachdem er ihr am Telefon gesagt hatte, er habe eine neue Freundin und sie sei aus der Türkei, hatte sie ihm einen ziemlich gemeinen Brief geschrieben. Darin standen all die Dinge, die sie am Telefon nicht sagen konnte, weil sie, wie sie es ausdrückte, bei dieser Neuigkeit fast eine Herzattacke bekommen hätte. Sie schrieb ihrem Sohn, er solle doch vernünftig sein und sich alles noch einmal überlegen. Türken seien doch ganz andere Menschen. Ehe er sich's versah, könnte er ein Messer im Rücken haben. «Sie haben doch eine ganz andere Mentalität», schrieb sie. Der Brief war sehr lang und voller Vorurteile und Gemeinheiten. Stefan lachte darüber. Ich fand es nicht besonders komisch, zumal sie ja nun fast meine Schwiegermutter war. So kam es auch, dass sie ziemlich verhaltensgestört reagierte, als sie mich zum ersten Mal am Telefon hatte.

An den genauen Wortlaut kann ich mich nicht mehr erinnern, aber sie stotterte und fragte in Tarzan-Deutsch, ob Stefan da sei. Ich sagte, auch ziemlich aufgeregt, aber in normalem Deutsch, Stefan sei nicht da, sie könne ihm aber gern eine Nachricht hinterlassen. «Nein, danke», war die hektische Antwort. «Ich rufen nachher nochmal an!»

Stefan telefonierte auch mit seiner jüngeren Schwester und erzählte ihr, er habe eine türkische Freundin. Sie war sehr neugierig und fragte, wie ich denn aussähe. «Na, wie sie halt alle aussehen», sagte Stefan. «Sie hat schwarze Haare und braune Augen. Sie trägt ein Kopftuch, ein geblümtes Kleid und Hosen darunter.»

Seine Schwester erzählte mir später, sie hätte ihm nicht geglaubt, aber sein Ton sei so ernst gewesen, dass sie fast gezweifelt habe, ob es nicht doch stimmte.

Praktischerweise war der Anlass für unsere Fahrt nach Westdeutschland irgendein Geburtstag, ich glaube, es war der von Stefans Oma. So konnten wir uns auf eine Feier mit Einführung in die gesamte Familie einstellen. Alles in einem Abwasch. Ich war immer noch keine 18 Jahre alt. Deshalb musste ich von meinem Vormund eine Reiseerlaubnis einholen.

Es war Ostern, kurz vor meinem 18. Geburtstag. Ich hatte meine Eltern noch nicht wieder gesehen, sehnte mich nach meiner Familie und konnte nicht begreifen, wie abschätzig Stefan von seiner sprach. Hauptsächlich von seiner Mutter. Mit ihr hatte er die größten Probleme. Ich fand es unfassbar, dass er sie nur widerwillig besuchte. Er wollte auf keinen Fall bei seinen Eltern schlafen. Gab es das? War das wirklich sein Ernst? Wir fuhren stundenlang im Auto, mehrere hundert Kilometer, er hatte seine Eltern auch schon länger nicht gesehen, und er bestand darauf, nicht bei ihnen zu schlafen? Er hatte auch schon Freunde angerufen, bei denen wir übernachten konnten. Ich dachte nur: Wie merkwürdig. Liebt er seine Eltern denn nicht? Die freuen sich doch auf ihn. Wie kann er ihnen so etwas antun?

Es fiel mir immer schwer zu begreifen, warum so viele meiner deutschen Freundinnen und Bekannten ihre Eltern als Feinde betrachteten. Mit den Jahren haben die meisten von ihnen allerdings das Verhältnis zu ihren Eltern verändert. Wahrscheinlich gehörte es zu der Zeit damals.

Übernachten sollten wir bei Freunden von Stefan, die eine alte Schule in einem Dorf gekauft hatten. Sie waren noch mitten in der Renovierung. Aber Stefan wäre lieber ins Hotel gegangen oder gar nicht nach Gießen gefahren, als bei seinen Eltern zu schlafen. Basta. Er ließ sich von mir nicht überreden.

Ich hatte sowieso nicht viel zu sagen, weil ich die Verhältnisse ja gar nicht richtig kannte. Außerdem sollte ich seine Freunde kennen lernen, die Menschen, mit denen er seine Studentenzeit verbracht hatte.

Die Fahrt nach Gießen war schon ziemlich aufregend. Zum ersten Mal verließ ich ohne meine Eltern Berlin. Natürlich fühlte ich mich freier, aber ich hatte unterschwellig immer das Gefühl, verfolgt zu werden. Dieses Gefühl hatte ich übrigens auch früher schon auf dem Schulweg und in den Pausen auf dem Hof gehabt. Während die anderen diese Zeit nutzten, um Dinge zu tun, die die Eltern nicht sehen sollten, hatte ich immer das Gefühl, beobachtet zu werden.

Meine Ängste waren sicher nicht ganz unbegründet. Meine Eltern kannten einfach viele Leute, und irgendwie waren alle miteinander verwandt. Auch auf der Fahrt nach Gießen wurden wir entsprechend überrascht: Am Grenzübergang Dreilinden sah ich plötzlich meinen Bruder Kemal, der mit ein paar anderen jungen Männern ebenfalls in der Schlange stand. Ich musste mich verstecken.

Als wir bei Stefans Schwester ankamen, war ich anfangs recht zurückhaltend. An die vielen neuen Gesichter musste ich mich erst gewöhnen. Ich hatte meine blassroten Pumphosen an, die es in jedem Alternativladen gab und die fast alle Frauen trugen, die ich kannte. Dazu natürlich Chinaschuhe und eine selbst gefärbte Bluse. Meine Haare waren dauergewellt und schulterlang. Mittlerweile hatte ich fünf Kilo zugenommen und sah etwas pummelig aus.

Die erste Begegnung mit Stefans Schwester und dem Schwager verlief ziemlich unkompliziert. Die Eltern sollten etwas später kommen. Ich war sehr aufgeregt, vor allem wegen des Briefes seiner Mutter. Sie wollte mich nicht für ihren Sohn. Sie war also noch nicht meine Freundin, wenn sie das überhaupt je werden könnte. Stefan hatte mir erzählt, sie habe seine Ex-Freundin immer mit «Sie» angeredet und umgekehrt auch. Ich sagte ihm, dass ich das bestimmt nicht tun würde. Ich konnte sie nicht siezen, schließlich war sie seine Mutter, ich war seine Freundin, wir waren eine Familie. Also sagte ich zu ihr: «Hallo, Trude, ich bin Seyran.»

Sie war ziemlich reserviert. Der Vater war umso freundlicher, er umarmte und begrüßte mich ganz herzlich. Ein wunderbarer Mensch. Er hatte im Krieg ein Bein verloren und trug eine Prothese. Stefan hatte mich gewarnt, wenn ich nachts bei seinen Eltern auf die Toilette ginge, müsse ich damit rechnen, in der Ecke ein Holzbein stehen zu sehen.

Die erste Nacht verbrachten wir bei Stefans Eltern. Beim Frühstück sagte seine Mutter zu ihm: «Jetzt, wo ich mich an Sabine gewöhnt habe, musst du dich von ihr trennen.» Sabine war Stefans Ex-Freundin. Bevor Stefan etwas antworten konnte, sagte ich ganz freundlich, sie solle sich keine Sorgen machen, sie werde sich auch an mich gewöhnen.

Irgendwie kam dann die Rede auf Stefans Lebensversicherung. Als Stefan erzählte, dass ich nun die Begünstigte sei, hätte sie fast einen Herzinfarkt bekommen. Sie redete auf Stefan ein, er müsse sich das nochmal überlegen, das gehe doch alles viel zu schnell.

Es war klar, sie hasste mich, und ich hatte Mitleid mit ihr, weil sie in ihrer Aufregung so lächerlich war. Was bildete sie sich eigentlich ein? Ich war mit Stefan nicht wegen seiner Lebensversicherung und seinem Geld zusammen. Trotz allem bemühte ich mich, so freundlich wie möglich zu ihr zu sein. Sie dagegen konnte ihre Ablehnung nicht verbergen und wollte es auch gar nicht. In den sieben Jahren, die ich mit Stefan zusammen war, änderte sich daran nicht viel, obwohl sie sich irgendwann mit mir abfand.

Eines Tages rief sie mich an. Es war im ersten Jahr meiner Beziehung zu Stefan, nachdem wir zwei- oder dreimal bei ihnen gewesen waren. «Tut mir Leid», sagte ich, «Stefan ist nicht da.»

Sie war ziemlich aufgeregt und sagte, sie wolle nicht Stefan, sondern mich sprechen. Dann redete sie weiter, ohne Luft zu holen oder mir Gelegenheit zur Widerrede zu geben. Sie sagte: «Wir lieben denselben Mann» – wortwörtlich! – «und weil das so ist, müssen wir uns vertragen und uns darum bemühen, dass es diesem Mann gut geht.»

Ich war ziemlich fassungslos. War ich aus meiner türkischen Familie ausgebrochen, um mir fast denselben Quatsch auf Deutsch anzuhören? Meine Tante hatte einmal zu meiner Cousine gesagt: «Du musst die Hure deines Mannes sein, um ihn an dich zu binden.» Als ich das hörte, wurde mir übel, und ich hasste sie alle dafür, dass sie so dachten. Nun sagte mir diese deutsche Mutter, ich solle mich mit ihr vertragen, damit es ihrem Sohn gut gehe – weil wir Frauen nun einmal dazu da sind, unsere Männer glücklich zu machen.

Himmel, war ich wütend. Nur meine türkische Achtung vor dem Alter hielt mich davon ab, ihr zu sagen, sie könne mich mal. Aber ich deutete doch an, ich würde mir ihre unterschwellige Ausländerfeindlichkeit nicht gefallen lassen.

Sie sagte, sie sei nicht ausländerfeindlich. Sie habe sogar eine türkische Schneiderin. Die sei ordentlich und sauber, hätte aber leider einen schrecklichen Mann. Türkische Männer seien ja oft sehr schlimm. Jetzt müsse sie aber Schluss machen und hoffe, dass wir uns, für Stefan, in Zukunft besser verstünden.

Beim nächsten Treffen mit der Familie war der damalige Hausfreund der Mutter, ein Typ von der Bundeswehr, etwa Ende vierzig, beim Essen dabei. Ich wusste, dass wie immer irgendwann das Thema Ausländer auf den Tisch kommen würde. Daher war ich schon ziemlich angespannt, zumal die Atmosphäre auch recht steif war. Irgendwann fragte der Typ: «Wie viele Türken haben wir Deutschen eigentlich?»

«Jeder seinen eigenen», sagte ich. «Haben Sie Ihren heute nicht dabei?» Stefans arme Mutter bekam wieder eine Nervenkrise.

Ich habe diese Frau nie verstanden, was ich ihr auch einmal gesagt habe. Wie konnte sie so gegen Fremde sein, wo sie doch selbst als Sudetendeutsche aus ihrem Land vertrieben wurde und sich gegen Fremdenfeindlichkeit zur Wehr setzen musste? Sie hatte uns oft erzählt, wie schlimm sie von den Einheimischen behandelt worden waren, obwohl sie doch auch Deutsche waren.

Nach meinem 18. Geburtstag im April desselben Jahres zog ich zu Stefan in seine Wohnung. Nur mit einem Menschen allein in der Wohnung zu wohnen, war für mich neu und nach einer Weile ziemlich langweilig. Ich merkte, dass mir etwas fehlte, ich brauchte mehr Leben. Die Großfamilie saß mir also noch im Nacken. Nach langen Diskussionen beschlossen wir, uns Katzen anzuschaffen. Wir holten uns einen Kater und eine Katze aus dem Tierheim. Den Kater nannte ich Carlos, die Katze Arkadaş, was auf Türkisch «Freund, Freundin» bedeutet.

Kapitel 7 Endlich frei

In meiner Familie wurde mir nicht beigebracht, was Freiheit ist. Ich habe lediglich sehr oft zu hören bekommen, dass Mädchen nicht so frei erzogen werden dürften wie Jungs und Frauen nicht so frei leben dürften wie Männer. Freiheit war gleichbedeutend mit sexueller Freizügigkeit. Etwas, was die Deutschen lebten, was aber islamischen Frauen verboten war. Jede Diskussion über die Gleichberechtigung von Mädchen und Frauen endete gleich: Ich müsse begreifen, dass Frauen, die so frei lebten, wie ich mir das vorstellte, als Huren angesehen würden und im Grunde auch welche seien, weil sie ständig ihre Lebenspartner wechselten. Das Wort Gleichberechtigung war fast so etwas wie ein Schimpfwort. Man sprach von jungen Frauen, die in Diskotheken gingen und sich von Männern abschleppen ließen. Das sei der wahre Grund, warum wir Gleichberechtigung verlangten. Der Islam sei aber dagegen, dass Frauen sich so frei bewegten.

Ich hatte nur meine Träume von der Freiheit. Bis ich einfach wegging, bis ich mich traute, die Wohnungstür zu öffnen und selbst zu entscheiden: Ich gehe jetzt durch diese Tür, und ich komme erst wieder, wenn ich es will. Die Wohnungstür war ein Symbol dafür, dass ich kaum eine Entscheidung frei treffen durfte, die mein eigenes Leben betraf. Physisch durchbrach ich diese Tür, aber sie blieb noch sehr lange in meinem Kopf. Meine Seele war zu lange eingesperrt gewesen, um sich schnell umzugewöhnen. Das begriff ich erst Jahre nach meinem Ausbruch.

Ich bin frei und kann nun tun und lassen, was ich will. Außerdem bin ich erleichtert und spüre, wie schön es ist, frei zu sein. Ich bin einfach unendlich glücklich. Ich weine nur noch vor Freude, nicht mehr, weil ich verletzt werde. So hatte ich es mir immer vorgestellt, wenn ich davon träumte, endlich abzuhauen und weit weg von meiner Familie zu leben. Ich lebe, jetzt erst lebe ich.

Das waren meine Gedanken und Träume zum Thema Freiheit. Doch die Realität sah anders aus.

Die ersten Monate starb ich vor Angst, erwischt zu werden. Hatte ich wirklich die richtige Entscheidung getroffen? War das die Freiheit, die mir zustand – nur nachts ganz heimlich auf die Straße zu gehen und sonst in der Wohnung eingeschlossen zu sein? Als ich wieder Kontakt zu meiner Familie hatte, musste ich verhindern, dass sie herausbekamen, mit wem und wo ich lebte. Ich konnte ihnen nicht begreiflich machen, dass ich einen ganz anderen Lebensstil hatte als sie. Unsere Werte- und Moralvorstellungen trennten Welten. Das Versteck- und Verstellspiel ging also weiter. Was für eine Freiheit hatte ich mir da erkämpft?

In der Öffentlichkeit musste ich sehr vorsichtig sein. Stefan und ich mussten aufpassen, dass wir nicht zusammen gesehen wurden. Und wenn, durfte es keinesfalls zu innig aussehen. Das hatte zur Folge, dass wir bestimmte

Gegenden mieden und zu gewissen Veranstaltungen nur in größeren Gruppen gingen. Ich kann mich erinnern, dass wir mal ein Konzert auf dem Moritzplatz in Kreuzberg besuchen wollten. Wir waren nur zu zweit. Die Sonne schien, und es war ein schönes Konzert – bis ich Bekannte meiner Eltern entdeckte. Ich konnte mir nicht vorstellen, dass von «unseren Leuten» jemand auf so ein Konzert käme. Stefan und ich waren beide ganz verunsichert und verkrampft. Wobei es mir um einiges schlechter ging als Stefan, der versuchte, die Situation locker zu sehen. Er hielt einen «anständigen» Abstand von mir. Die Bekannten hatten mich aber schon entdeckt, sie kamen zu uns und fragten mich aus. Ich antwortete so knapp wie möglich, und als sie nach Stefan fragten, sagte ich, er sei ein Bekannter von mir. Selbstverständlich glaubten sie mir nicht, aber was hätte ich sonst sagen sollen? Schließlich zogen sie ab, stellten sich aber so hin, dass sie uns beobachten konnten. Damit war der Tag gelaufen. Ich wollte nach Hause, Stefan wurde sauer, weil er sich nicht mehr verstecken, sondern frei bewegen wollte. Wie oft in solchen Fällen gab es eine kleine Beziehungskrise. Wir hatten aber keine Chance, etwas an der Situation zu ändern, jedenfalls nicht zu dieser Zeit. Meine Eltern gaben mir zwischen den Zeilen immer wieder zu verstehen, dass sie keinen deutschen Schwiegersohn akzeptieren würden.

Ich lebte mit Stefan ein Leben und mit meiner Familie ein anderes. Beide Seiten waren einander fremd und der anderen Seite gegenüber intolerant. Stefan und fast alle von der «deutschen Seite» konnten nicht verstehen, warum ich überhaupt noch Kontakt zu meiner Familie hatte. Die hätten mich doch so schlecht behandelt. Sie selbst hatten wegen weit weniger dramatischer Auseinandersetzungen die Beziehungen zu ihren Familien abgebrochen. Vor allem verstanden sie nicht, dass ich mehrmals in der Woche zu meiner Familie ging und mich weiterhin ausbeuten ließ, indem ich den ganzen Behördenkram für sie erledigte. Die sollten doch endlich Deutsch lernen, hieß es, und etwas selbständiger werden.

Manchmal sagte Stefan auch, ich solle doch zurückgehen zu meiner Familie. Es erinnerte mich an den Spruch: «Geht doch nach drüben, wenn es euch hier im Westen nicht gefällt. Dann seht ihr, was gut und was schlecht ist.» Es klang manchmal auch wie: «Alle Ausländer sollten in ihre Heimat zurückkehren, wenn es ihnen hier nicht gefällt oder sie sich nicht anpassen können.»

Ich wollte aber nicht zurückgehen. Deshalb versuchte ich Stefan und den anderen immer wieder zu erklären, dass ich mit einem anderen Familiensinn aufgewachsen sei und dass meine Familie so schlimm nun auch wieder nicht war. Für meine Eltern war es schon ein riesengroßer Schritt, zu akzeptieren, dass ich nicht mehr bei ihnen lebte und sie nicht wussten, wo und mit wem ich wohnte. Sie lebten einfach in einer anderen Welt und hatten andere Wertvorstellungen. Deshalb waren sie noch keine Unmenschen. Sehr vieles von dem, was ich in meiner Familie gelernt hatte, war auch gut. Ich übersetzte also weiter. Diesmal übersetzte ich meinen deutschen Freundinnen und Freunden türkische Traditionen und Sitten.

Meiner Familie erklärte ich, dass ich mit meinen deutschen Freundinnen und Freunden sehr gut auskäme und dass «die Deutschen» nicht so schlimm seien, wie sie mir einzureden versuchten.

Ich liebte meine Familie, ich konnte mir ein Leben ohne sie nicht vorstellen. Ich wollte unbedingt weiterhin ein Teil von ihnen bleiben. Ich merkte jedoch, dass wir uns immer mehr auseinander entwickelten und ich immer weniger Platz in ihrem Leben hatte. Genauso wenig wie sie in meinem. Das machte mich sehr traurig und einsam.

Meinen deutschen Freunden und Freundinnen konnte ich das nicht erklären. Sie lebten weit weg von ihren Familien und wollten diese Distanz unter keinen Umständen aufgeben. Ich verstand diese Kluft nicht. Sie hatten oft sehr nette und aufgeschlossene Eltern und Geschwister. Man ließ einander weitgehend in Ruhe, jeder konnte nach seiner Fasson leben. Aber es fehlte die familiäre Wärme.

So richtig konnte ich also meine neu gewonnene Freiheit nicht genießen, weil es mir nicht gelang, die beiden Welten und Kulturen zusammenzubringen. Der tägliche Spagat war anstrengend. Ich wusste nicht viel mit meiner Freiheit anzufangen. Discotheken waren jedenfalls das Letzte, was mich interessierte.

Stefan musste mir Angebote und Vorschläge machen, weil ich mich nicht auskannte. Nach einer Weile wünschte er sich, dass ich auch mal etwas vorschlug. Doch das war nicht so einfach: Auch wenn ich ein Stadtmagazin lesen konnte, kam ich ohne Stefans Hilfe nicht sehr weit. Die meisten Veranstaltungen sagten mir nichts. Ich kannte kaum eine Musik- oder Theatergruppe, wusste nicht, welche Veranstaltungsorte unserem Geschmack entsprachen. Ich musste noch sehr viel lernen. Auch wenn ich schon seit zwölf Jahren in Berlin lebte, kannte ich die Stadt doch nicht. Das Einzige, was ich sehr bald ganz selbständig überblicken konnte, war das Kinoprogramm. Das hatte große

Ähnlichkeit mit dem Fernsehprogramm, was ich von zu Hause kannte. Kulturelle Aktivitäten gab es in unserer Familie nicht, meinen Eltern fehlte dafür der entsprechende Hintergrund. Ab und an waren sie mit uns ins türkische Kino gegangen, wobei die Filme alles andere als kulturell wertvoll waren. Nichts gegen Liebesfilme, aber in diesen Streifen ging es meist um die Ehre einer Frau und um einen Mann, der diese Ehre stolz und würdevoll rettete.

Stefan musste sich etwas gedulden, bis ich selbständig genug wurde, um ihm Freizeitangebote zu unterbreiten. Es war wie laufen, Fahrrad fahren oder schwimmen lernen. Ich musste üben, Interessen zu entwickeln. In meiner Freizeit brauchte ich mich nicht hauptsächlich um den Haushalt oder den Behördenkram meiner Familie zu kümmern. Ich konnte nach der Schule unternehmen, wozu ich Lust hatte, und sogar allein. Stefan war ganz froh, wenn ich mal etwas ohne ihn machte.

Ich ging mit ihm und unseren Freundinnen und Freunden fast auf jede Demo, die gerade stattfand. Insbesondere die Hausbesetzerbewegung war ein Teil unseres Lebens geworden. Stefan und ich hielten uns jedoch eher zurück, weil ich mit meinem türkischen Pass nicht erwischt werden wollte. Ein Verfahren wegen Landesfriedensbruch hätte mir den Weg zum Jurastudium versperren können. Allerdings ließen wir kaum eine Demo in Berlin aus, und da wir Atomkraftgegner waren, fuhren wir auch nach Gorleben und Brokdorf. Meine Eltern sahen diese Demos in den Nachrichten und fragten mich immer, ob ich dabei gewesen sei. Ich log sie jedes Mal an und tat, als interessierten mich diese Dinge nicht. Aber sie kannten meine Ansichten, und sie sahen, wie ich mich kleidete. Auch die alternative oder autonome Szene hatte ihre Mode. Wenn die Auseinandersetzungen mit der Polizei besonders schlimm waren, rief ich am gleichen Abend bei ihnen an, damit sie sich keine Sorgen machten. Vielleicht habe ich in der Erinnerung einiges verklärt, aber mir ist, als ob es viele Themen und Anlässe gab, für die wir demonstrierten – sei es die Hausbesetzung, der 1. Mai, die Friedensbewegung oder eine der zahlreichen Anti-Amerika-Demos. Unsere Generation hat mehr demonstriert als die heute 20-Jährigen. Ob wir deshalb politischer waren, ist eine andere Frage. Zumindest hat es aber den Anschein.

Stefan, ich und die beiden Katzen waren schon wie eine kleine Familie. Ich war allerdings an eine große Familie gewöhnt. Bei allen schwierigen Erfahrungen mit meinen Eltern und Geschwistern war ich doch immer froh gewesen, dass wir so viele waren. Einfach dazuzugehören war schön und wärmte mein Herz. Es machte mich sehr traurig, dass ich nun kein richtiger Teil der Ateş-Familie mehr war. Zumal ich immerhin mit der Hälfte von ihnen sehr gut auskam.

Nach anderthalb Jahren Zweisamkeit plus zwei Katzen äußerte ich daher den Wunsch, in eine Wohngemeinschaft zu ziehen. Mir gefielen die WGs unserer Freundinnen und Freunde sehr gut. Es waren immer viele Leute in der Wohnung, und man war nie allein. Ich wollte mit Gleichgesinnten wohnen und das Leben teilen.

Im Mai 1982 zogen Stefan und ich dann schließlich mit den beiden Katzen in die Martin-Luther-Straße zu Gerda und Heinz, in unsere erste Wohngemeinschaft. Später zog noch ein weiteres Pärchen in diese Wohnung. Obwohl wir unser Zimmer sehr liebevoll renoviert hatten, blieben wir nicht lange in dieser WG, weil Heinz und Gerda uns beim Einzug etwas Wichtiges nicht mitgeteilt hatten: Sie wollten freie Sexualität praktizieren, und zwar unter den WG-Mitgliedern, also mit uns. Wir waren geschockt. Heinz und Gerda meinten, wir seien nur etwas verklemmt und müssten uns öffnen.

Wir führten tatsächlich ernsthafte Diskussionen mit den beiden, warum wir diese Lebens- und Wohnform nicht wollten. Wir rechtfertigten uns regelrecht dafür, dass wir unsere Liebesbeziehung so führen wollten wie bisher und dass wir damit glücklich waren. Ihrer Ansicht nach waren wir nicht glücklich, könnten es nicht sein, wir wüssten nur nicht, wie unglücklich wir seien, weil wir uns nicht erlaubten, unseren tiefsten Bedürfnissen nachzugehen.

Es war schon ziemlich frustrierend, dass meine Eltern im Nachhinein irgendwie Recht bekamen. Es gab tatsächlich Deutsche, die Partnertausch betreiben wollten, und ausgerechnet ich wohnte mit ihnen zusammen. Gut, dass meine Eltern nichts davon wussten. Wir fingen sofort an, eine neue Wohnung zu suchen. Freiheit hatte für mich eine gewisse Grenze, auch wenn Gerda und Heinz der Ansicht waren, dass ich eine verklemmte Sexualität hätte. Ich wollte lieber verklemmt sein, als mit Heinz ins Bett zu gehen.

Mit Karla und Peter, «auch so einem verklemmten Paar», freundeten wir uns sehr gut an und beschlossen, gemeinsam eine neue WG zu gründen. Es herrschte zu dieser Zeit in Berlin extreme Wohnungsnot, und WGs waren nicht unbedingt beliebt bei Hausverwaltungen.

Schließlich fanden wir eine Wohnung, die einem netten

jungen Mann gehörte, dem es gefiel, wie sehr ich mich ins Zeug legte, um diese Wohnung zu bekommen. Wir bekamen sie, aber nur unter der Voraussetzung, dass wir sie komplett renovierten und ein Bad einbauten. Es gab bis dahin keines, nur ein Dienstmädchenzimmer, aus dem wir ein Bad machen sollten. Kein Problem: Peters Eltern hatten schon fast ein ganzes Haus gebaut und boten uns an, uns bei dem Badezimmer zu helfen. Stefan war handwerklich ja auch sehr begabt. Und wir anderen konnten alles machen, was man uns erklärte. Die Renovierung dauerte eine Weile. Aber dafür hatten wir als Ergebnis eine wirklich wunderschöne Altbauwohnung.

Anja, ein Mädchen aus meiner Klasse, zog auch zu uns, weil wir noch ein kleines Zimmer hatten. In dieser Zeit machte ich mir ernsthafte Gedanken über meine Gefühle zu Anja. Sie gefiel mir irgendwie vom ersten Schultag an, als ich sie zum ersten Mal gesehen hatte. Ich konnte meine Gefühle aber nicht einordnen. Erst als sie sich in einen gewissen Jan verliebte, der dann auch zu uns zog, und ich so etwas wie Eifersucht spürte, wusste ich, dass ich die ganze Zeit in sie verliebt war. Ich konnte ihr davon nichts sagen, weil ich ahnte, dass sie meine Gefühle nicht erwidern würde, und ich wollte sie als Freundin nicht verlieren. Ich verbarg mein emotionales Chaos und schwieg. Sehr lange.

Anja und ich befanden uns im totalen Abiturstress, wobei ich mir mehr Stress machte als Anja. Sie hatte eine große Liebe gefunden und genoss die Zeit mit ihrem neuen Freund.

Für mich bedeutete das Abitur meine Zukunft, meine Existenz. Ich hatte doch schon ein Jahr verloren, als wir nach Deutschland gekommen waren. In der Zeit nachdem ich von zu Hause abgehauen war, hatte ich auch viel Schulstoff verpasst. Der versäumte Stoff verfolgte mich nun bis zum Abitur. Ich hatte große Angst durchzufallen, obwohl meine Leistungen nicht schlecht waren. Ich war aber nicht mehr so gut wie in der Mittelstufe, und Prüfungen waren für mich inzwischen zu einer Qual geworden. Deshalb holte ich die Punkte im Unterricht. Das gelang mir so gut, dass sich ein paar Mitschüler beim Deutschlehrer beschwerten, wie ich als Türkin im Deutschunterricht besser bewertet werden könne als die Deutschen. Bei meiner mündlichen Prüfung in Deutsch saßen in der Prüfungskommission mehr Personen als bei den anderen Prüflingen.

Nach der Prüfung, die sehr gut lief, erfuhr ich, dass mein Lehrer zusätzliche Beisitzer angefordert hatte, um sich vor dem Vorwurf zu schützen, er bevorzuge mich. Zwei Mitschülerinnen hatten sich zu oft bei ihm darüber beschwert, dass ich bessere Noten als sie bekam. Ziemlich dreist, half aber nichts. Ich erhielt für die mündliche Prüfung 15 Punkte, die beste Note aller mündlichen Deutschprüfungen an unserer Schule.

Als klar war, dass ich mein Abitur geschafft hatte, konnte ich den Job, für den ich mich vor den Klausuren beworben hatte, annehmen. Eine Bekannte hatte mir erzählt, dass ein Frauenladen in Kreuzberg eine neue Mitarbeiterin suche. Es war ausgerechnet der Frauenladen, in den mich meine Klassenlehrerin gebracht hatte, als ich von zu Hause weg wollte. Im April 1983 fing ich also an, im Treff- und Informationsort für Frauen aus der Türkei (TIO) zu arbeiten.

Ich hatte seinerzeit in dieser Beratungsstelle Hilfe gesucht, aber nicht gefunden. Nun arbeitete ich selbst dort und beriet unter anderem Mädchen, die von zu Hause abhauen wollten. Hauptsächlich war ich allerdings damit beschäftigt, den Frauen bei ihrem Behördenkram behilflich zu sein: Formulare ausfüllen, mit Behörden telefonieren, Briefe übersetzen usw. Einmal in der Woche fand Rechtsberatung durch eine Rechtsanwältin statt. Da die meisten Frauen nicht so gut Deutsch sprachen, mussten wir übersetzen. Diesen Teil der Arbeit habe ich besonders gern getan, weil ich dabei viel lernte. Nach wie vor wollte ich Jura studieren.

Der Frauenladen befand sich im lebendigen Kreuzberg, während wir im langweiligen Wilmersdorf wohnten, zwischen griesgrämigen Wilmersdorfer Witwen, die meine Katzen nicht mochten, weil sie ihre Hunde angriffen. Wir waren bei einigen Nachbarn nicht besonders beliebt, weil wir eine WG waren und ich keine Deutsche. Unsere Plakate gegen den Krieg durften wir nicht lange aus dem Fenster hängen lassen, weil es angeblich das Gesamtbild der Fassade störte.

Nach einigen Monaten Arbeit im Frauenladen sagte ich zu Stefan: «Ich bin zu jung für Wilmersdorf, ich will leben. Ich will nach Kreuzberg ziehen, wo das Leben ist. Und wo es nicht so viele Menschen stört, dass man in WGs lebt oder nicht Deutsche ist.»

Stefan und der Rest der WG waren ziemlich überrascht und sauer, nicht ganz ohne Grund. Wir wohnten gerade ein halbes Jahr in einer von uns rundum renovierten Wohnung. Wir hatten die komplette Elektrik neu installiert, ein Badezimmer eingebaut, Böden abgezogen und überhaupt unglaublich viel Zeit und Geld investiert. Aber ich hatte das Gefühl, dort lebendig begraben zu sein. Drei Pärchen in einer WG. Das war alles. Es passierte nichts Aufregendes in diesem Bezirk. Und was wir gemeinsam in der Wohnung machten, war für mich meist auch nicht besonders aufregend. Denn Kiffen war nichts für mich.

Die anderen konnten mich nicht verstehen. Sie fanden es so schön ruhig in unserer Straße. Ich wollte aber unbedingt dahin ziehen, wo das Leben spielte. Also stellte ich alle und vor allem Stefan vor die Wahl: Entweder zog er mit mir in die Schlesische Straße nach Kreuzberg, wo ein Freund von uns in einer Fabriketage wohnte und WG-Plätze frei wurden, oder ich würde allein dort hinziehen. Das war ziemlich egoistisch, aber ich war schließlich nicht von zu Hause abgehauen, um nun in Wilmersdorf zu versauern.

Nach vielen Diskussionen und harter Überzeugungsarbeit zogen Stefan und ich im Mai 1984 nach Kreuzberg, wieder gemeinsam in ein Zimmer, obwohl noch weitere frei waren. Ich brauchte kein eigenes Zimmer, weil unsere Sachen in eines passten und wir sowieso immer im selben Bett schliefen. Unsere Mitbewohnerinnen fanden das irgendwie komisch, konnten es uns allerdings schlecht verbieten. Ich hätte es einfach als Platzverschwendung empfunden, wenn wir zwei Zimmer besetzt hätten.

Im so genannten Wrangelkiez um uns herum wohnten massenhaft Türken, was die Straßen einfach lebendiger machte. Zur Arbeit in den Frauenladen musste ich nur noch eine U-Bahn-Station fahren. Dem bunten Leben war ich somit, wie beabsichtigt, näher gekommen.

Meine Landsleute sahen mich jedoch nicht in so

freundlichem Licht und machten mir das Leben schwerer, als ich gedacht hatte. Ich zog mich nicht so an, sprach nicht so und verhielt mich nicht so wie die meisten türkischen Mädchen. Von dem Gemüsehändler, bei dem wir regelmäßig einkauften, wurde ich deshalb auch bald zur Rede gestellt. Warum ich nicht bei meinen Eltern wohnte, sondern mich mit diesen Hippies abgäbe? Das war die andere Seite der Medaille. Ich wechselte die Läden und bestellte nur auf Deutsch. Die Leute merkten nicht, dass ich Türkisch verstand, und lästerten manchmal sogar über mich. Beim Hinausgehen sagte ich dann ganz laut auf Türkisch *iyi günler* («auf Wiedersehen»). Die Reaktionen darauf waren sehr unterschiedlich. Einige schauten irritiert und blickten dann zu Boden oder drehten sich um. Andere entschuldigten sich und baten um Verzeihung. Sie hätten mich nicht als Türkin erkannt.

Ich war und bin als Türkin nicht zu erkennen. Das irritiert beide Seiten und zeigt, was für festgefahrene Bilder die meisten Leute im Kopf haben. Manchmal ist es richtig amüsant, aber meist ist es eher diskriminierend, wenn ich für eine Thailänderin, Italienerin oder Südamerikanerin gehalten werde, weil die Tatsache, dass ich Türkin bin, als langweilig empfunden wird. Ein junges türkisches Mädchen sagte wirklich mal zu mir: «Was, nur eine Türkin? Wie langweilig!» Ein Typ, der mich in einer Bar anmachen wollte, weil er dachte, ich sei Südamerikanerin, machte auf dem Absatz kehrt, als er erfuhr, dass ich Türkin bin. Da war ich eher erleichtert. Es passieren aber auch unschöne Dinge, wie zum Beispiel auf einem Straßenfest auf der Wrangelstraße: Während wir uns eine Folkloreveranstaltung anschauten, sagte ein Typ zu einem anderen auf Türkisch, er solle ihn nach vorne drücken, damit er sich an mich pressen könne. Ich schimpfte sofort auf Türkisch los, er solle es bloß wagen und sehen, was passiere, wenn er mich auch nur antippe. Sie entschuldigten sich sofort ganz unterwürfig, sprachen mich mit *abla* («große Schwester») an und baten um Verzeihung. Ihr Verhalten erklärten sie damit, dass sie dachten, ich wäre eine Deutsche.

Ein türkischer Mann verfolgte mich mal mit dem Motorrad, als ich mit dem Fahrrad von der Schule nach Hause fuhr. Als ich stehen blieb und ihn anbrüllte, er solle das lassen und sich verpissen, war er ganz verstört darüber, dass ich ihn auf Türkisch anpflaumte. Er entschuldigte sich ebenfalls damit, er habe gedacht, ich sei Deutsche. Auf meine Frage, wo denn der Unterschied liege, antworteten bei solchen Erlebnissen alle Männer, es sei bei deutschen Frauen nicht schlimm, sie so anzumachen.

Aber wehe, ein Deutscher hätte ihre Schwester, Mutter oder Frau so angemacht. Sie hätten den Kerl gelyncht. Als ob deutsche Frauen keine Ehre hätten. Natürlich sind nicht alle türkischen Männer so. Vielleicht hatte ich auch das Pech, gerade auf die wenigen zu treffen, die sich so verhielten. Vielleicht auch nicht! Mein schlimmstes Erlebnis in dieser Richtung ereignete sich am Bahnhof Zoo, als ich mit einer Freundin nach dem Kino mit der U-Bahn nach Hause fahren wollte. Wir standen am Bahnsteig und warteten auf die Bahn, als ein türkischer Mann sich von hinten an mich ranschlich und mir über meine langen Haare streichelte. Ich drehte mich sofort um und stauchte ihn auf Türkisch zusammen. Zuerst war er erschrocken, dass ich türkisch sprach, und machte einen Schritt zurück. Dann sammelte er sich, ging auf mich los und wollte mich angreifen. Dabei sagte er: «Wenn du dich unter deutsche Männer legst, kannst du dich wohl auch unter mich legen.» Allein die Tatsache, dass ich zu so später Stunde auf eine U-Bahn wartete, war für ihn Grund genug anzunehmen, ich sei Freiwild. Vor lauter Ekel ließ ich mir am nächsten Tag die Haare abschneiden.

Es war klar, warum er mich für eine Deutsche hielt: Nur deutsche Mädchen konnten im Jahr 1984 nachts allein auf eine U-Bahn warten. Es heißt, türkische Mädchen hätten inzwischen mehr Freiheiten gewonnen. Ich bezweifle das. Ein kleiner Teil lebt inzwischen «anders». Ob sie ein freies Leben führen, ist eine andere Frage. Denn gerade in Bezirken wie Kreuzberg ist die soziale Kontrolle nach wie vor sehr stark. Jeder mischt sich ein, und jeder kriegt alles mit.

Mein türkisch-kurdisches Männerbild war geprägt von Gewalt und Machtmissbrauch. Durch meine Arbeit im Frauenladen veränderte sich dieses Bild nicht wesentlich. Die Frauen und Mädchen, die zu uns kamen, wurden von ihren Männern entweder mit allen Problemen ziemlich allein gelassen oder waren einer extremen Gewalt ausgesetzt. Auch die linken, angeblich progressiven Männer, die ich hin und wieder auf Versammlungen traf, waren durch und durch Machos. Wenn sich Frauen in ihren Vereinen oder Versammlungen befanden, dann kochten sie Tee oder wirkten im Hintergrund. Die Lorbeeren wurden von den Männern geerntet. Frauengruppen durften nur gegründet werden, wenn dort von den Männern vorgegebene Themen besprochen wurden.

Als Gipfel der Ignoranz frauenpolitischer Arbeit empfand ich die Aktion eines linken türkischen Vereins, dessen Frauengruppe wir zu einem Gespräch einluden. «Wir» waren in diesem Fall eine Gruppe von Frauen, die einen Verein gegründet hatten, um nichtdeutschen jungen Mädchen eine Ausbildungschance zu ermöglichen. Dieser linke türkische Verein schickte zwei Männer zu diesem Gespräch, die tief beleidigt darüber waren, dass wir uns mit ihnen nicht unterhalten wollten. Sie hätten nicht verstanden, warum wir nur ihre Frauen eingeladen hätten. Wir sollten doch keinen Separatismus betreiben und uns nun mit ihnen über eine gemeinsame Zusammenarbeit unterhalten. Halsstarrig, wie wir waren, blieben wir bei unserer Weigerung. Es handelte sich schließlich um ein Frauenprojekt.

Türkische und kurdische Männer waren für mich politisch und erst recht in meinem Privatleben tabu. Ich kannte keine und wollte keine kennen lernen, denn meine Vorurteile bestätigten sich immer wieder. Die einzigen türkischen Männer, mit denen ich sprach, waren mein Vater und meine Brüder. Zu meinen restlichen Verwandten hatte ich den Kontakt abgebrochen oder auf das Notwendigste beschränkt.

Umso mehr Spaß machte es mir, mit Frauen zusammen zu sein und gemeinsam zu arbeiten. Durch die Arbeit im Frauenladen lernte ich viele aktive und engagierte Frauen kennen, denen ich mich anschloss. Die meisten waren älter als ich und behandelten mich ein wenig wie eine kleine Schwester. Aber sie nahmen mich ernst, weil sie sahen, dass ich mich wirklich einsetzte.

Mein schönstes Erlebnis war, bezogen auf frauenpolitische Arbeit, der 1. Internationale Frauenkongress in Frankfurt im Jahr 1983. Ich fuhr mit meiner türkischen Kollegin Selda dorthin. Die Busfahrt war schon total aufregend und spannend. Es waren ganz viele verschiedene Frauen aus verschiedenen Ländern im Bus, Lieder in vielen Sprachen wurden gesungen, hitzige Diskussionen geführt. Der Kongress selbst war ein weiteres einschneidendes Erlebnis. Ich fühle mich am wohlsten unter Frauen aus aller Frauen Länder. Diese Erfahrung trug dazu bei, dass ich eine Vorstellung davon entwickeln konnte, wohin ich gehörte. Ich fühlte mich endlich frei.

Kapitel 8 Das Attentat

Es waren nun vier Jahre vergangen, seit ich mein Elternhaus verlassen hatte, und immer noch führte ich ein Doppelleben. Allmählich war ich es leid und wollte, dass meine Familie endlich ein Teil meines wirklichen Lebens wurde. Das Versteckspiel sollte aufhören. Dabei war Stefan nicht mehr das Einzige, was ich vor ihnen verbergen musste. Ich konnte ihnen nicht erzählen, in was für einer Einrichtung ich arbeitete, ich konnte ihnen meine Freundinnen und Freunde nicht vorstellen. Vor allem konnte ich bei ihnen immer noch nicht so sein, wie ich wirklich war. Den ersten Vorstoß wollte ich bei meiner Mutter machen, wie es halt so üblich ist. Sie interessierte sich für mein Leben, und nach und nach erzählte ich ihr einiges. Was sie davon meinem Vater berichtete, weiß ich nicht – ich vermute, nicht viel, denn sein Verhalten mir gegenüber veränderte sich nicht besonders. Vielleicht regte er sich auch einfach nicht mehr so auf.

Noch vor den Sommerferien gestand ich meiner Mutter, ich hätte einen deutschen Freund, der Lehrer sei. Wir verabredeten, dass ich ihn ihr nach den Sommerferien vorstellen würde. Nun machte sie sich auch nicht mehr so große Sorgen, weil ich mit zwei Freundinnen und einem weiteren Freund mit dem VW-Bus nach Portugal in die Ferien fuhr. Es waren ja zwei Männer bei uns, da konnte uns nichts passieren.

Als wir aus dem Urlaub wiederkamen, war mein Kater Carlos weggelaufen. Ich war todtraurig, machte mir Vorwürfe und suchte ihn wochenlang wie eine Verrückte überall. Dass Carlos nicht mehr da war, machte mir viel aus, und eine Zeit lang war ich deshalb sehr deprimiert. Doch dann setzte die Vernunft wieder ein, und ich organisierte all die Dinge, die ich mir vorgenommen hatte, um mein Leben so zu gestalten, wie ich es mir wünschte. Vor allem zwei Veränderungen waren wichtig: Meine Mutter sollte Stefan kennen lernen, und ich wollte den Job im Frauenladen kündigen, um mich nur noch auf mein Studium zu konzentrieren, das ich ein Jahr vorher begonnen hatte. Ich wollte so schnell wie möglich die beiden Staatsexamina machen, um dann als Juristin den Frauen viel nachhaltiger helfen zu können.

Es ging mir richtig gut. Ich lebte mit Menschen, die ich mochte, in einer netten Wohngemeinschaft in einer toll ausgebauten Fabriketage in einem bunten und lebendigen Bezirk und studierte Jura. Fast alles war, wie ich es mir wünschte. Wenn meine Familie bald mehr von meinem Leben erfahren und akzeptieren konnte, würde es perfekt sein.

Also bereitete ich im August heimlich einen Besuch meiner Mutter in meiner WG vor. Sie erzählte meinem Vater, sie habe einen Arzttermin und ich würde sie abholen und dort hinbringen. Ich ging mit meiner Mutter so oft zum Arzt, dass mein Vater kein bisschen misstrauisch wurde.

Alle waren sehr aufgeregt. Stefan lief wie ein aufgescheuchtes Huhn umher und wusste nicht, was er anziehen sollte. Meine Mitbewohner und Mitbewohnerinnen hatten sich alle fein gemacht und die Etage geputzt. Meine Mutter hatte Angst, sich lächerlich zu machen, weil das doch alles intellektuelle Leute seien und sie nicht wisse, ob sie sich überhaupt unterhalten könne. Sie sei ja nur eine einfache Frau. Ich musste alle beruhigen, was gar nicht so schlecht war, weil ich dadurch meine eigene Aufregung nicht spürte.

Wir wollten gemeinsam mit meiner Mutter essen. Ich war früh aufgestanden und hatte alles vorbereitet, bevor ich losfuhr, um sie abzuholen. Ich hatte eine türkische Spezialität gekocht, *Mantı*, eine Art Ravioli. Es war ein sehr aufwendiges Essen, aber sie sollte etwas Besonderes serviert bekommen. Bei all der Aufregung war ich die Einzige, die sich nicht fein gemacht hatte. Das fiel allen erst auf, als meine Mutter in einem schönen Pünktchenkleid, umgeben von meinen Mitbewohnern, in unserer offenen Küche stand. Ich wurde aufgefordert, mich umzuziehen. Das tat ich dann auch ganz brav.

Meine Mutter half mir bei den letzten Handgriffen und wich mir nicht von der Seite. Sie konnte sich nicht einfach hinsetzen und sich bedienen lassen, dazu war sie viel zu aufgeregt. Außerdem brauchte sie mich zum Übersetzen. Das bisschen Deutsch, was sie sprach, hatte sie vor lauter Aufregung vergessen und große Angst, sich zu blamieren. Meine Mitbewohnerinnen waren total klasse und behandelten sie mit Samthandschuhen. Mit der Zeit lockerte sich die Atmosphäre, sogar Stefan kam etwas zur Ruhe.

Es war ein wunderschönes Gefühl, dass meine Mutter sah, wie und mit wem ich lebte. Früher hatte ich mit ihr in unserer Familien-Küche gestanden und gekocht. Nun kochte sie mit mir in unserer WG-Küche. Sie war nicht daran gestorben, dass ich sie verlassen hatte, und ich war nicht getötet worden. Wir lebten und fanden wieder zueinander. Es war eine schöne Zeit, die ziemlich genau einen Monat dauerte.

Die Arbeit im Frauenladen und die politischen Aktivitäten in verschiedenen Frauengruppen und Vereinen machten mir großen Spaß, und es fiel mir nicht leicht, mich von der Arbeit zu verabschieden. Aber das Studium wurde immer schwerer, und ich musste mich entscheiden, also kündigte ich zum 30. September 1984. Meine Kolleginnen fanden das zwar schade, konnten es aber gut verstehen. Es gab auch schon eine ganz konkrete Bewerberin, die in der engen Wahl war. Meine Aufgabe in der letzten Woche sollte darin bestehen, meine mögliche Nachfolgerin einzuarbeiten.

Meine deutsche Kollegin Helga war der Ansicht, ich sei diejenige, die gehen wollte, also sei ich dafür zuständig, die Bewerberin in die Arbeit einzuweisen. Ich hätte es besser gefunden, wenn die Frauen, die später mit der Bewerberin zusammenarbeiten würden, ihr die Arbeit gezeigt hätten. Helga war aber sehr dominant und hatte meist das letzte Wort. Gegen ihre starke Machtposition in unserem Team konnte ich mich nicht durchsetzen, vielleicht war ich auch noch zu jung. Meine türkische Kollegin Elif, die einige Jahre älter war als ich, zeigte aber auch keine große Durchsetzungsfähigkeit gegenüber Helga. Das war ziemlich typisch für das deutsch-türkische Verhältnis in Sozialprojekten.

Es waren deutsche Frauen, die auf die Idee kamen, Beratungsläden für Frauen aus der Türkei zu eröffnen. Sie waren es auch, die irgendwann Türkisch sprechende Kolleginnen hinzuzogen, weil ihr Türkisch nicht ausreichte oder sie gar kein Türkisch sprachen. Die türkischen Kolleginnen sollten aber lediglich als Sprachmittlerinnen dienen. Migrantinnen, die ebenfalls über eine Qualifikation im sozialen Bereich verfügten und eigene Ansichten über die Arbeit hatten, waren nicht besonders gern gesehen. Die stets geleugnete Macht wollten die deutschen Kolleginnen nicht unbedingt aus der Hand geben.

In solch einer Situation befanden wir uns auch im TIO. Wobei zu sagen ist, dass bei uns die Atmosphäre ganz erträglich war. In anderen Frauenläden hatten die türkischen und kurdischen Mitarbeiterinnen noch weniger Mitspracherecht.

Helga setzte sich also durch, und ich musste an einem Dienstag, an dem ich sonst immer zur Uni ging, ihre Schicht übernehmen, um meine Nachfolgerin Filiz in die Arbeit einzuweisen.

Ziemlich verärgert über diesen Umstand und traurig, weil ich meinen Kater Carlos noch immer nicht wiedergefunden hatte, trank ich mit Stefan meinen Morgentee und überlegte, ob ich zu Fuß gehen oder die U-Bahn nehmen sollte. Da klingelte es an der Tür, und unser Freund und Hausmeister Dieter kam, um einen Kaffee bei uns zu trinken. Zufällig musste Dieter mit seinem Auto in meine Richtung und bot mir an, mich zum Laden zu fahren.

Ich hatte in den letzten Wochen sehr viele Erkenntnisse

gewonnen und Entscheidungen getroffen. Die Sonne schien, und ich dachte, die paar Tage würde ich auch noch hinter mich bringen. Dann hätte ich nichts mehr mit dem Frauenladen zu tun und könnte mich voll auf mein Studium konzentrieren, was mir wirklich Spaß machte. Ich setzte mich also zu Dieter ins Auto und jammerte ein bisschen darüber, dass ich zur Arbeit gehen musste. Nie zuvor hatte ich eine solche Abneigung dagegen wie an diesem Tag.

Widerwillig stieg ich schließlich vor dem Laden aus dem Auto. Als ich sah, dass bereits eine Frau vor der verschlossenen Tür stand, beeilte ich mich ein wenig. Es war Neriman, die oft dienstags kam, weil Helga dann arbeitete. Die beiden hatten ein gutes Verhältnis zueinander.

In dieser leicht deprimierten Stimmung öffnete ich den Laden, und wir gingen gemeinsam hinein. Sie fragte nach Helga und sagte, sie hätte Post vom Arbeitsamt, die ich ihr übersetzen solle. Ich bat sie, sich an den Tisch zu setzen, bis ich Tee gemacht und die restlichen Handgriffe getan hätte, damit die Arbeit beginnen könne.

Während ich den Tee zubereitete, kamen meine Kollegin Elif und gleich darauf Filiz, die Frau, die ich einarbeiten sollte. Nun konnte ich mich um Neriman kümmern. Ich setzte mich zu ihr, und Neriman holte ihre Unterlagen hervor.

Plötzlich hörte ich hinter mir die Stimme eines Mannes, der offensichtlich hereinkommen wollte. Meine Kollegin Elif erklärte, sie würde ihn gern vor der Tür auf dem Bürgersteig beraten, könne ihn aber leider nicht in den Laden lassen, weil dies ein Ort nur für Frauen sei. Er wisse doch sicher, dass Frauen gerade aus unserem Kulturkreis nicht jeden Ort besuchen könnten, an dem sich Männer aufhalten.

Ich versuchte mich weiter nur auf das Schreiben und Neriman zu konzentrieren, doch mich beschlich ein merkwürdig unruhiges Gefühl, weil sich der Mann nicht überzeugen ließ. Die neue Kollegin schaltete sich in das Gespräch ein, konnte ihn aber auch nicht überzeugen. Auf die Papiere von Neriman konnte ich mich nicht mehr konzentrieren. Neriman wurde auch ganz unruhig und schaute dauernd zu dem Mann rüber.

Er hatte mehrfach nach einer Leyla gefragt, und Elif sagte ihm, bei uns arbeite keine Leyla. Ich stand auf, drehte mich langsam um und sah in der Tür zwischen meinen Kolleginnen einen älteren türkischen Mann, mit karierter Schiebermütze und beigefarbenem Trenchcoat. «Lieber Herr», sagte ich betont höflich, «gehen Sie doch bitte hinaus. Sie werden vor der Tür beraten. Bei uns arbeitet keine Leyla.»

Er sah mich ernst an und sagte: «Was ich will, geht ganz schnell», machte einen Schritt in den Laden und steckte langsam die Hand in die Brusttasche seines Trenchcoats. Als er seine Hand so langsam in die Tasche schob, dachte ich für den Bruchteil einer Sekunde: Der holt jetzt eine Kanone raus. So war die Handbewegung, so war der Blick. Irgendwie war klar, dass er keine guten Absichten hatte und keine Unterlagen hervorholen wollte. Tatsächlich zog er eine Pistole und zielte in die Richtung von Neriman und mir. Ich sah in den Lauf und dachte: Scheiße, der erschießt dich jetzt. Das kann doch nicht sein. In dem Moment knallte es schon.

Ich hörte drei Schüsse und hatte unmittelbar danach das Gefühl zu schweben. Es war, als säße ich auf einem Thron. Meine Arme lagen links und rechts auf den Armstützen eines sehr bequemen und großen Throns. Dieser Thron schwebte mit mir nach oben. Ich fühlte mich leicht und klar. Unter mir sah ich mich selbst auf dem Boden liegen, in einer Blutlache, die sich um meinen Hals herum ausbreitete. Dann wechselten die Bilder: Mal saß ich auf dem Thron, mal spürte ich, wie ich auf dem Boden lag. Ich dachte: Ich sterbe jetzt. Wenn mein ganzes Leben wie ein Film vor mir abläuft, dann sterbe ich. Oft hatte ich gehört, dass es so sein soll, wenn man stirbt. Ich wartete kurz, aber der Film kam nicht. Also hatte ich vielleicht eine Chance. Ich dachte an meine Eltern, an Stefan und daran, wie traurig sie wären, wenn ich sterben würde. Außerdem hatte ich meinen Kater Carlos noch nicht wiedergefunden. Ich kann doch nicht sterben, bevor ich Carlos nicht wiedergefunden habe, dachte ich. Im Hals spürte ich langsam, wie mir die Luft wegblieb. Eine leichte Panik kam auf. Ich fing an, ein Selbstgespräch zu führen: «Seyran», sagte ich, «du darfst jetzt nicht in Panik geraten. Das Atmen fällt dir schwer, also musst du langsam atmen, es wird schon Hilfe kommen, und bis Hilfe kommt, musst du ganz langsam atmen. Vertraue darauf, dass Hilfe kommt. Hab Vertrauen.»

Ich beruhigte mich, atmete langsam ein und langsam aus, bis ich das Bewusstsein verlor. Ich war bewusstlos, dennoch bekam ich mit, was um mich herum geschah. Ich sah wieder, wie ich auf dem Boden lag. Ich sah, wie Elif verzweifelt versuchte, den Notruf zu erreichen. Wir hatten ein Telefon mit Wählscheibe.

Elif wählte ständig eine falsche Nummer, das heißt, eigentlich wählte sie gar nicht, sondern drehte kopflos die Scheibe mit irgendwelchen Nummern. «Du musst 110 oder 112 wählen, eins von beiden», sagte ich, aber sie hörte mich nicht und wählte weiter irgendwelche sinnlosen Nummern, völlig verzweifelt, weil sie sich an die richtige Nummer nicht mehr erinnerte und nicht wusste, was sie tun sollte.

Als ich Elif später erzählte, was ich gesehen hatte, war sie verblüfft. Es stimmte genau, aber sie sagte, ich könne es unmöglich beobachtet haben. Während ihrer Telefonversuche hätte ich mit dem Gesicht Richtung Tür gelegen, und das Telefon stand auf dem Tisch, genau in der entgegengesetzten Richtung. Nun habe ich auch keine Augen im Hinterkopf, aber ich habe Elif gesehen. Noch heute steht dieses Bild vor mir, wie sie den Hörer hält und dauernd verzweifelt falsche Nummern wählt. Erzählt hat es mir auch niemand. Elif nicht, denn ich habe es ja umgekehrt ihr erzählt, und Neriman nicht, weil sie es nicht mehr konnte.

Nach einer Weile kam die Feuerwehr und legte mich auf den Rücken. Vorher lag ich seitlich mit der Stirn auf dem Teppich. Die Feuerwehrleute versuchten mir die Hose auszuziehen, um zu sehen, ob ich noch woanders verwundet war. Wieder sah ich das Ganze von oben. Zwei Feuerwehrleute versuchten mit Gewalt meine Hose herunterzuziehen, obwohl sie den Reißverschluss noch gar nicht richtig geöffnet hatten. Ich dachte: Mann, seid ihr blöd, macht doch erst einmal den Reißverschluss richtig auf! In dem Moment merkten sie es selbst und zogen den Reißverschluss herunter. So konnten sie mir die Hose besser ausziehen. Als ich sah, dass ich am Unterleib keine Verletzungen hatte, war ich erleichtert.

Vor der Feuerwehr war eine Ärztin bei mir gewesen und hatte die Blutungen am Hals unterdrückt. Das erfuhr ich von Elif, die irgendwann ihre Wählversuche aufgegeben hatte und drei Häuser weiter ins nächste Krankenhaus gerannt war. Dort lief sie durch die Flure und schrie um Hilfe. Die erste Ärztin, die sich zu erkennen gab, schnappte sie und brachte sie zu uns.

Das Krankenhaus in der Nähe und die Ärztin, die sofort die richtige Versorgung vornahm, war der Beginn einer Reihe glücklicher Umstände, die zu meiner Rettung beitrugen – sozusagen der menschliche und medizinisch-technische Anteil an dem Wunder, das es dennoch blieb.

Auf dem Weg ins Krankenhaus schrie Elif: «Er hat geschossen, er hat geschossen», was eine Nachbarin dazu bewegte, die Feuerwehr zu rufen. Ich hatte ziemliches Glück, dass es drei Häuser weiter ein Krankenhaus gab und die nächste Feuerwache sich direkt bei uns um die Ecke befand.

Als die Ärztin und die Feuerwehrleute eintrafen, lagen Neriman und ich blutend auf dem Boden. Neriman hatte einen Bauchdurchschuss, ich hatte einen Halssteckschuss. Es wusste zu diesem Zeitpunkt niemand, ob wir überhaupt eine Chance hatten zu überleben, weil das Szenario sehr blutig war. Neriman konnte wohl noch sprechen. Sie sagte: «Es tut mir alles weh.» Ich konnte nicht mehr sprechen. Ich lag auf dem Boden in meinem Blut und beobachtete von oben, was passierte. Die anderen konnten nicht hören, was ich sagte. Ich sprach mit mir selbst und auch mit ihnen, aber es war kein normaler Wortwechsel. Ich hatte Kontakt mit etwas, was sich außerhalb unseres Bewusstseins befindet, etwas, das wir im «Normalzustand» nicht wahrnehmen. Es war eine Kraft oder eine Macht, die mir Stärke gab. Ich fühlte mich glücklich wie noch nie in meinem Leben. Mein Kopf war klar, ich hatte keine Sorgen und ein Gefühl von absolutem Glück. Ich verstand, dass ich dieses Glück behalten konnte, wenn ich mich entschied zu sterben. Wenn ich mich einfach fallen ließ, würde ich mit diesem absoluten Glücksgefühl dem Licht entgegenschweben und nie wiederkommen, jedenfalls nicht mehr in dieses Leben. Die Verlockung war sehr groß, denn das Gefühl war einmalig und unbeschreiblich schön. Aber ich durfte abwägen. Ich durfte darüber nachdenken, ob ich schon genug hatte von diesem Leben hier.

Ich wollte nicht davonschweben, auch wenn das Gefühl so schön war. Ich wollte noch bleiben. Es war nicht nur mein Kater Carlos, an den ich absurderweise wirklich dachte. Der Grund, warum ich nicht sterben wollte, war ich selbst. Ich war noch zu jung, ich hatte in meinem Leben noch nicht genug erlebt, um davon Abschied zu nehmen. Außerdem hatte ich auf dieser Erde noch einiges zu erledigen.

In dem Augenblick, als ich die Entscheidung traf, nicht sterben zu wollen, glitt ich aus den höheren Gefilden langsam wieder hinunter, und das Licht, das ich von weitem gesehen hatte, entfernte sich, bis es ganz verschwand. Meine Gedanken konzentrierten sich nun nur noch aufs Überleben.

Als Nächstes wachte ich in einem Operationssaal auf und registrierte beruhigt, dass sich genug Leute um mich kümmerten. Ich war mir ziemlich sicher, dass sie mir helfen würden.

Sie hatten Probleme, die Kugel zu finden. Meine linke

hintere Halsschlagader, die *Arteria vertebralis,* war durchschossen, und die Kugel steckte zwischen dem vierten und fünften Halswirbel. Eigentlich hätte ich verbluten oder wenigstens querschnittsgelähmt sein müssen. Meine Körpertemperatur war bedenklich niedrig. Ich hatte aber Glück: Die Kugel war stecken geblieben und nicht noch ein paar Millimeter weiter gerutscht, und die Ärztin, die die erste Hilfe leistete, hatte die Blutung gestoppt.

Nach einer mehrstündigen aufregenden Operation legten sie mich schließlich unter eine Haube, wo ich meine normale Körpertemperatur wiedererlangen sollte. Die Krankenschwester, die damit betraut war, kam und ging in gewissen Zeitabständen. Irgendwann wurde mir allmählich ziemlich heiß. Die Schwester kam und ging in immer kürzeren Abständen und wurde auch langsam nervös. Ich versuchte ihr etwas zu sagen, aber sie verstand mich nicht. Nach einer Weile stellte sie selber fest, dass das Thermometer nicht in Ordnung war. Es war bei circa 35 Grad Celsius stecken geblieben, ich hatte aber mittlerweile schon knapp 38 Grad. Jetzt musste ich also wieder abgekühlt werden. War schon witzig. Beruhigt, dass sie den Fehler entdeckt hatte, schlief ich wieder ein.

Das nächste Mal, als ich zu Bewusstsein kam, saß jemand neben mir. Es war ein Krankenpfleger, dem ich trotz Schläuchen im Hals und in der Nase den Namen von Stefan und unsere Telefonnummer gab, weil ich dachte, sie würden Stefan bestimmt nicht zu mir lassen, weil wir nicht verheiratet waren. Aber ich wollte, dass Stefan zu mir kam und wusste, dass es mir gut ging. Dann habe ich dem Pfleger immer wieder gesagt, dass ich leben wollte. Er ermahnte mich, ich dürfe mich nicht so anstrengen.

Beim nächsten Erwachen sah ich Stefan und einen Arzt. Der Arzt zeigte Stefan ein Röntgenbild von meinem Hals. Man sah ganz deutlich die Kugel, die darin steckte. Ich konnte nicht genau hören, worüber sie sich unterhielten. Als sie merkten, dass ich bei Bewusstsein war, machte der Arzt das Licht vom Sichtgerät aus, und sie kamen zu mir.

Ich begrüßte Stefan und sagte zu dem Arzt: «Hallo, ich bin Seyran, wer bist du?» Dann konnte ich nur noch hören, wie Stefan kicherte und sagte, alles wird gut. Ich schlief gleich wieder ein. Als ich erwachte, waren einige Pfleger und Krankenschwestern um mich herum. Einer von ihnen hatte dunkle Locken und sah richtig toll aus, wie ein Engel. Ich fragte ihn nach seinem Namen. Er hieß Rafael. Ein schöner Name, er passte zu ihm.

Als ich erneut wach wurde, saß Stefan neben mir. Ich war glücklich, ihn zu sehen. Wir unterhielten uns, soweit es ging, über meinen Zustand. Er zeigte auf all die Geräte, an die ich angeschlossen war. Man konnte genau sehen, ob mich etwas aufregte. In diesem Moment kam Rafael herein, und ich sagte zu Stefan: «Schau, das ist Rafael, den finde ich ganz nett.» Dabei muss eines der Geräte derart ausgeschlagen haben, dass Stefan lauthals zu lachen anfing. «Das sehe ich, dass er dir gefällt», sagte er. Mir war das sehr peinlich, denn so hatte ich es nicht gemeint. Er strahlte einfach, wie die meisten Pfleger und Pflegerinnen, eine Wärme aus, die mich beruhigte.

In dem Moment kam eine Krankenschwester herein und sagte mir, draußen ständen eine Menge Leute, die mich sehen wollten. Sie könne nicht alle hereinlassen. Ich solle entscheiden, wen ich sehen wolle. Sie hatte die Namen auf eine Liste geschrieben, es waren meine Eltern und einige Verwandte. Ich sagte, ich könne den Leuten unmöglich antworten, dass ich sie nicht sehen wolle. Sie waren extra meinetwegen gekommen, es wäre sehr unhöflich gewesen, sie einfach so wieder wegzuschicken.

Stefan und die Krankenschwester erklärten mir, ich sei gesundheitlich nicht in der Verfassung, so viele Leute zu sehen, es würde mich zu sehr anstrengen. Ich konnte mich nicht entscheiden. Stefan und die Schwester schlugen vor, nur meine Eltern hereinzulassen. Dann könne von den anderen auch niemand beleidigt sein. Also ging Stefan raus, und meine Eltern kamen herein. Meine Mutter fing sofort an zu weinen. Mein Vater ermahnte sie, mit der Heulerei aufzuhören, um mich nicht unnötig aufzuregen, doch auch er unterdrückte krampfhaft seine Tränen. In seinen Augen konnte ich ganz deutlich den Schmerz sehen.

Ich versuchte, sie zu beruhigen. Es tat mir Leid, dass meine Eltern sich meinetwegen so quälen mussten. Sie hatten die letzten Jahre schon so gelitten und nun auch noch dies. Ich war wirklich nicht die Tochter, die sie sich gewünscht hatten.

Stefan war bei mir, als ich aus der Intensivstation entlassen und in einem Krankenzimmer wach wurde. Jetzt erst wollte ich wissen, welche Schäden ich davongetragen hatte. Ich lag ganz steif da und wusste nicht, was ich noch bewegen konnte. Als Erstes versuchte ich, meine Beine zu bewegen – es ging. Heftige Schmerzen im Hals und im linken Arm hielten mich davon ab, weitere Bewegungen zu probieren. Sie waren unbeschreiblich stark, solche Schmerzen hatte ich bisher nicht erlebt. Vom Hals hinunter bis in die linke Hand spürte ich nur Feuer.

Den rechten Arm hatte ich schon ein paar Mal bewegt, er tat auch nicht weh. Nun versuchte ich, den schmerzenden linken Arm zu bewegen. Nichts. Ich hatte kein Gefühl für meinen linken Arm, spürte ihn nur noch als einen höllischen Schmerz. Der linke Arm war gelähmt. Jede Bewegung am Bett machte mich wahnsinnig vor Schmerz. Ich bekam 15 Tabletten am Tag. Es war auch eine Schmerztablette dabei, die jedoch nicht besonders half. Die Ärzte hatten mich gefragt, ob ich Valium oder Morphium wolle, weil ich vor lauter Schmerzen nicht mehr schlafen konnte. Ich lehnte ab, denn ich hatte ohnehin das Gefühl, als wäre ich ein wenig bekifft. Ich wollte ganz wach sein und spüren, dass ich lebte. Es stimmte, dass ich vor Schmerzen nicht schlafen konnte, aber ich wollte auch nicht schlafen, weil ich Angst hatte, ich würde dann nicht mehr aufwachen. Ich hatte begriffen, dass ich ganz knapp dem Tod entronnen war. Nun wollte ich sichergehen, dass der Tod nicht doch noch kam. Sogar die Schmerzen waren mir recht, auch sie waren eine Bestätigung dafür, dass ich noch lebte.

An dem Tag, als ich aus der Intensivstation entlassen wurde, tauchten plötzlich auch zwei Polizisten bei mir auf. Beide trugen beigefarbene Trenchcoats, der eine hatte eine Mütze auf und sah aus wie ein schlechter Schauspieler in der Rolle eines Privatdetektivs. Ohne lange Vorreden wollten sie von mir wissen, ob es mein Vater gewesen sei, der auf mich geschossen habe. Es sei doch mein Vater gewesen. Ich solle ihn nicht decken. Man wisse, dass er einen Grund dafür gehabt hätte. Nämlich dass ich von zu Hause weggelaufen sei.

Ich war geschockt. Mein Vater hatte mich gerade besucht. Wie kamen die darauf, dass er so etwas getan haben könnte? Ich hatte ja schon erklärt, dass ich den Mann nicht kannte und vorher nicht gesehen hatte. Elif und Filiz kannten ihn auch nicht.

Ich sagte ihnen ganz klar, dass es nicht mein Vater war. Den hätte ich ja wohl erkannt. Sie grinsten und bohrten nach. Ich solle nochmal genauer überlegen. Es könne ja sein, dass ich Angst hätte, die Wahrheit zu sagen.

Welche Wahrheit? Ich sollte meinen Vater beschuldigen, nur weil sie daran glaubten, dass er ein Motiv gehabt hätte? Wenn er mich für meine Flucht bestrafen wollte, warum hatte er dann vier Jahre gewartet? Ich sagte, ich sähe keinen Grund, jemanden zu schützen, der mir nach dem Leben trachtete. Ich würde jeden nennen, der mich töten wolle.

Sie glaubten nicht daran, dass ein politisches Motiv hinter der Sache steckte. Einige von uns behaupteten das zwar, aber ich solle mir das gleich aus dem Kopf schlagen, weil es keinerlei Hinweise dafür gäbe. Die Sache sehe eher nach einem durchgeknallten Einzeltäter aus. Sie erlaubten mir keinen Widerspruch, ihr Auftreten war extrem autoritär. Zum Schluss baten sie mich zu überlegen, welche Mädchen ich in letzter Zeit beraten hätte, die von zu Hause weg wollten. Wenn nicht mein Vater, könne es ja ein anderer Vater gewesen sein, dessen Tochter von zu Hause weggelaufen sei.

Ich überlegte, doch mir fiel nichts ein. Ich brauchte meinen Kalender, um meine letzten Gespräche zu rekonstruieren. Sie versprachen, mit dem Kalender wiederzukommen. Er lag bei der Staatsanwaltschaft, weil die Polizei meine persönlichen Sachen zunächst in Obhut genommen hatte.

Nicht nur die Polizei strapazierte in dieser für mich wirklich nicht angenehmen Situation meine Nerven. Mein Vater hatte mir durch meine Mutter ausrichten lassen, Stefan solle künftig den Raum verlassen, wenn er zu mir kam.

Allmählich reichte es. Ich hatte gerade ein Attentat überlebt, lag steif auf einem Bett, hatte höllische Schmerzen und konnte meinen linken Arm nicht bewegen, und meine Eltern forderten mich auf, meinen Freund hinauszuwerfen. Es würde meinen Vater in seiner Ehre treffen, hieß es. Was für eine Ehre? Ich hätte fast mein Leben verloren, und er hatte nichts Besseres zu tun, als auf türkische Traditionen zu pochen. Wieder saß ich zwischen zwei Welten und sollte Partei ergreifen. Sogar halb tot wurde von mir verlangt, dass ich mich nach ihren Regeln richtete.

Ich hatte genug. Ich sagte, es tue mir Leid, aber sie könnten nicht von mir erwarten, dass ich den Mann aus dem Zimmer werfe, der mich liebte und während der vergangenen vier Jahre mit mir gelebt und zu mir gehalten hätte. Ich erklärte meiner Mutter, eher würde ich darauf verzichten, meinen Vater zu sehen, als Stefan rauszuschmeißen. «Stefan steht neben mir und tut niemandem etwas», sagte ich. «Mein Vater muss nicht mit ihm reden oder ihm die Hand geben. Jeder kann sich an eine Seite des Bettes stellen.»

So geschah es, und mein Bett wurde zu einer Art Mauer. Links stand Stefan mit gehörigem Abstand, rechts mein Vater, der dann doch gekommen war, aber sehr schlechte Laune hatte. So blieb es bis zu meiner Entlassung aus dem Krankenhaus. Meine Mitbewohner und Freunde standen meistens links an meinem Bett, während die Verwandten und türkischen Bekannten rechts standen.

Meine Mutter setzte dem ganzen Stress noch die Krone auf, indem sie am dritten oder vierten Tag erklärte, mir wäre das natürlich alles nicht passiert, wenn ich nicht von zu Hause abgehauen wäre. Als sie das sagte, waren türkische Bekannte von uns dabei, die sofort ins gleiche Horn bliesen. Sie machten mir allesamt Vorwürfe, was ich meinen Eltern angetan hätte. Ich hätte auf sie hören und nach Hause zurückkehren sollen. Jetzt könne ich ja sehen, welch schlimme Folgen es hätte, wenn man nicht auf seine Eltern höre.

Ich versuchte mich zu wehren, hatte aber keinen Erfolg, weil sie mir gar nicht zuhörten. Sie wollten nicht hören, dass ich nicht aus Langeweile von zu Hause abgehauen war. Sie wollten auch nicht hören, dass der Anschlag in keiner Verbindung mit meiner Vergangenheit stand. Eine sachliche Diskussion war nicht möglich. Sie verletzten mich mit ihren Vorwürfen und erwarteten von mir, dass ich nach meiner Entlassung wieder nach Hause zurückkehrte. Ich fing an zu weinen und bat sie, mich in Ruhe zu lassen. Ich fände es unmöglich, wie sie sich an meinem Krankenbett aufführten. Meine Mutter meinte später, ich hätte sie alle rausgeschmissen. Und wenn. Ich hatte allen Grund dazu. Es war unglaublich, mich in dieser Situation so zu behandeln.

Ungefähr eine Woche später durfte ich mit dem Rollstuhl in den Park. Zum Laufen war ich zu schwach, außerdem hing mein linker Arm schwer am Körper herunter und verursachte unbeschreibliche Schmerzen bei jeder Bewegung. Während meine Mutter mich durch den Park schob, fing sie wieder mit ihren Vorwürfen an. Es störte sie überhaupt nicht, dass ich zusammengekauert wie ein Häufchen Elend versuchte, in diesem Rollstuhl unter Schmerzen irgendwie zu sitzen. Hilflos war ich den Vorwürfen dieser Frau ausgesetzt, die vorgab, mich zu lieben. Sie begriff nicht, was sie da tat. Sie hackte regelrecht auf mir herum. Das alles sei passiert, weil ich meinen eigenen Kopf gehabt und nicht auf sie gehört hätte. Eltern wollten doch nur das Beste für ihre Kinder. Ich solle mich von Stefan trennen und nach Hause zurückkehren. Nach einer Weile bat ich sie heulend, mich wieder auf mein Zimmer zu bringen. Ich konnte gut verstehen, dass meine Mutter unter den Ereignissen litt. Sie musste auch viel ertragen. Ihr erstes Kind war gestorben. Ahmet fiel mit zehn von einer drei Meter hohen Mauer und verletzte sich lebensgefährlich am Hinterkopf. Serpil fiel mit zwölf Jahren eine Glasscheibe von einer Leuchtschriftreklame auf den Rücken und verletzte sie schwer. Sie hatte Glück, dass die Lungen nicht getroffen wurden.

Und nun ich, die ich auch nur ganz knapp überlebt hatte. Aber das alles hatte nichts damit zu tun, dass ich von zu Hause abgehauen war.

Während der drei Wochen im Krankenhaus ging der Kleinkrieg an meinem Krankenbett munter weiter. Die Tatsache, dass ich fast gestorben wäre, geriet ziemlich bald in Vergessenheit. Als mir irgendwann erzählt wurde, dass Neriman das Attentat nicht überlebt hatte, wurde mir und auch den anderen klar, wie knapp ich davongekommen war. Dieser Schock hielt aber auch nur für ein paar Tage an, dann ging das Hickhack weiter.

Nicht nur ein Teil meiner Familie warf mir vor, ich sei selbst schuld an allem. Auch viele linke türkische und kurdische Männer, die übrigens auch in Sozialprojekten arbeiteten und mit denen wir auf verschiedenen Ebenen zu tun hatten, meinten, wir hätten die Sache provoziert. Wir hätten uns nicht an kulturelle Richtlinien gehalten. Deshalb sollten wir uns nicht wundern. Einer der Herren ging sogar so weit, sein Bedauern darüber auszudrücken, dass Elif nicht getroffen worden sei.

Es gab zu der Zeit nur wenige türkische Frauen wie Elif, die sich weder von linken Männern noch von besserwisserischen deutschen Feministinnen bevormunden ließen. Und weil sie es dennoch wagte, hatte sie es nach seiner Ansicht verdient, dass man auf sie schoss. Es sollte einfach nicht an den Grundfesten gerüttelt werden. Die Sozialarbeit mit Türken und Kurden hatte «kulturelle Werte» zu berücksichtigen, sprich: die Geschlechterrollen in der türkischen Gemeinschaft zu akzeptieren. Es hätte doch gereicht, wenn wir den Frauen Näh- und Deutschkurse gegeben hätten. Wieso mussten wir sie ins Frauenhaus bringen und sie über Emanzipation aufklären?

Elif wurde körperlich nicht getroffen, aber die Tat hat sie mindestens genauso verletzt wie mich und ihr Leben genauso beeinflusst wie meines. Niemand hat sich kurz nach der Tat richtig um sie gekümmert. Sie hatte beobachtet, wie zwei Meter vor ihren Augen zwei Menschen angeschossen wurden. Dass sie das nicht einfach wegstecken konnte, war doch klar.

Was mit meiner Seele passiert war, interessierte auch niemanden. Sobald ich körperlich einigermaßen fit war und sie im Krankenhaus nichts mehr für mich tun konnten, wurde ich entlassen. Das war nach genau drei Wochen.

Die einzige Bedingung, die sie mir stellten, war, dass ich eine Krankengymnastin für meinen linken Arm finden sollte. Zufälligerweise wohnte eine Freundin von mir mit einer Krankengymnastin namens Barbara zusammen, die ich auch schon kennen gelernt hatte. Ich rief Barbara an, und wir vereinbarten einen Termin nach meiner Entlassung.

Nachdem an meinem linken Arm alle Messungen gemacht worden waren, hatte der Neurologe zu mir gesagt: «Den linken Arm können Sie vergessen.» Ich konnte es nicht fassen, wie er mich behandelte. Er schaute mich kaum an, fummelte desinteressiert an meinem Arm und den Geräten herum und sagte diesen einen Satz. Barbara konnte natürlich nicht verstehen, warum er so grob war, aber auch sie sagte, es sei möglich, dass ich den Arm nicht mehr bewegen könne.

Ich hatte aber wieder Glück, indem ich auf Barbara getroffen war. Sie machte mit mir vom ersten Tag meiner Entlassung an Krankengymnastik und behandelte mich nach einer ganz besonderen Methode. Die Methode hieß Vojta und war zu dieser Zeit kaum bekannt und trotz guter Erfolge umstritten, wie alles Neue. Heute ist Vojta weit verbreitet und absolut anerkannt. Barbara hat mit ihrem Engagement und Vojta meinen Arm gerettet. Hinzu kam Stefans Hilfe, der ebenfalls mit mir, nach Anweisungen von Barbara, täglich Krankengymnastik machte. Es dauerte fast sechs Monate, bis ich meinen linken Arm wieder bewegen konnte.

Ich hatte auch Glück, dass ich kein Aids bekommen

habe. Denn die Unmengen an Blutkonserven, die mir verabreicht wurden, waren nicht auf HIV getestet worden. 1984 gab es solche Kontrollen noch nicht.

Ich bin dem Krankenhaus Neukölln sehr dankbar, immerhin haben sie mir dort das Leben gerettet. Aber es reicht nicht aus, Kranke und gerade Opfer von Gewalttaten zusammenzuflicken und dann nach Hause zu schicken. Von der Betreuung nach dem Krankenhaus hängt es ab, ob man wieder leben kann. Ich hatte Glück, dass ich Menschen um mich hatte, die sich für mich einsetzten und die Arbeit untereinander aufteilen konnten. Es war nämlich richtige Arbeit, mich zu betreuen. Ich musste dreimal am Tag Krankengymnastik machen, mindestens dreimal am Tag behandelte ich den Arm mit Eis, damit die Schmerzen betäubt wurden. Da ich den linken Arm gar nicht und für einige Monate den rechten Arm auch nur eingeschränkt benutzen konnte, benötigte ich für jeden Handschlag Hilfe. Hätte ich nicht so viele Menschen um mich herum gehabt, die mich unterstützten, auch in meinem manchmal eher hinderlichen Ehrgeiz, vieles selber machen zu wollen, hätte ich das Leben vielleicht wieder aufgegeben. Niemand konnte mir sagen, wann sich mein gesundheitlicher Zustand stabilisieren würde, wann zum Beispiel die Schmerzen ein erträgliches Maß erreichen würden und ich wieder in die Uni gehen könnte.

Ich hatte zwar überlebt, aber ich lebte nicht wirklich. Wie schon einmal vor vielen Jahren wartete ich wieder darauf, dass es endlich losging mit dem richtigen Leben. Anders als damals konnte ich den Zeitpunkt diesmal allerdings nicht selbst bestimmen.

Kapitel 9 Der Prozess

Stefan holte mich mit unserem VW-Bus aus dem Krankenhaus ab, mit dem wir schon viele Länder in Europa bereist und für das nächste Jahr eine Weltreise geplant hatten. Dazu hatte sich Stefan extra ein Jahr Urlaub genommen, doch es war klar, dass wir die Weltreise nicht antreten würden. Ich brauchte intensive ärztliche Versorgung, ein bewegungsunfähiger Arm war nichts für Globetrotter.

Vielleicht hätten wir die Reise ohnehin nicht angetreten, weil wir einige Wochen vor dem Attentat festgestellt hatten, dass wir in einer so genannten Beziehungskrise steckten. Ausgerechnet zu dem Zeitpunkt, als ich Stefan meiner Mutter vorgestellt hatte. Wir diskutierten ernsthaft darüber, ob wir uns trennen sollten. Was Stefan nicht wusste und ich selbst nicht ganz verdaut hatte, war, dass ich mich immer mehr für Frauen interessierte. Im Augenblick hatten wir aber keine Eile, uns zu trennen – es verband uns noch sehr viel.

So sprachen wir auf dem Weg nach Hause darüber, wie das Leben sich von einem Tag auf den anderen ändern konnte, was mit uns war und sein würde. Das Attentat hatte mir die Augen dafür geöffnet, wie selbstverständlich wir vieles hinnahmen, ohne es wirklich zu schätzen. Nichts konnte man mit Sicherheit planen, und nichts war für die Ewigkeit.

Als wir in unserer Fabriketage ankamen, hatte ich den Eindruck, alles habe sich verändert. Sicherlich war vor allem mein Lebensgefühl nicht mehr dasselbe. In den Tagen vor dem Attentat war ich glücklich und optimistisch gewesen. Nun stand ich in dieser riesengroßen Etage und fühlte mich ganz klein. Wegen meines schiefen Mundes konnte ich nicht lachen, und ich konnte auch nicht voller Energie umherspringen, wie ich das vor ein paar Wochen noch getan hatte. Es schien, als sähe ich meine Vergangenheit vor mir, hätte aber keinen Zugang mehr zu ihr. Ich wohnte sehr gerne in dieser Etage und in diesem Bezirk, doch jetzt sah alles danach aus, als müsste ich Kreuzberg verlassen.

Stefan war wunderbar zu mir. Aber wir konnten jetzt auch nicht so tun, als hätte es vor dem Attentat keine Krise gegeben. Vielleicht war es der Altersunterschied, der uns einholte. Ich wollte auf keinen Fall, dass Stefan nur bei mir blieb, weil ich hilfsbedürftig war. Ich fühlte mich als Geliebte auch nicht mehr besonders attraktiv und hätte es verstanden, wenn er sich abgewendet hätte. Er konnte mich kaum noch irgendwo anfassen, ohne dass es wehtat. Mein linker Arm war extrem empfindlich, weil die Nerven zerstört waren. Meine rechte Seite war tauber als die linke und reagierte auf Anfassen gar nicht oder mit Schmerzen. Sogar das Schlafen in einem Bett wurde zu einem Problem, weil ich jedes Mal Qualen litt, wenn er sich umdrehte und die Matratze bewegte. Weil ich vor lauter Schmerzen nicht schlafen konnte, wurde er nachts auch oft wach. Der arme Kerl musste aber arbeiten und brauchte seinen Schlaf.

Aus all diesen Gründen hatte ich ihm angeboten, dass ich zu meiner Familie ziehen könne, bis ich wieder einigermaßen fit sei. Zum Waschen ging ich ohnehin schon zu meiner Mutter, die mir half – wenn auch manchmal unter Tränen. Zuweilen gab es aber auch komische Szenen beim Waschen: Meine Mutter hatte mich schon sehr lange nicht mehr ganz nackt gesehen. Aus Schamgefühl hatte ich seit der Pubertät immer einen Bikini angezogen, wenn sie mir den Rücken schrubben sollte. In meiner augenblicklichen Lage konnte ich aber nicht so viel Rücksicht nehmen. Außerdem hatte sich mein Schamgefühl durch das Wohnen mit Deutschen in WGs verändert, ich war viel offener und freizügiger geworden. Dazu gehörte auch, dass ich mich damals als überzeugte Feministin an keiner Stelle rasierte, was meine Mutter als gute Türkin nicht billigte. Für sie bedeutete das Unreinheit. Sie konnte mich waschen und schrubben, sosehr sie wollte, mit sprießenden Achsel-, Bein- und Schamhaaren blieb ich in ihren Augen unrein.

Eines schönen Tages, als ich im Bad war, rückte sie mit einem Einwegrasierer an und fragte mich, ob sie mich nicht doch rasieren dürfe. Ich schreckte zurück, weil sie dabei so grinste und mit ihrer in meine Richtung gebückten Haltung ziemlich komisch, zugleich aber auch einigermaßen bedrohlich aussah. Der Rasierer kam mir vor wie eine gefährliche Waffe. Weglaufen war unmöglich, weil ich nackt in der Badewanne saß und nicht einmal allein aufstehen konnte. Also erklärte ich ihr, ich sei ganz zufrieden mit meinen Haaren und wolle keinem männlichen Schönheitsideal entsprechen. Stefan würden die Haare auch nicht stören.

So einfach war sie aber nicht zu überzeugen. Sie hielt dagegen, dass es in unserer Kultur und Religion üblich sei, unreine Haare zu entfernen. Es sei Sünde, das nicht zu tun. Ich solle es ihr ein einziges Mal erlauben. Das Ergebnis würde mir mit Sicherheit so gut gefallen, dass ich es danach nie mehr anders wolle.

Ich sträubte mich vergeblich, sie ließ nicht locker. Erst als ich in Tränen ausbrach, legte sie den Rasierer weg und ließ davon ab, mich überreden zu wollen. Sie probierte es dann noch zwei- oder dreimal, bis ich drohte, mich woanders waschen zu lassen. Mit Anfang 30 begann ich schließlich, zur Freude meiner Mutter, mir freiwillig die Haare zu entfernen, weil ich es selbst nicht mehr schön fand. Es war die Zeit, in der auch Feministinnen allmählich feminin sein durften.

Meine Eltern hätten mich also ganz gern wieder aufgenommen. Ich stellte es mir auch nicht so kompliziert vor, mit meiner Familie wieder zusammenzuleben, da ich mich aufgrund meiner körperlichen Leiden sowieso nur eingeschränkt bewegen konnte. Was ich brauchte, war ein Zuhause mit Menschen, die mit mir Krankengymnastik machten, mir bei allen möglichen Handgriffen halfen und dabei liebevoll waren. Nach dem Schock, mich fast verloren zu haben, war meine Familie sehr behutsam zu mir und bereit, mich zu pflegen. Ihnen war klar geworden, dass sie in der Vergangenheit einiges falsch gemacht hatten, und sie wollten etwas wieder gutmachen.

Stefan war nicht einverstanden damit, dass ich zu meinen Eltern zog, und eine Trennung wollte er auch nicht. Es war selbstverständlich für ihn, mich zu pflegen. Ich liebte ihn auch noch sehr. In schwierigen Situationen kann man gut erkennen, wer eine wirkliche Freundin oder ein wirklicher Freund ist. Stefan war, mit all seinen Macken, der beste Freund, den ich hatte.

Während ich die meiste Zeit damit beschäftigt war, mich um meinen Gesundheitszustand zu kümmern und die Polizei davon zu überzeugen, dass mein Vater nicht der Täter war, ließ die Polizei nach Aussagen mehrerer Zeugen eine Phantomzeichnung anfertigen.

Außer Filiz, Elif und mir gab es insgesamt vier weitere Zeuginnen und Zeugen, die den Täter gesehen hatten. Nachdem er uns niedergeschossen hatte, war er seelenruhig an den Leuten vorbeigelaufen und in die Wiener Straße eingebogen. Einer der Zeugen, der begriffen hatte, dass der Mann etwas mit den Schüssen zu tun haben könnte und ihm gefolgt war, verlor den Täter in der Ohlauer Straße aus den Augen.

Die Polizei, die genauso schnell am Tatort war wie die Feuerwehr, nahm zwar sofort die Ermittlungen auf, fand aber keinerlei Hinweise. Auch in der näheren Umgebung nicht.

Nachdem die Phantomzeichnung im Fernsehen und in verschiedenen Zeitungen veröffentlicht wurde, gingen knapp hundert Hinweise ein. Ein Grund dafür mag gewesen sein, dass eine mir bekannte private Person, die nicht öffentlich genannt werden wollte, eine Belohnung in Höhe von 20 000 DM ausgesetzt hatte, die durch den Polizeipräsidenten um weitere 5000 DM auf insgesamt 25 000 DM erhöht wurde.

Viele Hinweise waren absurd oder inhaltslos, zum Beispiel: «Ich habe gestern in der U-Bahn-Linie 1 den Mann gesehen, der auf die beiden Frauen geschossen hat. Er ist am U-Bahnhof Möckernbrücke ausgestiegen.» Andere waren jedoch recht brauchbar und wurden intensiv überprüft.

Elif hatte der Polizei etwas gesagt, was nicht stimmte. Sie behauptete, ich hätte eine Frau gegen den Willen ihrer Eltern bei mir versteckt. Die Frau, um die es ging, gab der Polizei gegenüber eine Erklärung ab, wonach sie unabhängig von einer Einrichtung, also auch von uns, in eine Zufluchtswohnung gezogen war. Sie sagte auch ganz klar, ich hätte mit ihrer Geschichte nichts zu tun gehabt, schon gar nicht mit ihrer Unterbringung in der Zufluchtswohnung. Das Traurige an der Sache war, das Elif in ihrer Aufregung Dinge behauptete, die nicht wahr waren und ein schlechtes Licht auf mich warfen. Entsprechend wurde ich von den Polizeibeamten behandelt. Sie hatten den Eindruck, ich würde etwas verbergen.

Filiz sagte gegenüber der Polizei, sie sei an jenem Morgen im TIO gewesen, weil sie ihre Freundin Elif besuchen wollte. Das war für mich absolut unverständlich. Sie war gekommen, weil sie sich die Arbeit anschauen und überlegen wollte, ob sie im TIO arbeiten möchte. Ihre Variante entsprach nicht meiner Aussage, wodurch die Polizisten mir gegenüber noch misstrauischer wurden.

Ich hatte die Polizei auf die «Grauen Wölfe»* aufmerk-

* Die «Grauen Wölfe»: Eine ehemals türkische Jugendorganisation der MHP (Partei der nationalistischen Bewegung) in der Türkei. Die MHP ist eine straff organisierte Partei mit kompromissloser antikommunistischer Zielsetzung. Der Begriff «Grauer Wolf» stammt aus der türkischen Mythologie und ist ein Symbol für Mut und Klugheit, welches

sam gemacht, als ich drei Tage nach der Tat im Krankenhaus vernommen wurde. Von meinen Kolleginnen wusste ich, dass sie in der Vergangenheit schlechte Erfahrungen mit den «Grauen Wölfen» gemacht hatten. Die Polizisten konzentrierten sich bei ihren Ermittlungen dennoch mehr darauf, dass es eine so genannte Bezugstat war. Sie waren der Ansicht, es gebe keinerlei Anhaltspunkte für ein politisches Motiv. Es war ja auch viel einfacher, meine Familie zu beschuldigen. Dafür gab es genug Material.

Die Ermittlungen wurden aber glücklicherweise nicht nur auf meine Familie konzentriert. Einige Tage nach dem Attentat fand jemand in einem Hof in der Nähe des Frauenladens, versteckt in einem Blumenbeet, einen hellen Trenchcoat, eine klein gemusterte Schiebermütze und eine Pistole. Die Fundstelle befand sich in der Straße, in der einer der Zeugen den Täter aus den Augen verloren hatte.

Mittlerweile kursierten in türkischen Kreisen Gerüchte, die besagten, ich sei das eigentliche Ziel des Attentats gewesen. Meine Kolleginnen trugen zu diesen Gerüchten bei, weil sie immer wieder auf meine familiäre Situation hinwiesen, die dazu geführt hatte, dass ich von zu Hause weggelaufen war. Bei ihren Recherchen stellte die Polizei fest, dass seit vielen Jahren eine Auskunftssperre bezüglich meiner Anschrift existierte und ich ein Buch über mein Leben geschrieben hatte, in dem ich unter anderem

im Zusammenhang mit der Entstehung des türkischen Volkes steht. Die Legende besagt, dass ein grauer Wolf einst den Stamm der Türken aus den unwegsamen Bergen Zentralasiens auf einem Wolfspfad in die Freiheit führte. Abgebildet wird der graue Wolf auf einer Weltkugel mit emporgerecktem Kopf.

von meiner Angst erzählt hatte, durch die Familie verfolgt und umgebracht zu werden.

Meine Familie war ebenfalls der Ansicht, der Anschlag könne nur mir gegolten haben. Woher sie diese Gewissheit nahmen, weiß ich nicht. Sie wussten aber auch nicht, wer als Täter in Betracht kam. Mein Vater hatte Glück: Er hatte am Tag des Attentats Frühschicht gehabt, und der Vorarbeiter konnte bestätigen, dass er ununterbrochen in der Fabrik gearbeitet hatte. Hätte er Spätschicht gehabt, wäre er allein zu Hause gewesen, ohne Zeugen, ohne Alibi, und garantiert in Untersuchungshaft genommen worden.

Hinzu kamen Gerüchte in türkischen Kreisen, ich sollte umgebracht werden, weil ich einem Mann die Frau oder die Tochter weggenommen hätte. Ein anderes Gerücht besagte, dass es mein Geliebter gewesen sei, der aus Eifersucht geschossen hätte.

In Wirklichkeit wusste niemand, warum der Anschlag verübt worden war. Wieso ließ man also zu, dass über Neriman und mich solche Gerüchte verbreitet wurden? Über Neriman wurde erzählt, sie hätte eine hohe Lebensversicherung abgeschlossen, die den Ehemann begünstigte. Außerdem hätte sie viel Geld angespart, an das der Ehemann rankommen wollte. Der Ehemann könne also jemanden beauftragt haben, sie umzubringen. Zumal sie, nach ihren eigenen Aussagen, mit ihm nicht besonders glücklich war.

Es gab schon Versuche, die Öffentlichkeit zu informieren, meiner Ansicht nach waren sie zu zaghaft. Zum Beispiel weiß ich, dass einige Frauen, darunter auch Freundinnen von mir, eine Demonstration organisiert hatten.

Es gab noch eine weitere Veranstaltung, die von den alten und neuen Frauen des TIO organisiert wurde und an der ich teilnahm. Dort hieß es, die deutsche Linke habe überhaupt keine Ahnung davon, was sich in türkischen und kurdischen politischen Kreisen, seien es linke oder rechte Gruppierungen, abspiele. Darüber müsse nun informiert und diskutiert werden. Es sollte also eine Art Aufklärungsveranstaltung werden. Während die Frauen, die auf dem Podium saßen, versuchten, die Rolle der Frau und das Gewaltpotenzial in linken und rechten türkischen und kurdischen Gruppierungen darzustellen, versuchten einige kurdische und türkische Männer die Veranstaltung für sich zu vereinnahmen, um sich als fortschrittlich und offen zu präsentieren. Einer von ihnen sprach uns mit «Schwestern» an und erklärte, er habe heute seine Frau mitgebracht. Er würde sie immer zu solchen Veranstaltungen mitnehmen. Seine Frau sagte aber die ganze Zeit keinen Ton.

Der Versuch, über Gewalt in türkischen und kurdischen Gruppen zu sprechen, scheiterte, weil die Veranstalterinnen und die Mehrheit der Anwesenden Angst davor hatten, durch scharfe Feststellungen und Wertungen Ausländerfeindlichkeit zu schüren. Gewalt wurde als Männerproblem dargestellt, was ja auch zutrifft, aber nicht darüber hinwegtäuschen darf, wie weit die einzelnen Männervereinigungen gehen, wenn sie ihre patriarchale Position bedroht sehen.

Das beklagte Informationsdefizit bestand auch nach der Veranstaltung weiter, es besteht heute immer noch, weil damals wie heute kein Dialog stattfindet. Der 11. September 2001 in New York hat das auf eine extreme Art deutlich gemacht.

Einige politisch engagierte Frauen nahmen das Attentat zum Anlass, um gewisse politische Positionen zu überdenken und untereinander zu diskutieren, zum Beispiel auf dem Internationalen Frauentag 1985 in Frankfurt, an dem ich auch teilnahm. Das Attentat und sehr viele Themen, die damit zu tun hatten, waren sicherlich nicht von weltbewegender Bedeutung. Aber sie betrafen die Frauenbewegung, die sich nach meinem Eindruck nicht besonders damit beschäftigte und sich scheute, das Thema Gewalt wirklich aufzugreifen. Frauen hätten zum Beispiel den Mann, der gesagt hatte, es sei schade, dass Elif nicht getroffen wurde, in einer größeren Öffentlichkeit zur Rede stellen können, oder sie hätten jenen türkischen und kurdischen Männern aus dem linken Milieu, die uns die Schuld für das Attentat gaben, widersprechen können. Stattdessen hörten sie sich das Ganze nur an, fanden es nicht gut, aber sagten auch nichts dagegen und arbeiteten mit diesen Männern weiter.

Die Polizei setzte die Ermittlungen anhand der Hinweise fleißig fort, wobei sie ganz offensichtlich kein Interesse daran hatte, viel Energie in die politische Richtung zu stecken.

Hinzu kam, dass eine Zusammenarbeit der Linken mit der Polizei zu dieser Zeit verpönt war. Schließlich kamen viele aus der Hausbesetzerbewegung, und da waren die Positionen klar. Das bedeutete auch, dass die Polizei nur politisch korrekte Informationen erhalten durfte. Wer wusste schon, was sie damit anstellen würden? Die chronische Paranoia der Linken kam voll zum Zuge. Klar waren die Polizei und der Staat nicht unsere Verbündeten, wenn es um politische Ziele ging. Hier ging es aber um einen Mord und einen Mordversuch, der wahrscheinlich rechten türkischen Kreisen zuzuschreiben war. Daher bleibt es rätselhaft, warum die Linke nicht in der Lage war, eigene Ermittlungen anzustellen, wenn sie schon nicht eng mit der Polizei zusammenarbeitete, statt großkotzige Reden zu schwingen. Sie gaben der Polizei durchaus Informationen über die «Grauen Wölfe» in Berlin. Aber sie forderten nicht mit dem nötigen Nachdruck eine Ermittlung in diese Richtung. Die linke Tageszeitung «taz» war sogar der Ansicht, man solle sich vor einer Vorverurteilung in Acht nehmen.

Aufgrund der Phantomzeichnung hatte die Polizei mehrere Hinweise auf eine bestimmte Person erhalten, die Filiz in der Lichtbildmappe als möglichen Täter erkannte. Mir sollten keine einzelnen Lichtbilder vorgelegt werden, um ein Wiedererkennen bei einer Gegenüberstellung nicht infrage zu stellen. Meine Aussagequalität und Glaubwürdigkeit sollten nicht durch Ermittlungsfehler abgewertet werden. Genau das geschah dann aber: Der zuständige Hauptkommissar zeigte mir bei meiner Vernehmung eine Lichtbildmappe. Als ich niemanden erkannte, setzte er nach und sagte: «Fräulein Ateş, ich zeige Ihnen jetzt gezielt mehrere Lichtbilder einer Person, auf die hier mehrfach hingewiesen wurde. Können Sie sich nach Betrachtung dieser Bilder besser erinnern?»

Ich sagte, dass er es sein könnte, ich aber nicht sicher sei. Mit dieser Aktion hatte der Hauptkommissar meine Aussage im Hinblick auf eine mögliche Gegenüberstellung dermaßen diskreditiert, dass sie eigentlich keinen Wert mehr hatte.

Die Ermittlungen bezüglich des Verdächtigen ergaben, dass er als Täter in Betracht kam. Es erging daher ein Haftbefehl, und die Polizei suchte seine Wohnung auf, um ihn festzunehmen. Er war aber nicht da. Nur seine Ehefrau befand sich in der Wohnung, die angab, kein Deutsch zu sprechen, worauf ein Dolmetscher hinzugezogen wurde. Nachdem dieser ihr den Sachverhalt erklärt hatte, sagte die Ehefrau prompt, die Blutflecken auf der Schiebermütze, die sie in der Kammer gefunden hätten, stammten von ihrem Sohn, der sich bei einem Karatekampf verletzt hätte. Es war merkwürdig, dass sie sofort das Blut erwähnte, obwohl der Dolmetscher sie nicht danach gefragt hatte.

Während die Wohnung durchsucht wurde, erschien der Sohn des Beschuldigten und fragte den Dolmetscher sofort, ob sein Vater im Zusammenhang mit dem Frauenmord gesucht werden würde, obwohl dies vorher nicht erwähnt worden war. Die Frage wurde ihm nicht beantwortet.

Bei der Durchsuchung wurde unter anderem ein Notizbuch von 1981 mit Adressen und Telefonnummern gefunden, in dem die Seiten vom 25. 9. 81 bis zum 29. 9. 81 herausgerissen waren. Ganz abgesehen von diversen Flugblättern der «Grauen Wölfe» und zahlreichen Symbolen, wie zum Beispiel Wandteppich und Statue eines grauen Wolfs.

Noch während die Durchsuchung andauerte, rief der Beschuldigte an und fragte nach seinem Sohn. Der Dolmetscher schilderte ihm die Situation und versuchte ihn dazu zu bewegen, in die Wohnung zu kommen. Während des Gesprächs stellte seine Frau plötzlich das Telefon laut und rief ihm zu, er solle nicht nach Hause kommen, man werde ihn sonst festnehmen. Er kam dann auch nicht, sondern stellte sich erst am nächsten Tag in der Kanzlei seines Anwalts, der ihm wahrscheinlich dazu geraten hatte, der Polizei.

Das Alibi, das der Mann für die Tatzeit angab, konnte nicht durch Zeugen bestätigt werden. Bei seiner Vernehmung stellte die Polizei einige Ungereimtheiten fest. Wenn er nicht weiterwusste, erklärte er stets, er sei ein unschuldiger gläubiger Moslem. Er wurde in Untersuchungshaft genommen.

Ich wurde von der Polizei zur Gegenüberstellung mit dem Beschuldigten geladen. Mir wurde gesagt, dass ich durch einen venezianischen Spiegel schauen und unter fünf oder sechs Männern, die gleich gekleidet waren und sich einigermaßen ähnlich sahen, den Täter identifizieren sollte. Ich war sehr aufgeregt und ziemlich panisch. Ich konnte nicht glauben, dass der Mann mich wirklich nicht sehen konnte, und hatte Angst, er werde sich eines Tages an mir rächen. Gleichzeitig hatte ich auch Angst davor, den Mann nicht wieder zu erkennen, schließlich hatte ich ihn ja nur einmal gesehen. Ich erschrak zwar auf der Straße, wenn ich Männern begegnete, die ihm ähnlich sahen. Aber ich hatte das Gefühl, ich könne nicht mehr hundertprozentig sicher sein, auch wenn ich dem Mann gegenüberstand, der auf uns geschossen hatte.

Voller Zweifel, ob ich den Täter wieder erkennen würde, betrat ich den Raum, aus dem ich durch den venezianischen Spiegel schauen sollte. Es ging alles ziemlich schnell. Ich erkannte den Mann sofort, auch unter den fünf anderen Männern, die mit ihm im Raum waren. So wie er da stand, wie er schaute und wie sein Mund aussah, war es genau der Mann, der auf mich geschossen hatte. Mir wurde schwindelig vor Angst, dass er wieder schießen könnte. Ich sah in meiner Phantasie, wie er die Hand in die Innentasche seines Trenchcoats schob, eine Waffe rausholte und auf mich schoss. Einer der Polizeibeamten musste mich stützen, weil ich anfing zu schwanken.

Ich sagte, der Mann mit der Nummer 5 sei der Mann, der auf mich geschossen hätte. Sie wollten wissen, ob ich mir wirklich sicher sei. Ich war mir sicher.

Ich wurde wieder aus dem Raum geführt, und einer der Polizeibeamten fuhr mich zum Arzt, bei dem ich anschließend einen Termin hatte. Ich war aufgeregt, und ich hatte Angst, der Mörder könnte mich nun doch noch umbringen. Nun, da ich ihn wieder erkannt hatte, war ich mir sicher, dass er mich auch wieder erkennen würde, dass ich ihm in Kreuzberg jederzeit begegnen könnte. Er saß zwar zu diesem Zeitpunkt in Untersuchungshaft, aber meine Phantasie ließ sich davon nicht beeindrucken. Mir war so, als ob er jederzeit rauskommen könnte.

Mein Arzt, mit dem ich darüber sprach, riet mir, mein Äußeres zu verändern, damit der Mann mich nicht wieder erkennen könnte. Das war keine so schlechte Idee. Zu dem Zeitpunkt hatte ich lange Haare, die ich sowieso nur sehr schwer pflegen konnte. Also ließ ich sie mir abschneiden. Es war nun das dritte Mal in meinem Leben, dass ich mir wegen eines türkischen Mannes die Haare abschneiden ließ.

Inzwischen waren die Untersuchungen der gefundenen Gegenstände abgeschlossen. Es stellte sich heraus, dass die Blutspuren auf der Schiebermütze die Blutgruppe A aufwiesen. Das Blut konnte weder Neriman noch mir, noch dem Beschuldigten zugeordnet werden. Anders die gefundene Waffe: Es war die Pistole, mit der Neriman erschossen worden war.

Im April 1985 begann schließlich der Prozess gegen den Mann, den außer mir drei weitere Augenzeugen hinter dem venezianischen Spiegel als Täter wieder erkannt hatten. Der Angeklagte war von Beruf Maurer. Dennoch hatte er insgesamt drei Wahlverteidiger. Er selbst verdiente nicht genügend Geld, um seine Anwälte bezahlen zu können. Das Geld für die Verteidiger soll in einer Kneipe namens «Wiener Eck» unter den «Grauen Wölfen» gesammelt worden sein. Das war glaubwürdig, da es nach den polizeilichen Ermittlungen tatsächlich eine Verbindung des Angeklagten zu den «Grauen Wölfen» gab. Die «Grauen Wölfe» demonstrierten damit ihre Macht und Solidarität.

Das war aber nicht genug. Ihre Solidarität mit dem Angeklagten ging so weit, dass sie mir indirekt das Angebot machten, für 40 000 DM meine Aussage zurückzunehmen. Dieser Betrag soll ebenfalls im «Wiener Eck» gesammelt worden sein.

Da ich keinerlei Bereitschaft zeigte, meine Aussage zurückzunehmen, traten sie an meine Eltern heran. Und zwar durch einen Mann, der aus unserem Dorf stammte und mit meiner Mutter sehr entfernt verwandt war. Dieser Mann, Osman, kannte mich seit meiner Kindheit. Er hatte aber offensichtlich mehr Mitgefühl mit dem Angeklagten und seiner Familie als mit mir. Denn er rief bei meinem Vater an und fragte ihn, ob er bereit wäre, sich mit dem Schwager des Angeklagten zu treffen, um die Angelegenheit unter Männern zu klären. Mein Vater war sehr erbost über dieses Angebot und sagte Osman rundheraus, sein Vorschlag sei eine Unverschämtheit. Indirekt hatte Osman damit zugegeben, dass der Angeklagte tatsächlich der Täter war. Leider gab es keine Zeugen für dieses Gespräch. Später erklärte Osman, er habe lediglich im Namen der Menschlichkeit vermitteln wollen. Sehr komisch. Dieser Mann war von Menschlichkeit so weit entfernt wie eine Nonne von Prostitution. Er hatte in seinem Leben kaum gearbeitet und sich von seiner Ehefrau ernähren lassen, die er regelmäßig schlug und betrog. Den ganzen Tag schlief er, um die ganze Nacht in türkischen Cafés Karten zu spielen. Es kam durchaus vor, dass er dabei den gesamten Monatslohn seiner Ehefrau durchbrachte. Meine Eltern hatten oft zwischen den Eheleuten vermittelt, wobei sie, typisch für ihre Generation, vor allem auf die Frau einredeten, die Situation zu ertragen, weil ihre Kinder doch nicht ohne Vater aufwachsen sollten. So sei es nun mal in unserer Kultur, es gebe Männer wie ihren Ehemann. Sie müsse Geduld haben, er werde sich schon bessern und im Alter zur Ruhe kommen.

So erlebten meine Eltern die Solidarität in unserer Großfamilie von ihrer hässlichen Seite.

Während die Polizei den Fall als Mordsache bewertet und entsprechend ermittelt hatte, wurde die Anklage lediglich wegen Totschlags erhoben. Doch dies sollte nicht die einzige böse Überraschung sein.

Es war meine erste Gerichtsverhandlung, und ich war in diesem Prozess sowohl Zeugin als auch Nebenklägerin. Die Sitzordnung während meiner Vernehmung war nicht besonders glücklich gewählt: Ich saß vorn, ganz in der

Nähe des Angeklagten. Uns trennte nur ein Stuhl, auf dem der Dolmetscher saß. Das machte mich nervös und ängstlich, weil ich zwangsläufig die gesamte Übersetzung und die Kommentare des Angeklagten hören musste. Er war sehr aggressiv und wütend und fluchte die ganze Zeit über alle Menschen, die ihn in diese Situation gebracht hätten. Als gläubigem Moslem sei ihm Gerechtigkeit sicher. Die Frauen, die ihn belasteten, würden ihre Strafe bekommen.

Nachdem ich erzählt hatte, was passiert war, wurde ich gefragt, ob sich der Mann, der auf mich geschossen hatte, im Gerichtssaal befinde. Ich sagte: «Ja, er sitzt hier vorne.»

Das reichte den Verteidigern nicht. Sie verlangten von mir, ich solle dem Angeklagten genau in die Augen sehen und sagen, ob er es tatsächlich war. Ich schaute dem Angeklagten also in die Augen und sagte dem Richter erneut, er sei der Mann, der auf mich geschossen habe. Der Angeklagte konnte vor Wut kaum an sich halten. «Du Gottlose», zischte er auf Türkisch. Ich war starr vor Angst.

Seine Verteidiger gaben sich alle Mühe, mich auf eine ziemlich rücksichtslose Art und Weise als hysterisch darzustellen und zu behaupten, ich sei durch die Schussverletzung geistig nicht mehr ganz auf der Höhe. Immerhin hätte ich ein Buch geschrieben, in dem ich meine Familie, insbesondere meinen Vater, beschuldigte, mir das Leben nehmen zu wollen, obwohl diese Gefahr nie bestanden habe. Außerdem hätte ich wohl in der ganzen Schilderung meiner Geschichte sehr übertrieben. So schlimm könne es schließlich nicht gewesen sein. Natürlich hätte ich durch die Verletzung Gedächtnislücken, typischerweise könne sich das Opfer nach einer solchen Tat nicht an die Zeit kurz vorher erinnern, schon gar nicht an das Aussehen des Täters. Diese Unterstellungen machten mir zu schaffen. Unter anderem, weil ich mich selbst schlecht dagegen wehren konnte.

Ich hatte meiner Familie inzwischen von dem Buch erzählt, weil ich erfahren hatte, dass die Verteidiger es in das Verfahren einbringen wollten, um genau wie die Polizei meinem Vater ein Motiv für die Tat zu unterstellen und meine Neigung zur Hysterie zu belegen. Zeitpunkt und Umstände waren unglücklich, doch ich war erleichtert, meinen Eltern endlich davon berichtet zu haben.

Mein Vater wurde also von den Verteidigern gefragt, ob er wisse, dass ich ein Buch geschrieben habe. Er sagte ja, ich hätte ihm das inzwischen erzählt. Weiter wurde er gefragt, ob er es gelesen habe. Er sagte nein, das Buch sei in deutscher Sprache geschrieben, und er könne es nicht lesen. Als der Richter ihn daraufhin fragte, was er grundsätzlich davon halte, dass ich ein Buch geschrieben habe, in dem ich meine Familie kritisiere, erwiderte er: «Wir sind hier in Deutschland, in einem Rechtsstaat. Wenn meine Tochter etwas Unrechtes geschrieben hätte, hätte ein deutscher Verlag das Buch wohl nicht veröffentlicht. Also kann das Buch nichts Verbotenes enthalten.» Im Übrigen sei er stolz auf mich, denn es sei ja wohl schon etwas Besonderes, ein Buch zu schreiben.

Ganz spannend und fast komisch wurde es in dem Prozess aber erst, als der Mann vom Berliner Verfassungsschutz vernommen wurde. Auf die Frage des Richters, was er zu den «Grauen Wölfen» sagen könne, erwiderte er, nach seiner Information gebe es in Berlin keinen eingetragenen Verein namens «Graue Wölfe», folglich könne er dazu nichts sagen. Damit war das Thema für das Gericht erledigt.

Mein Anwalt versuchte, das Gericht mit umfangreichem Material über die «Grauen Wölfe» zu informieren. Der Vorsitzende Richter wollte nicht so viel davon wissen. Auch er hielt eine politische Motivation von Anfang an für unwahrscheinlich.

Der Prozess zog sich über sechs Verhandlungstage hin und kam mir vor wie ein schlechter Film. Die Polizei hatte so viele Fehler bei den Ermittlungen gemacht, dass einige sehr wichtige Beweise, die den Angeklagten überführen sollten, nicht verwertet werden durften. Einigen Beweisen kam nicht der volle Wert zu, weil sie durch falsche oder fehlerhafte Methoden erlangt wurden. So wurde zum Beispiel meine Aussage tatsächlich minderbewertet, weil die Polizei mir vor der Gegenüberstellung einzelne Bilder des Angeklagten gezeigt hatte. Somit sei nicht mehr deutlich, ob ich den vermeintlichen Täter nach meiner eigenen Erinnerung erkannt hatte oder meine Erinnerung durch die einzelnen Bilder des Angeklagten beeinflusst worden war.

Die Verteidiger des Angeklagten konnten nachweisen, dass das Phantombild einem Passbild des Angeklagten sehr ähnlich war. Die Kopfhaltung, die Augen, sogar die weißen Punkte in den Pupillen, die durch das Blitzgerät entstehen, der Mund und einiges mehr waren ziemlich identisch abgebildet, sodass man den Eindruck gewinnen konnte, das Phantombild sei vom Passfoto des Angeklagten abgezeichnet worden. Weder die beiden Zeuginnen Elif und Filiz, nach deren Aussage das Phantombild entstanden war, noch der Polizeibeamte, der die Zeichnung angefertigt hatte, konnten sich zu diesem Umstand äußern. Sie konnten sich gar nicht mehr daran erinnern, wie das Phantombild überhaupt entstanden war. Es war schon zu viel Zeit vergangen.

Einer der Hauptbelastungszeugen bekam, während er vor dem Gerichtssaal auf seine Vernehmung wartete, einen epileptischen Anfall. Er war sehr aufgeregt und ängstlich. Der Zeuge wurde schließlich später unter Ausschluss der Öffentlichkeit und des Angeklagten vernommen, weil er Angst vor dem Angeklagten hatte. Der Zeuge konnte sich aber plötzlich an nichts mehr erinnern, obwohl gerade sein Hinweis an die Polizei zur Festnahme des Angeklagten geführt hatte. Er hatte nämlich gesagt, dass der Angeklagte dem Phantombild ähnlich sehe und einige Tage nach dem Attentat seinen Bart abgeschnitten habe. Nun nahm er seine Aussage zurück, ganz offensichtlich aus Angst. Aber niemand konnte ihn zwingen, etwas zu sagen.

Das Phantombild und die vielen Beweisverwertungsverbote führten dazu, dass auch die Aussagen der anderen Augenzeuginnen nicht mehr viel Wert hatten. Somit wurde der Angeklagte «in dubio pro reo» freigesprochen und erhielt für die Untersuchungshaft eine finanzielle Entschädigung.

Ich bekam nach dem Gesetz für Opfer von Gewalttaten keine Entschädigung, weil ich türkische Staatsangehörige war.

Die Revision, die mein Anwalt einlegte, hatte keinen Erfolg. Hier hieß es ebenfalls, es bestehe kein Anlass, nach einem politischen Motiv zu suchen.

Nach dem Prozess zog ich aus Kreuzberg weg, weil der freigesprochene Angeklagte am U-Bahnhof Görlitzer Park wohnte und heute noch wohnt. Das war genau eine

U-Bahn-Station von meiner Wohnung entfernt. Das Risiko, ihm auf der Straße zu begegnen, war zu groß.

Vier Jahre lang konnte ich das Viertel nicht mehr betreten. Kreuzberg war für mich plötzlich nicht mehr das Leben, sondern der Tod.

Kapitel 10

Jura und Hausbesetzung

Der Prozess und das Ergebnis hatte sehr viele Menschen ziemlich mitgenommen. Die unmittelbar Beteiligten natürlich am meisten. Jede von uns ging damit anders um und musste versuchen, wieder ein relativ normales Leben zu beginnen. Man hätte schon daran verzweifeln können, wie die Ermittlungen und der Prozess abgelaufen waren, aber das half wenig. Mein Anwalt sagte zu mir, es sei ein sehr fairer Prozess für den Angeklagten gewesen. Ich konnte ihm für diese Bemerkung nicht mal böse sein. Er hatte Recht. Bei den Ermittlungsfehlern, die gemacht worden waren, war es gar nicht so abwegig «in dubio pro reo» zu entscheiden. Schließlich war das Gericht nicht dazu da, die fehlenden oder fehlerhaften Ermittlungen zu korrigieren oder zu ergänzen.

Das Leben sollte also weitergehen oder neu begonnen werden. So einfach war das für mich aber nicht. Ich hatte so viel mit meinen körperlichen Leiden und Ängsten zu tun, dass ich sehr wenig am Leben teilnahm. Ich war nie gern allein, wahrscheinlich, weil ich aus einer großen Familie komme. Aber nun war das Alleinsein etwas Unmögliches geworden. Entweder benötigte ich jemanden für alltägliche Dinge, oder ich fürchtete, dass mich der freigesprochene Mann verfolgen und nun doch noch umbringen könnte. Nachts war es immer am schlimmsten. Dann kam die nackte, hässliche Angst, die durch den ganzen Körper ging. Nur wenn Menschen um mich herum waren, fühlte ich mich in Sicherheit.

Ein wichtiger Bestandteil meines Lebens vor dem Attentat war das Jurastudium gewesen. Ich wollte nie etwas anderes studieren und nie etwas anderes werden als Anwältin. Das Studium gefiel mir von Semester zu Semester immer besser.

Ich war im dritten Semester, als ich angeschossen wurde, und hatte nur entsprechend wenige Scheine gemacht. Wegen der Verletzungen und Schmerzen konnte ich das Studium in absehbarer Zeit nicht weiterführen. Ich war gezwungen, mein Jurastudium unfreiwillig zu unterbrechen, bis mein gesundheitlicher Zustand es erlaubte, wieder zu studieren.

Ich wollte aber nicht so lange unterbrechen und begann deshalb gegen Ende des Jahres, in dem der Prozess stattfand, Vorlesungen zu hören und mich wieder in die Uni zu integrieren. Es gab keine Stelle an der Uni, die mir dabei geholfen hätte, mich wieder einzugewöhnen. Zumindest kannte ich damals keine. Erst viele Jahre später erfuhr ich, dass es einen studentischen psychologischen Dienst gibt, der für solche Fälle zuständig ist.

Ich mühte mich also ganz allein ab und beschloss, mich auf ein Fach zu konzentrieren und darin den großen Schein zu machen. Aus Termingründen fiel meine Wahl auf Strafrecht. Die Themen der Hausarbeit waren Tötungsdelikte. Ich überlegte kurz, ob es eine gute Entscheidung wäre, zu diesem Zeitpunkt eine solche Arbeit zu schreiben. Aber ich hatte nicht angefangen, Jura zu studieren, weil ich an Gerechtigkeit glaubte, die ich als Rechtsanwältin für irgendjemanden durchsetzen wollte. Also durfte ich mich durch die vermeintliche Ungerechtigkeit in unserem Prozess fachlich nicht irritieren lassen.

Ich hatte mit 15 Jahren beschlossen, Jura zu studieren, weil ich sah, dass es keine Gerechtigkeit gab. Menschen hatten Glück oder Unglück mit ihrer Herkunft, und damit hatten sie mehr oder weniger Rechte. Es gab im Wesentlichen zwei Sorten von Menschen. Nämlich Männer und Frauen. Was für den einen selbstverständlich und sein gutes Recht war, war noch lange nicht ihr gutes Recht.

Letztlich war es das rigide, ausländerfeindliche Verhalten deutscher Behörden gegenüber Ausländern, die ihre Rechte nicht kannten, und meine eigene Unterdrückung, weil ich ein Mädchen war, was mich zum Jurastudium gebracht hatte.

Ich hatte vor, die Juristerei mit meinen politischen Idealen zu verknüpfen und mich hauptsächlich für Frauenrechte einzusetzen. Daran sollte und durfte so ein Attentat nichts ändern. Im Gegenteil. Das Attentat war eine Attacke gegen Frauen, die sich für diese Rechte einsetzten. Gerade jetzt durfte ich nicht nachgeben, sonst hätte ich einen meiner wichtigsten Lebensinhalte verloren. Und damit wäre ich sicherlich nicht glücklich geworden.

Ich machte also mit viel Mühe und einiger Unterstützung von Freunden den großen Schein im Strafrecht. Meine Konzentrationsfähigkeit war ziemlich reduziert. Nur um die Scheine zu machen, wollte ich auch nicht zur Uni gehen. Ich wollte verstehen und etwas lernen, so wie in den ersten drei Semestern. Um den Anschluss zu bekommen, musste ich wieder von vorn beginnen und parallel auch Vorlesungen aus den ersten Semestern besuchen. Diese Belastung hielt ich aber nicht lange durch und unterbrach das Studium bis auf weiteres wieder.

Dass ich nicht studieren konnte, machte mir sehr viel aus, aber ich konnte nichts daran ändern. Ich musste zusehen, dass es mir körperlich besser ging. Ich konnte mich einfach nicht lange konzentrieren, weil ich ständig von den Schmerzen und Erinnerungen an das Attentat abgelenkt wurde.

Nachdem ich nach mehr als einem Jahr meine Arme wieder einigermaßen einsetzen konnte, fing ich an zu stricken und machte in dem Selbsthilfeprojekt, wo wir inzwischen wohnten, handwerkliche Arbeit, soweit meine Kräfte es zuließen, um die Arme zu stärken. Wenn ich einkaufen ging, musste ich genau überlegen, wie viel ich kaufte. Mehr als fünf Kilo konnte ich nicht über längere Entfernungen tragen. So richtete ich mir also zunächst ein Leben ohne Uni ein.

Da Kreuzberg für mich tabu war, musste ich mein Privatleben auch neu gestalten. Die Gefahr, dem Attentäter in Kreuzberg zu begegnen, war zu groß. Es wurmte mich sehr, dass ich dermaßen eingeschränkt war, aber ich wusste, dass diese Zeit auch vorübergehen würde, und versuchte, sie sinnvoll zu nutzen.

Zum Beispiel war ich seit fünf Jahren nicht in der Türkei gewesen, weil ich mich von meiner Familie entfernt hatte und die Verwandten meinen Lebenswandel missbilligten. Ich dachte, es wäre nun eine gute Gelegenheit, mich der Familie wieder zu nähern. Also fuhr ich mit meiner Mutter nach Istanbul. Die meisten Verwandten nahmen mich freundlich auf. Sie hatten sehr viele hässliche Gerüchte über das Attentat gehört. Es war gut, dass ich sie aufklären konnte.

Bei dieser Fahrt gab es auch eine kurze Begegnung mit meinem Cousin Mustafa, mit dem ich mich seinerzeit verlobt und es mir in Deutschland anders überlegt hatte. Wir wurden aber nicht allein gelassen, weil er inzwischen verheiratet war. So konnte ich mich mit ihm nicht aussprechen, wir konnten uns nur irritiert ansehen, denn wir hatten beide nicht damit gerechnet, einander zu begegnen. Mein Aussehen war ein ziemlicher Schock für ihn, wie für alle anderen auch. Ich hatte kurze Haare und einige Kilo zugenommen. Ich sah nicht besonders attraktiv aus, eher wie ein 14-jähriger türkischer Junge. So sagten jedenfalls meine Verwandten. Und der schiefe Mund fiel ihnen sofort auf. Sie rieten mir, nicht zu lachen, das sähe besonders schlimm aus. Es tat weh, aber ich gehorchte und passte auf, nicht mit offenem Mund zu lachen. Im Übrigen war ich aber nicht auf den Mund gefallen und diskutierte mit ihnen heftig wie eh und je. Sie rieten mir, mich von politischen Gruppierungen fern zu halten. Ich hätte ja gesehen, was passiere, wenn man sich in politische Dinge einmische. Es sei an der Tagesordnung, dass Menschen umgebracht würden, wenn sie unangenehm werden. So würde auch in der Türkei Politik betrieben. Um wenigstens ein bisschen Ruhe zu haben, versicherte ich, dass ich ganz bestimmt nichts Politisches mehr machen würde.

Im selben Jahr fuhren Stefan und ich endlich zusammen in die Türkei. Jetzt, wo alle wussten, dass wir ein Paar waren und zusammenlebten, konnten wir auch zusammen hinfahren. Endlich konnte ich Stefan unser *Gecekondu* zeigen, das jetzt anderen Leuten gehörte, und den Ort, an dem ich die ersten sechs Jahre meines Lebens verbracht hatte.

Es war ein schöner, aber auch anstrengender Urlaub. Wir fuhren viel mit dem VW-Bus herum und sahen wunderschöne Ecken der Türkei. Doch die Tatsache, dass eine schwarzhaarige junge Frau wie ich, ganz offensichtlich Türkin aus Deutschland, mit einem strohblonden, ganz offensichtlich deutschen Mann zusammen war, gefiel den wenigsten Menschen, denen wir begegneten. Es gab sogar Campingplätze, auf die sie uns ohne Heiratsurkunde nicht lassen wollten. An jeder Tankstelle wurden wir lange taxiert und ausgefragt. Ganz besonders interessiert waren sie daran, warum Stefan einen Ohrring trug. Einige machten deutlich, dass in der Türkei, zu dieser Zeit, nur Schwule Ohrringe trügen. Andere wollten wissen, ob man in Deutschland Ohrringe wie Trauringe trage. Insgesamt waren die meisten zwar hilfreich und freundlich, aber im Ergebnis war sich die Mehrheit einig: «Kind, du bist so hübsch, du hättest auch einen Türken kriegen können.» Offensichtlich durften hässliche Türkinnen eher mit einem Mann einer anderen Nationalität liiert sein.

Für viele Männer war ich so etwas wie Freiwild. Eine wie ich, die in der Türkei mit einem Deutschen auftauchte, musste ja leicht zu haben sein. Stefan und ich amüsierten uns eher über diese Logik, bis einige Männer an einigen Stränden richtig aufdringlich wurden. Dann war es alles andere als komisch.

Aber es gab auch sehr lustige Szenen auf einigen Campingplätzen, wo vor allem Einheimische Urlaub machten. Stefan kümmerte sich auch auf unseren Reisen viel um Wäsche und Abwasch. Das irritierte einige Frauen. Einmal wollten ihm ein paar Frauen sogar das Geschirr aus den Händen reißen und für ihn den Abwasch machen. Es kam auch schon mal vor, dass ich von einigen Frauen sehr kritisch angestarrt wurde, weil ich irgendwo lag und las, während Stefan arbeitete.

Auch in meiner Familie und bei meinen Verwandten wurde es nicht begrüßt, dass Stefan half. Nicht weil er Gast, sondern vor allem weil er ein Mann war, sollte er sich bedienen lassen. Wie sollen Männer lernen, dass sie auch im Haushalt mitarbeiten müssen, wenn Frauen es aus den verschiedensten Gründen doch nicht ertragen, zuzusehen, wie ein Mann Tee kocht und serviert? Solche Szenen habe ich mit Stefan viel zu oft erlebt. Irgendwann konnte ich nicht mehr darüber lachen, wenn Verwandte ihm das Tablett aus der Hand rissen, wenn er gerade damit auf dem Weg zur Küche war.

Das Verhältnis zu meiner Familie besserte sich nach dem Attentat mit Riesenschritten. Meine Eltern liebten Stefan bald regelrecht und akzeptierten sogar, dass wir nicht heirateten. Ich hatte ihnen erklärt, ich bekäme kein BAföG, wenn wir heirateten, und sie würden doch bestimmt nicht wollen, dass ich finanziell von einem Mann abhängig sei. Mit diesem Argument, was irgendwie auch tatsächlich zutraf, konnte ich sie absolut überzeugen.

Mein Bruder Kemal hatte inzwischen mein Buch gelesen und war zunächst ziemlich sauer, dass ich ihn darin so schlecht dargestellt hatte. Aber als ich ihm sagte, dass es eigentlich weitaus schlimmer gewesen war und er froh sein solle, dass ich nicht noch mehr ins Detail gegangen sei, wurde er zwar erst noch ärgerlicher, aber nach einem halben Jahr gab er nach und sagte, dass ihm alles, was in unserer Kindheit passiert sei, sehr Leid tue. Er hätte auch nichts dafür gekonnt, als ältester Bruder sei er nun mal so erzogen worden. Unsere Eltern hätten ihn in eine Rolle gedrängt, die ihm auch nicht gefallen hätte.

Mein Mitleid hielt sich in Grenzen. Aber es war schon mal was, dass er sich überhaupt Gedanken machte. Er erklärte, er habe sich immer gewünscht, Erzieher zu werden, so wie einige seiner Mitschülerinnen. Aber als Junge hätte er sich nicht getraut, so etwas unseren Eltern zu sagen. Er sollte etwas Männliches lernen, deshalb hatte er mit einer Elektroinstallateurlehre begonnen. Diese Lehre brach er nach zwei Jahren ab, weil eines Tages 50 DM verschwunden waren und er als einziger Ausländer beschuldigt wurde, sie genommen zu haben. Davor waren schon viele ausländerfeindliche Äußerungen gefallen, die er immer geschluckt hatte, aber das war zu viel. Er kam einfach nach Hause und ging nicht mehr hin. Als sich herausstellte, dass jemand anders das Geld genommen hatte, versuchte man ihn zurückzuholen, aber er wollte nicht. Niemand konnte ihn überreden. Er hatte sich nicht an Deutschland gewöhnt, wollte es auch nicht. Er kümmerte sich nicht etwa um eine andere Lehre, sondern fing nach ein paar Monaten in der Fabrik an, in der unsere Eltern arbeiteten. Dort seien wenigstens nicht so viele Deutsche, die ihn feindselig behandelten. In der Fabrik arbeitete er dann zehn Jahre, bis er schließlich mit meiner Hilfe die Erzieherschule anfing und mit Hilfe seiner Frau auch abschloss. Während seiner Erzieherausbildung wurde er zum zweiten Mal mit dem

Buch konfrontiert, das ich als Koautorin geschrieben hatte. Es wurde im Unterricht durchgenommen. Er verheimlichte nicht, dass eine der beiden Geschichten die seiner Schwester war. Er wirkte plötzlich sogar ganz stolz, als er mir davon erzählte.

Er hatte sich mittlerweile mit meiner Cousine Mariye vertragen und sie nach der Scheidung wieder geheiratet. 1986 bekamen sie eine Tochter, bei deren Geburt ich dabei war. Mariye wollte sie unbedingt Seyran nennen. Ich hatte nichts dagegen. Irgendwie kam es mir aber wie eine Strafe für meinen Bruder vor. Nun würde er sein Leben lang eine Seyran um sich haben, die er nicht so leicht loswurde wie mich. Als das zweite Kind auch ein Mädchen wurde und er von drei Frauen umgeben war, dachte ich: Das Leben setzt sich durch.

Im Sommer 1987 machte ich einen neuen Versuch, das Studium wieder aufzunehmen. Es klappte auch schon viel besser als zwei Jahre zuvor. Ich hatte mich an die ständigen Schmerzen gewöhnt, sie waren ein Teil meines Körpergefuhls geworden. Da ich nicht mehr gegen die Schmerzen ankämpfte, konnte ich mich auch besser konzentrieren.

Es war schwer, Leute zu finden, denen ich mich anschließen konnte. Ohne eine Arbeitsgruppe oder zumindest Bezugsgruppe ist ein Studium wohl in jedem Fach ziemlich einsam. Wiederum konzentrierte ich mich nur auf ein Fach und machte einen weiteren großen Schein, diesmal im öffentlichen Recht.

Kaum hatte ich mich an die Uni einigermaßen gewöhnt, waren schon wieder Semesterferien, und ich hatte Stefan versprochen, mit ihm für mindestens acht Wochen Richtung Türkei zu fahren. Stefan hatte nämlich mittlerweile seine Beurlaubung für ein Jahr und langweilte sich ein wenig in Berlin. Als wir losfuhren, steckten wir schon wieder in einer Krise. Ich wollte eigentlich in Berlin bleiben und versuchen, mich ernsthaft dem Studium zu widmen. Es fing sehr langsam an, aber es tat gut, wenigstens in kleinen Schritten voranzukommen. Ich konnte Stefan aber auch verstehen, also fuhren wir mit unserem neuen VW-Bus los, den Stefan extra für diese Reise gekauft hatte.

Ich war mitten in einer Sinnkrise. Das Leben schien an mir vorbeizugehen. Ich fand mich zu jung für das ruhige und abgeklärte Dasein, das ich mit Stefan führte. So fuhren wir zwar gemeinsam in den Urlaub Richtung Türkei, ich erklärte ihm aber bald, ich wolle zurück nach Deutschland. Wir waren uns einig, dass wir uns trennen würden. Er fuhr mich zu meinen Eltern, in die Nähe von Istanbul, und kehrte allein wieder zurück ans Mittelmeer, während ich nach Deutschland aufbrach. In Berlin fing eine neue Zeitrechnung für mich an.

Eines Tages erhielt ich einen Anruf von Elif, die mich fragte, ob ich nicht Lust hätte, in einem Film mitzuwirken. Die Rolle sei mir wie auf den Leib geschrieben, ein türkisches Mädchen, das von zu Hause abgehauen sei. Ich hätte ja in einem Buch meine Geschichte erzählt, dann könnte ich doch versuchen, sie auch zu spielen. Sie würden für den Film ohnehin keine professionellen Schauspielerinnen suchen. Ich meldete mich bei dem Regisseur, der mich zum Vorspielen einlud. Meine Narbe am Hals machte mir zu schaffen, aber ihm schien sie besonders gut zu gefallen. Damit sah ich schon rein äußerlich sehr verletzt aus. Ich musste für den Film insgesamt zwei Monate nach Hamburg ziehen und reiste ab, bevor Stefan wieder in Berlin ankam. Irgendwie war das praktisch. So hatten wir genug Distanz voneinander.

Der Film heißt «Kopffeuer» und handelt von vier gestrandeten Jugendlichen, drei Jungs und einem Mädchen, die sich zufällig auf der Straße kennen lernen und versuchen, sich in einer alten Fabrikhalle im Hamburger Hafen ein gemeinsames Zuhause zu schaffen. Der eine ist ein schwuler Stricher, der andere ein Ex-Dealer, der dritte kam gerade aus Japan und war auf den Weg nach London, um dort Musik zu machen. Das türkische Mädchen war mir nicht unbedingt auf den Leib geschrieben, weil es im Gegensatz zu mir sehr depressiv war. Ich musste mich ständig bremsen, um melancholisch zu wirken.

Der Film war genau das Richtige nach der Trennung von Stefan. Meine Eltern fanden das Ganze natürlich nicht besonders gut. Zum einen, weil ich für zwei Monate Berlin verlassen musste, zum anderen, weil sie befürchteten, dass ich doch nicht mehr Jura studieren würde. Es gefiel ihnen einfach nicht, dass sie mich selten sahen.

Ich hatte aber plötzlich mein eigenes Leben entdeckt, ganz unabhängig von Familie und Freund. Das stieß in meiner Umgebung auf heftige Kritik. Es hieß, ich verhielte mich spätpubertär. Na und?, dachte ich. Lieber mit 24 Jahren spätpubertär als gar nicht.

Ich lebte endlich mein Leben. Ich genoss das Nachtleben in Hamburg und später auch in Berlin ziemlich exzessiv, ohne Drogen, aber mit viel Alkohol. Wobei ich sagen muss, dass ich nie daran dachte, den Rest meines Lebens so zu verbringen.

Bis zu diesem Zeitpunkt waren Discotheken für mich keine interessanten Orte. Ich tanzte für mein Leben gern. Aber Tanzen war für mich immer etwas Geselliges mit anderen Menschen, die man mag und mit denen man etwas Bestimmtes feiert. Dagegen fand ich es eigenartig, in eine Disco zu gehen, nur einige wenige Menschen zu kennen und meist für sich allein zu tanzen. Bis ich auf den Geschmack gekommen war und zwei- bis dreimal in der Woche tanzen ging. Die Schmerzen im Arm schränkten mich auch hier ein. Ich konnte nicht zu Zeiten tanzen, wenn die Tanzfläche noch ganz voll war. Jede Berührung durch andere verursachte ein unangenehmes Brennen in meinem Arm. Daran hat sich bis heute nichts geändert. Ich meide volle Tanzflächen und halte mich gern abseits. Diese Details sind nicht sichtbar, beeinträchtigen aber mein Leben sehr. Sie beeinflussen mein Verhalten zu anderen Menschen, was ich aber nicht immer erklären kann, weil nicht jede Zeit und jeder Ort dafür geeignet ist.

Ich interessierte mich also nicht mehr nur für ernste Themen, politische Veranstaltungen und Demos, ich wollte das andere Leben genießen. Dazu gehörte auch, in den Tag hineinzuleben und ins Bett zu gehen, wenn andere sich auf den Weg zur Arbeit oder zur Uni machten. Ich verliebte mich abwechselnd in Männer und Frauen. Es war ein unbeschwertes Dasein, aber auch ein inhaltsloses. Je mehr ich von dieser Vergnügungswelt mitbekam, desto deutlicher wurde mir, dass ich eigentlich etwas anderes wollte.

Hinzu kam, dass meine Eltern sich entschieden hatten, in die Türkei zurückzukehren. Sie sagten, sie wollten nicht in Deutschland sterben. Außerdem seien die deutschen

Kollegen immer ausländerfeindlicher geworden. Früher hätte es in den Toilettenräumen keine ausländerfeindlichen Schmierereien gegeben. Jetzt würde dort überall *Ausländer raus* und *Deutschland den Deutschen* stehen. Meine Mutter war regelrecht gekränkt und beleidigt von dieser Feindlichkeit. Sie kränkelte ohnehin seit ihrer Ankunft in Deutschland, aber nun schien es, als ob sie nie mehr gesund werden würde. Ihr halbes Leben verbrachte sie bei Ärzten. Sie war als junge gesunde Frau nach Deutschland gekommen und ging als alte kranke Frau zurück nach Istanbul.

Mein Vater rief mich eines Tages in Hamburg an und bat mich um Erlaubnis, zurückzukehren. Er halte es in Deutschland nicht mehr aus und wolle die Zeit, die ihm bleibe, nicht in der Fremde verbringen müssen. Er bat mich tatsächlich um Erlaubnis, weil er meinte, dass ich wohl am meisten darunter leiden würde, wenn sie zurückgingen. Als ich mit ihm telefonierte, wusste ich nicht, dass es mir tatsächlich so viel ausmachen würde. Sie ließen sich nicht davon abbringen, und eigentlich habe ich mich auch gar nicht ernsthaft darum bemüht, sie zu überreden. Ich dachte, wenn es ihr Wunsch ist, in der Türkei zu leben, sollen sie doch zurückgehen. Ich will schließlich auch mein Leben leben.

So brachen unsere Eltern auf und ließen uns Kinder alle zurück in Berlin. Sie zogen in ein Dorf namens Selimpaşa, wo früher ebenfalls mehrheitlich Armenier gewohnt hatten. Kemal und Serpil, die mitgehen wollten, durften nicht mit. Meine Eltern waren der Ansicht, dass sie in Deutschland ein besseres Leben hätten.

Mir ging es in den Monaten zuvor schon nicht besonders blendend, auch wenn ich das Nachtleben genoss und mich oft sehr gut amüsierte. Mir fehlten ein Sinn und ein Ziel in meinem Leben. Das Jurastudium konnte ich immer noch nicht wieder aufnehmen, weil ich weiterhin extreme Konzentrationsschwierigkeiten hatte.

Noch schlechter ging es mir jedoch, als ich wieder in Berlin war. Ich konnte kaum noch entspannen oder schlafen, ich grübelte den ganzen Tag. Da gerade Semesterferien waren und ich sowieso keinen Neustart an der Uni probieren konnte, beschloss ich, zu meinen Eltern in die Türkei zu fahren und mich ein wenig verwöhnen zu lassen. Meine Eltern hatten mich nie verwöhnt, ich weiß auch nicht, wie ich darauf kam, dass sie es plötzlich tun könnten. Es war keine gute Idee. In der Türkei ging es mir noch viel schlechter. Ich litt unter Todesängsten und Panikattacken. Schlafen konnte ich kaum noch oder nur für ein paar Minuten. Es war wie damals im Krankenhaus. Ich hatte Angst zu sterben, wenn ich einschliefe. Ich hatte aber auch beim Laufen oder Sitzen Angst, plötzlich tot umzufallen.

Meine Eltern konnten mit der Situation gar nicht umgehen. Im Gegenteil, meine Mutter schüttete mir weiterhin ihr Herz aus und redete ununterbrochen über ihre Probleme mit meinem Vater und den anderen Verwandten, wenn sie nicht gerade über ihre tausend Zipperlein klagte. Da mein Zustand von Tag zu Tag bedenklicher wurde, ging ich in Istanbul zu einem Neurologen, der mir Beruhigungstabletten verschrieb. Die Tabletten halfen nicht. Ich musste so schnell wie möglich zurück nach Berlin und mich richtig untersuchen lassen. Es war nicht möglich, meinen Rückflug umzubuchen, also ließ ich ihn verfallen und fuhr mit meinen beiden Brüdern und meinem Vater im Auto zurück nach Berlin.

Dort verschlimmerte sich mein Zustand weiter. Ich hatte ein ganz komisches Körpergefühl. Es war, als ob ich mich auflösen würde. Ich lebte hinter einem Schleier und hatte einen ständigen Druck im Kopf, Schwindelanfälle und das Gefühl, jede Sekunde tot umzufallen. Ich versuchte mich mit allen möglichen Mitteln zu beruhigen: Schafe zählen, Entspannungsübungen, Beruhigungstees und -bäder, Spaziergänge – nichts half.

Die Neurologen, die ich aufsuchte, taten so, als ob ich nichts Besonderes hätte. Das würde schon vorbeigehen. Ich hätte ganz einfach Depressionen. Man sagte mir auch, es handele sich um so genannte posttraumatische Belastungsstörungen. Es wurden alle möglichen Untersuchungen gemacht, die ergaben, dass ich körperlich absolut gesund war. Ich hatte ein psychisches Problem. So etwas war mir bis dahin fremd gewesen. Vor allem war es nicht zu sehen und damit nicht zu greifen. Das machte mir noch mehr Angst.

Nachdem sich mein Zustand nicht von allein bessern wollte und ich vor lauter Schlaflosigkeit ganz verzweifelt war, brachte mich meine Ex-Lehrerin und gute Freundin Anneliese in die Krisenintervention des Moabiter Krankenhauses. Damit tat sie mir einen riesengroßen Gefallen. Denn dort erfuhr ich, es sei kein Wunder, dass es mir so schlecht ginge. Es sei häufig zu beobachten, dass Opfer von Gewalttaten sich erst um ihr körperliches Befinden kümmerten, und wenn sie körperlich wieder einigermaßen fit seien, melde sich die Psyche. Eine meiner Therapeutinnen sagte später, wenn ich ungeduldig wurde, immer wieder:

«Die Seele geht zu Fuß.» Ein sehr treffender Vergleich. Sie hatte vollkommen Recht. Meine Seele hatte vier Jahre gebraucht, um zu merken, dass mir etwas Schlimmes widerfahren war. Sie sagten mir auch, ich hätte ganz einfach einen Nervenzusammenbruch. Ich sei überfordert. Da sich mein Zustand weiter verschlechterte, wurde mir empfohlen, mich für drei Monate in stationäre Behandlung zu begeben. Man riet mir, ins Klinikum Steglitz zu gehen. Ich musste warten, weil es keinen freien Platz gab.

Dummerweise war ich gerade in dieser Zeit umgezogen, weil ich mit der Situation, dass Stefan im vierten Stock und ich im zweiten Stock wohnte, nicht gut klarkam. Ich zog nach Kreuzberg zu einem Freund. Dort hatte ich zum ersten Mal, seit ich meine Familie verlassen hatte, Selbstmordabsichten. Ich stand am Fenster im vierten Stock und dachte, ich müsste mich hinausstürzen. Das machte mir ziemliche Angst. Okay, dachte ich, die Wohnsituation scheint nicht das Richtige für mich zu sein. Also zog ich nach nur zwei Monaten wieder um, diesmal in eine Lesben-WG.

Ich hatte wirklich große Lust, endlich nur mit Frauen, noch besser nur mit Lesben, zusammenzuwohnen. Aber es war nicht die richtige Zeit dafür. Es waren zu viele Trennungen, zu viele Umzüge und zu viele Veränderungen in meinem Leben gewesen, ich hatte das Attentat nicht verarbeitet, und die Todesängste ließen mich nicht los. Schließlich ging ich selbst in die Klinik, um meine Seele behandeln zu lassen.

Ich blieb insgesamt drei Monate in der psychosomatischen Abteilung. Sehr schnell akzeptierte ich, dass ich die Sache mit dem Attentat und, wie das so üblich ist bei Therapien, auch einiges aus meiner Kindheit behandeln musste. Für meinen Geschmack ging es mit der Therapie zu langsam. Ich sagte den Ärzten, dass ich ihnen nun alles erzählt hätte, was ich erlebt hatte und woran ich mich erinnern konnte. Also müsste es mir doch besser gehen. Die behandelnden Ärztinnen meinten, ich müsse nicht weiterhin die Powerfrau sein. Ich müsse mir etwas Ruhe gönnen. Auch wenn ich offen sei und alles erinnere und erzähle, ginge es nicht so schnell. Ich verstand ehrlich gesagt wirklich nicht, worum es ging. Die klassische Psychoanalyse war offensichtlich keine große Hilfe für mich. Aber die Ärztinnen und ganz besonders die Krankenkasse kannten bzw. zahlten für keine andere Therapieform.

Ruhe, die ich mir gönnen sollte, war für mich ein Fremdwort oder besser gesagt ein Unwort. Ruhe bedeutete für mich immer Tod. Wenn ich sterbe, habe ich genug Ruhe. Hört sich sehr platt an. Aber ich dachte nicht, dass ich ein besonders tolles, aufregendes Leben gehabt hatte, um mich nun zurückzuziehen. Ich wollte doch gerade wieder anfangen zu leben. Statt Ruhe brauchte ich eher schöne Aktivität. Ganz unabhängig davon, dass ich Verständnis für meinen Zustand benötigte.

Posttraumatische Belastungsstörungen sind heute anerkannte Folgen einer Verletzung aufgrund einer Gewalttat. Aber seinerzeit musste ich viel Kraft aufwenden, um glaubhaft zu machen, dass ich etwas mitgenommen war, weil ein Mann aus einer Entfernung von knapp zwei Metern auf mich geschossen hatte und ich dabei fast gestorben wäre.

Die Berufsgenossenschaft war erst nach zwei Rechtsstreitigkeiten, die zu meinen Gunsten entschieden wurden, und 16 Jahren, die vergangen waren, bereit zuzugestehen, dass mir da etwas Schlimmes passiert sei. Halleluja.

Ich lebte also für eine Weile in ziemlicher Dunkelheit und sah in der Ferne nur ein Licht. Das Licht schien nicht unerreichbar, deshalb kämpfte ich nun um meine Seele und begann eine Psychotherapie. Ich wollte unbedingt wieder mit dem Studium beginnen, und so erklärten wir, meine Therapeutin und ich, dies zum Ziel der Therapie. Da ich aber weder lesen noch mich konzentrieren und aufgrund meiner Angstzustände nicht einmal U-Bahn fahren konnte, war an eine sofortige Wiederaufnahme des Studiums nicht zu denken.

Also ging ich dreimal die Woche zur Therapie und versuchte mein übriges Leben zu ordnen. Ich hatte eine komplizierte Liebesbeziehung zu einem deutschen Alkoholiker, verliebte mich in Frauen, mit denen ich mir aber eine Beziehung nicht vorstellen konnte, weil ich der Ansicht war, dass ich meine Leidenschaft für Frauen nur sexuell ausleben könnte und sie für eine Beziehung nicht geeignet seien. Ich war der Überzeugung, dass Frauenbeziehungen nicht funktionieren könnten. Bis ich mich in eine Türkin verliebte, die in mir die schönen Seiten der türkischen Kultur in Erinnerung rief. Ich änderte gleichzeitig meine Meinung über Beziehungen zu Frauen. Sie kamen durchaus als Partnerinnen in Betracht.

Zu meiner Familie hatte ich ein distanziertes Verhältnis. Sie wussten und akzeptierten, dass es mir nicht besonders gut ging. Daher waren sie nicht böse und verlangten auch nicht, dass ich sie besuchen sollte. Bei Feierlichkeiten konnte es passieren, dass ich nach zehn oder zwanzig Minuten wieder ging, ohne dass jemand sauer war. Sie hatten erkannt und eingesehen, dass mein Zustand auch mit ihnen zu tun hatte, und wollten alles wieder gutmachen, was wieder gutzumachen war. Ich konnte Tag und Nacht zu ihnen kommen. Zum Beispiel hatte ich einen Schlüssel zu der Wohnung meines ältesten Bruders, der, wie gesagt, inzwischen glücklich mit meiner liebsten Cousine Mariye verheiratet war, und konnte nachts, wenn es mir besonders schlecht ging, einfach kommen und bei ihnen schlafen. Am nächsten Morgen konnte ich wieder gehen, ohne irgendetwas erklären zu müssen. Sie gaben sich wirklich die größte Mühe. Aber was passiert war, konnte niemand ungeschehen machen.

Nachdem es mir nach verschiedenen Phasen gelungen war, meiner Familie einigermaßen zu verzeihen, und nachdem ich selbst akzeptiert hatte, dass ich durch das Attentat auch ein psychisches Problem hatte, ging es mir besser. Dabei wurde ich von einer sehr liebevollen und guten Therapeutin unterstützt.

Ich hatte inzwischen auch einen Job bei der Berliner Mietergemeinschaft gefunden, weil ich kein BAföG mehr bekam. Ausgerechnet als ich mich gerade bemühte, das Studium wieder aufzunehmen, musste ich nebenbei arbeiten, weil niemand mich finanziell unterstützen konnte. Die Arbeit machte mir Spaß, aber ich fühlte mich vom Studium und anderen Studentinnen zu weit entfernt. Deshalb bewarb ich mich in der Bibliothek des Fachbereichs Rechtswissenschaften und bekam eine Stelle als studentische Hilfskraft.

Mit Hilfe meiner Therapeutin konnte ich 1990 das Jurastudium endlich wieder richtig anfangen. Im selben Jahr entschloss ich mich nach drei weiteren Umzügen, mich ein paar Leuten anzuschließen, die in Berlin-Lichtenberg ein Haus besetzen wollten.

Es war ganz spannend, das Thema Hausbesetzung mit meiner Therapeutin zu besprechen. Sie war eine ältere, eher bürgerliche Dame. Die Einrichtung ihrer Praxis schien sich seit den fünfziger Jahren nicht verändert zu haben. Ihre Einstellung und Weltanschauung schon. Sie war offen und modern und interessierte sich auch sehr für meine Situation als Migrantin in Deutschland. Das Thema Hausbesetzung beunruhigte sie allerdings. Ich zog mit drei Männern und einer Frau ein, die ebenfalls Jura studierte. Die Männer brachten Sicherheitsvorkehrungen an den Türen an, die uns vor der Polizei schützen sollten. Meine Therapeutin hörte sich das Ganze eine Weile an und kam dann zu dem Schluss, sie könne mit mir nicht weiterarbeiten, wenn ich etwas Unrechtes tue. Glücklicherweise waren die Verhandlungen mit den Eigentümern des Hauses inzwischen so weit gediehen, dass Nutzungsverträge abgeschlossen wurden, womit unsere Wohnsituation sich legalisiert hatte. So konnte sie guten Gewissens die Arbeit mit mir fortsetzen. Sonst hätte ich wohl ihretwegen wieder ausziehen müssen. Denn ich hätte mich auf jeden Fall eher für sie entschieden als für die Hausbesetzung.

Die Hausbesetzung war schon eine anstrengende Sache. Aber sie hielt mich nicht davon ab, das Studium wirklich ernsthaft wieder aufzunehmen. Im Gegenteil, die politischen Gründe, die hinter der Hausbesetzung standen – Wohnungsnot, miserabler Zustand von Altbauten und soziale Missstände –, spornten mich eher an, das Studium voranzutreiben. Darüber hinaus gab es genügend Einsatzgebiete für Rechtsanwältinnen, wie zum Beispiel Verträge aushandeln, sich gegen brutale und zerstörerische Hausdurchsuchungen zur Wehr setzen, Polizeimaßnahmen überprüfen und eventuell anzeigen. Nicht zu vergessen natürlich die Verteidigung von Demonstranten in Strafsachen, wegen Landfriedensbruch, Körperverletzung, Sachbeschädigung und so weiter. Also besuchte ich fleißig ein Repetitorium und fand einige Leute, mit denen ich eine Arbeitsgruppe gründete.

Die schöne Zeit in Lichtenberg war allerdings nicht von langer Dauer. Denn eines Morgens, als ich früh aufstand, um zum Repetitorium zu fahren, war die Straße voll mit «Wannen» und Polizisten. Die Straße war regelrecht grün. Sie räumten eins der Nachbarhäuser. Wenig später formierte sich eine spontane Demonstration, und es kam zu einem regelrechten Krieg zwischen der Polizei und den Demonstranten. Als wir in der Nacht darauf zwischen den aufgerissenen Bürgersteigen in der Mainzer Straße an improvisierten Lagerfeuern saßen, war die Atmosphäre unheimlich und surreal. Alle waren ziemlich angespannt und auf der Hut, weil die Polizeikräfte jederzeit angreifen konnten. Um die Spannung zu lösen, wurde reichlich Alkohol konsumiert und gekifft. Ich war die einzige Türkin unter lauter Deutschen. Genau was ich wollte. Ich versteckte mich in der Hausbesetzerszene auch ein wenig vor den Türken. Die kamen nicht so leicht in diese Kreise, jedenfalls nicht die, vor denen ich Angst hatte.

Nach diesem Ereignis besuchten uns dafür regelmäßig deutsche Faschos, die einige Straßen weiter ebenfalls ein Haus besetzt hatten. Sie warfen mitten in der Nacht Steine auf unsere Häuser und versuchten tagsüber, uns mit ihren

Autos zu überfahren. Hinzu kam, dass die Kirche genau gegenüber von unseren Häusern ein Jugendprojekt für junge Faschos eingerichtet hatte, um sie wieder auf den rechten Weg zu bringen. Als ich meinen Geburtstag feierte, der ja am 20. April ist, und meine ganze Familie mit ihren «Schwarzköpfen» nach Lichtenberg einlud, wusste ich, dass auf der anderen Straßenseite auch Geburtstag gefeiert wurde. Meine Familie ging, sobald es dunkel wurde, weil wir nicht einschätzen konnten, was die Faschos an diesem Tag machen würden.

Wir hatten gewusst, dass wir uns mit Lichtenberg einen schwierigen Bezirk ausgesucht hatten. Aber dass die Angriffe so gefährlich sein würden, war mir nicht klar gewesen. Da ich schon einmal von türkischen Faschisten fast umgebracht worden war, musste ich nicht auch noch eine Verletzung durch ihre deutschen Kameraden provozieren. Also zog ich wieder um, zuerst in eine WG mit acht Leuten, dann allein in eine kleine 1½-Zimmer-Wohnung. Das war eine ganz neue Erfahrung. Jedenfalls für eine kurze Zeit, bis mein damaliger Freund sich nach und nach bei mir einnistete. Ich konzentrierte mich trotzdem richtig auf das Studium und nahm 1993 Anlauf für das erste juristische Staatsexamen. Leider ohne Erfolg. Mir fehlten zwei Punkte, um für die mündliche Prüfung zugelassen zu werden. Ich war fertig mit den Nerven.

Letztendlich war es dann aber doch nicht so schlimm, dass ich durchgefallen war. Ich hatte ja nur zweieinhalb Jahre richtig gelernt. Schlimm war, dass ich nur noch einen Versuch hatte. Wenn ich beim nächsten Mal durchfiel, war Jura für mich gestorben, jedenfalls in diesem Leben.

Nach dieser Niederlage machte ich zum ersten Mal seit

langem wieder drei Wochen Urlaub, um mir eine neue Strategie auszudenken und Kraft für den nächsten Versuch zu sammeln, und zwar bei meinen Eltern. Ich hatte mir Jurabücher mitgenommen, um einen Lernplan aufzustellen und den Kontakt zu der Materie nicht zu verlieren. Ich konnte nicht zu lange unter der Niederlage leiden, sonst bestand die Gefahr, dass ich das Studium tatsächlich hinschmeißen und verbittert dahinsiechen könnte. Inzwischen hatte ich auch erfahren, dass es eine psychologische Beratung für Studenten gab. Ich brach die bisherige Therapie ab und begann dort eine neue, die sich ausschließlich auf das Examen konzentrierte. Ich hatte wieder Glück und traf auf eine gute Therapeutin. Sie half mir, 1995 den zweiten und letzten Versuch zu machen und zu bestehen.

Um das Examen nicht erneut zu gefährden, verzichtete ich auf eine Beziehung mit einer Türkin, in die ich mich verliebt hatte. Wir hatten schließlich eine dreimonatige Affäre, und sie war die Erste, die ich später bei einer Scheidung vertreten habe. Es war richtig lustig, weil sie hochschwanger war und sich von einem schwulen Mann schei den ließ. Und ich saß mit meiner Robe in der Mitte und hatte zu beiden ein gutes Verhältnis, weil es eine einvernehmliche Scheidung war.

Erst als ich 1997 das zweite Staatsexamen bestand, wurde mir klar, dass ich innerhalb von sieben Jahren beide Examina geschafft hatte, inklusive einmal Durchfallen. Das Ganze kam mir viel länger vor, weil ich ja schon seit 1983 eingeschrieben und die Semesterzahl auch schon ziemlich fortgeschritten war. Außerdem war ich inzwischen 34 Jahre alt. Ich selbst vergaß manchmal die Jahre, in denen ich keine einzige Zeile lesen, geschweige denn mich auf ein juristisches Buch konzentrieren konnte.

Bei meinem zweiten Versuch fürs erste Staatsexamen wurden zwar die andere Frau, die mit mir geprüft wurde, und ich offensichtlich benachteiligt, während ein unfähiger Mann hochgepunktet wurde, aber das beeindruckte mich nicht mehr besonders. Es war lediglich ein weiterer Beweis dafür, dass wir in einer sehr dominanten Männergesellschaft lebten, was mir nicht neu war. Und wir waren auf die Sorte Herren gestoßen, die der Ansicht waren, dass Jura Männersache sei. Außerdem waren alle fünf Prüfer irritiert über die Tatsache, dass ich Türkin war und fließend Deutsch sprach. Es war also von vornherein klar, dass wir da keine großen Chancen hatten. Ich konnte schließlich froh sein, dass ich nicht rausgeprüft wurde.

Die mündliche juristische Prüfung ist ein wenig wie russisches Roulette: Man kann mit der Kommission Glück oder Pech haben. Bei der mündlichen Prüfung zum zweiten Examen hatte ich das «Glückslos» gezogen. Das Leben scheint hin und wieder doch gerecht zu sein. Die Kommission, mehrheitlich Männer, war super. Ich brachte in allen Fächern ziemlich gute Leistungen. Sie wollten mich hochpunkten, konnten es aber nicht, weil ich in den Klausuren diesmal schlecht abgeschnitten hatte. Das machte mir nichts aus. Es reichte mir, dass sie mir sagten, sie hätten es überlegt und diskutiert, weshalb wir auf das Ergebnis länger hatten warten müssen. Sie waren der Überzeugung, dass aus mir eine gute Rechtsanwältin werden würde. Damit hatten sie genug gesagt, es war für mich mehr wert als irgendeine Punktzahl. Denn es war viel wichtiger, dass die Prüferinnen uns diesmal als Kollegen behandelten. Und zwar ohne uns nach Geschlecht und Herkunft zu differenzieren. So lebte mein Optimismus wieder auf.

Die Herkunft eines Menschen ist sicherlich wichtig. Aber die fast tägliche negative Konfrontation damit ist auf die Dauer sehr ermüdend. Es gab Zeiten, da habe ich es gehasst, Türkin zu sein. Ich hasste mich und mein Leben, nur weil meine Eltern aus der Türkei stammten. Ich war anders. Nicht weil ich einen besonderen Charakter oder eine besondere Persönlichkeit hatte, sondern nur, weil ich in Istanbul geboren war und in Berlin lebte. Das Gefühl des Fremdseins, des Nichtdazugehörens, begleitet mich, seit ich in Deutschland lebe. Gäbe es nicht einige Menschen, die mir das Gefühl vermitteln, dass ich willkommen bin, wäre ich wohl längst in einer anderen Stadt, in einem anderen Land.

Der tägliche Rassismus ist zu einem Bestandteil meines Lebens geworden. Einige Erlebnisse sind so unglaublich, dass man darüber fast lachen kann. Ein typisches Beispiel aus meiner Erinnerung: Als meine Mutter in die Wechseljahre kam und starke Blutungen hatte, die nicht von allein aufhören wollten, musste sie stationär behandelt werden. Ich hatte alles für sie organisiert. Als ich sie am Tag nach ihrer Einlieferung im Krankenhaus besuchte, wollte ich von dem Stationsarzt wissen, wie es um meine Mutter stand. Ich entdeckte ihn im Flur, zwischen zwei Schwestern, ging auf ihn zu und sagte: «Guten Tag. Darf ich Sie kurz stören? Ich bin die Tochter von Frau Hatun Ateş. Ich wüsste gern, was sie hat und wie sie behandelt werden muss.»

Er schaute mich irritiert an und schwieg. Nach einer unerwartet langen Stille sagte er: «Wie soll ich das erklären?» und schaute sehr verzweifelt. «Du verstehen? Kinderkiste. Wo Kinder gemacht werden.» Dabei malte er mit seinen vorgestreckten Händen eine rechteckige Kiste in die Luft.

Die Schwestern schauten ziemlich peinlich berührt von ihm zu mir und kicherten, mit solidarischem Blick in meine Richtung. Sie hatten mich verstanden, im Gegensatz zu ihm. Jetzt fehlten mir die Worte. Nachdem ich mich gesammelt hatte, fragte ich ihn: «Was meinen Sie? Meinen Sie die Gebärmutter, den Uterus? Hat meine Mutter etwas an der Gebärmutter?»

Er schaute mich weiter ziemlich blöd an. Langsam wurde ich sauer und sagte: «Sie können ruhig Deutsch mit mir sprechen. Ich verstehe Sie sehr gut. Ich habe Sie doch gerade in fließendem Deutsch angesprochen. Warum reden Sie so komisch mit mir?»

Er entschuldigte sich und meinte, er habe selten mit Türken zu tun, die gut Deutsch sprechen. Aber ich hatte ihn nicht in gebrochenem Deutsch angesprochen. Dazu wollte er nichts sagen und fing an, mir ganz vernünftig, wie man halt mit einem Angehörigen spricht, zu erklären, was meine Mutter hatte und wie sie behandelt werden musste. Ich hatte richtig geraten: Er meinte die Gebärmutter. Den Begriff «Kinderkiste» habe man extra für die türkischen Patienten erfunden. Das würden sie verstehen.

Was «die Türken» verstehen oder nicht verstehen, hängt davon ab, welches Bild man von diesen Menschen hat und wie man mit ihnen spricht. Meine Eltern konnten nur ein so genanntes «Tarzan-Deutsch» lernen, weil man mit ihnen nur so gesprochen hatte. Es war selbstverständlich nicht vorgesehen, den angeworbenen Gastarbeitern

Deutsch beizubringen. Sie sollten einfach nur arbeiten. Der wichtigste Satz war daher: «Du arbeiten. Dann du bekommen Geld.» Abgesehen von der Aufforderung: «Geh doch zurück in deine Heimat.»

Meine Gedanken zum Thema deutsch-türkisches Miteinander sind sehr stark geprägt von der Vermittlungsrolle, die ich seit meiner Kindheit innehabe. Es gibt inzwischen eine vierzigjährige Migrationsgeschichte von Menschen aus der Türkei, die in Deutschland leben. In diesen vierzig Jahren ist der Begriff Integration wie ein Kaugummi unendlich oft im Mund herumbewegt worden. Trotz einer Fülle an Gesprächsstoff hat ein richtiger Dialog meiner Ansicht nach nicht stattgefunden. Wer spricht denn mit wem? Und mit welcher Absicht? Wir haben Deutsch als gemeinsame Sprache, aber sprechen wir tatsächlich die gleiche Sprache?

Warum leben zum Beispiel nach wie vor sehr viele Türken und Kurden in den Bezirken Wedding, Tiergarten, Schöneberg, Neukölln und Kreuzberg? Weil sie sich dort verständigen können. Verständigung ist für das Zusammenleben von Menschen unabdingbar. Ohne Verständigung kann soziales Leben nicht stattfinden, ist soziales Leben nicht moglich und denkbar. Sich mit der Mehrheit «der Deutschen» zu verständigen, fällt aber vielen Menschen aus der Türkei schwer. Die Sprache ist hierbei keine zu unterschätzende Hürde. Aber nicht die einzige. Es liegt auch an der Ignoranz und den Vorurteilen vieler Deutscher, insbesondere über den Islam und die türkische Kultur, dass eine Verständigung nicht stattfindet.

In Bezirken wie Kreuzberg können Menschen, die Türkisch sprechen, leben, ohne auch nur ein Wort Deutsch zu sprechen. Es gibt keine Dienstleistung, die nicht in türkischer Sprache angeboten wird. Nun, was ist an diesem Umstand so schlecht? Wieso wird «den Türken» vorgeworfen, sich einer Integration zu entziehen? Welche Integration ist gemeint? Etwa die seit Jahren von Türkinnen und Türken erwartete Assimilation?

Verhältnisse wie in Kreuzberg gibt es doch weltweit in allen Ländern, in die Menschen als Immigranten gezogen sind. Chinatown in San Francisco oder New York sind weltbekannte Touristenattraktionen. Dort leben Chinesen unter den gleichen Verhältnissen wie Türken in Kreuzberg, das nicht umsonst liebevoll «Klein-Istanbul» genannt wird. Für Touristen ist Kreuzberg auch eine Attraktion, es hat ein ganz besonderes Flair. Warum ist es dennoch für viele ein Dorn im Auge? Vielleicht weil sich dort eine eigene Kultur gebildet hat?

Migration und kulturelle Identität sind eine weltweite Problematik. Wir haben dieses Thema in Deutschland nicht gepachtet. Das ist jedem einigermaßen aufgeklärten Menschen bewusst. Doch nicht alle Deutschen und Türken, die in dieser Stadt leben, wollen den Blick über ihren begrenzten Horizont hinauslenken. Erschwert wird eine globale Betrachtung und entsprechende verantwortungsvolle Aufklärung durch zuständige Institutionen, wie zum Beispiel Schule und Medien. Hier werden genau die Bilder bedient, die einen Dialog unmöglich machen. Ich werde zum Beispiel sehr oft gefragt, warum alle Türkinnen ein Kopftuch tragen müssen. Es ist aber einfach nicht so, dass «alle» Türkinnen Kopftücher tragen. Ich zum Beispiel trage keins. Und meine Freundinnen und die überwiegende Anzahl meiner Verwandten tragen auch kein Kopftuch.

Das sind schon eine ganze Menge Frauen. Die werden aber als Türkinnen nicht unbedingt erkannt, weil sie dem Kleiderkodex nicht entsprechen.

Ich werde, wie schon gesagt, in der Tat kaum für eine Türkin gehalten. Die meisten Deutschen stufen mich als Südamerikanerin, Italienerin, Spanierin oder gar als Thailänderin ein. Insbesondere Taxifahrer tippen auf Thailand. Die dazugehörigen Phantasien kann ich mir lebhaft vorstellen. Meine Landsleute wiederum glauben mir nicht, dass ich Türkin bin. Für sie kleide und gebärde ich mich auch nicht ihrem Bild entsprechend.

Auch Deutsche gehen ins Ausland und bilden Kolonien, wie zum Beispiel auf Mallorca und in der Toskana. Sie feiern in den USA das Oktoberfest. Deutsche Aussteiger lassen sich auf Gomera nieder und verkaufen Müsli und dunkles Vollkornbrot. Deutsche verbreiten Schwarzbrot und Eisbein. Türken verbreiten Pide und Döner. Was ist daran so schlimm?

Es gibt einen merkwürdigen Unterschied in der Beschreibung dieses Phänomens: Deutsche und Menschen aus anderen mächtigen Ländern bringen ihre eigene Kultur als Bereicherung in das jeweilige Ausland. Türken und Menschen aus so genannten Drittweltländern werden als «Gastarbeiter» und auch nach vierzig Jahren noch als «Ausländer» geduldet. Wobei sie ihre eigene Kultur bitte vor der Tür abgeben sollen. Sonst ist eine Integration nicht möglich.

Jede Kultur hat etwas Eigenes, etwas Wertvolles. Warum soll man nicht anderen diese eigenen Werte zeigen und erklären? Nur so können wir Verständnis füreinander entwickeln. Die türkische Kultur kennen wir Kinder der zweiten und dritten Generation leider gar nicht gut genug, um sie wirklich vermitteln zu können. Auch unser Türkisch ist nicht so perfekt. Weder unsere Familien noch andere Institutionen, wie zum Beispiel die türkische Botschaft, haben uns befriedigend unterrichtet. Die türkische Botschaft hat ihr in Berlin lebendes Volk bisher insgesamt ziemlich vernachlässigt, obwohl es jährlich mehrere Millionen Euro in die Türkei schickt.

Nun, es ist zu hoffen, dass sich daran irgendwann etwas ändert. Aber das bisschen, was wir über unsere Kultur wissen, teilen wir gerne mit, wenn uns zugehört und zugesehen wird. Uns wurde und wird nicht richtig zugehört. Weil wir angeblich unzivilisierte, minderbemittelte Ausländer sind.

Nicht der Umstand, dass Kulturen nebeneinander existieren, ist bedrohlich, sondern was die Betroffenen auf beiden Seiten daraus machen. Nicht alles muss auf Gedeih und Verderb miteinander verschmelzen. Akzeptanz und Toleranz kann sich auch durch ein Nebeneinander zeigen. Wenn aber ständig ein Vergleich zwischen den Kulturen vorgenommen wird, wenn auf- und abgewertet wird, ist ein Dialog nicht möglich.

Wenn wir den Dialog miteinander suchen, dann müssen wir offen und ehrlich zuhören und hinsehen, was uns der eine oder die andere sagt, zeigt und kocht.

Ich kenne Menschen, die regelmäßig zum Karneval der Kulturen gehen, in Kreuzberg Tür an Tür mit Türken leben und sich doch über mich wundern. Türkin, Akademikerin, lesbisch, spricht fließend Deutsch, trägt kein Kopftuch. «Nein, so was! Das ist ja toll, dass es Frauen wie dich gibt!»

Die nächste Frage lautet oft: «Wie kommt denn deine Familie damit klar, dass du dem Türkinnenbild nicht entsprichst?»

Hier sehen wir ein ganz interessantes Phänomen, das in Fachkreisen «Projektion» genannt wird. Unglaublich, aber solch eine Konfrontation erlebe ich sehr oft. Sehr, sehr viele, für meinen Geschmack zu viele aufgeklärte, politisch links orientierte Deutsche haben ein Türkinnenbild, dem ich nicht entspreche. Sie meinen, meine Familie müsste damit ein Problem haben, dabei sind sie es, die eines haben.

Es sei an dieser Stelle ausdrücklich darauf hingewiesen, dass ich nicht die Einzige bin, die in dieses Türkinnenbild nicht passt. Es laufen mehr von meiner Sorte rum, als man denkt.

Es sind aber nicht nur «die Deutschen», die ein verzerrtes Türken- und Islambild haben und damit den Dialog verhindern. Tatsache ist, dass auch die Mehrheit der hier lebenden Menschen aus der Türkei ein verzerrtes Deutschen- und Christenbild hat.

Es ist unter anderem die Aufgabe der Schule und der Medien, aufzuklären, damit sich solche Vorstellungen und Bilder ändern. Es wäre begrüßenswert, wenn Kulturen authentisch und nicht durch fremdenfeindliche, wertende, ethnische Brillen gezeigt würden.

Das deutsch-türkische Miteinander ist mehrheitlich geprägt von gegenseitiger Intoleranz und Ignoranz für die jeweils andere Kultur. Unsere Aufgabe ist es, die Verständigung zu fördern, indem wir überzeugend vermitteln, dass kulturelle Vielfalt eine Bereicherung ist und nicht zu einer Aufgabe der eigenen Identität führen muss und dass die eigene ganz persönliche Identität zwar geprägt ist von äußeren, unter anderem kulturellen Einflüssen, letztlich jedoch einzigartig – von Mensch zu Mensch und nicht von Volk zu Volk oder von Nationalität zu Nationalität – geformt ist.

In diesem Zusammenhang wäre es wichtig, zu akzeptieren, dass türkische Migranten für Deutschland auch eine Bereicherung darstellen. Dass wir auch etwas Besonderes sind und Positives in diese Gesellschaft eingebracht haben. Und zwar weitaus mehr als Döner Kebab. Ich muss noch viel zu oft höflich darum bitten, nicht mehr Ausländerin genannt zu werden. Das sage ich nicht, weil ich inzwischen den deutschen Pass habe, sondern weil Berlin auch meine Stadt ist.

Bei allem, was ich an Unterschiedlichkeiten und Gemeinsamkeiten sehe, ist es die Situation der islamischen Frauen, die mich am meisten berührt. Ich sehe so viele Frauen, die voraussichtlich unter dem Schleier sterben werden, ohne gelebt zu haben.

Türkische Mädchen und Frauen leben in Deutschland vielfach unter mittelalterlichen Bedingungen, Grundrechte werden ihnen vorenthalten, Zwangsverheiratung steht auf der Tagesordnung. Aus einer vermeintlichen Rücksicht vor der Kultur wird zugesehen, wie grundlegende Menschenrechte, die auch Rechte der Frauen sind, mit Füßen getreten werden. Ich nenne das nicht Rücksicht oder Toleranz, sondern Ignoranz. Mit diesen Frauen sucht erst recht niemand den Dialog.

Nach dem 11. September 2001 in New York fing man an, sich für die Frauen in Afghanistan zu interessieren. Diese Frauen haben aber auch schon lange vor dem Anschlag auf die Twin Towers unter unmenschlichen Bedingungen gelebt. Das plötzliche Interesse ist ziemlich verlogen, und die partielle Befreiung der afghanischen Frauen wird zu einem willkommenen Argument, um den Krieg zu rechtfertigen, der geführt werden musste, weil die Situation in Afghanistan außer Kontrolle geraten war.

Der Islam ist keine bessere oder schlechtere Weltreligion als das Christen- oder Judentum. Der Islam wird aber im Zusammenhang mit dem Anschlag auf New York zum Monster stilisiert. Es ist nicht die Religion, die Attentate verübt. Es sind Menschen, die das tun, Männer, die sich anmaßen, im Namen der Religion einen Krieg zu führen, und Frauen unterdrücken und töten.

Man sollte nicht vergessen, dass auch Christen im Namen der Religion Menschen und insbesondere Frauen getötet und Religionskriege geführt haben und heute noch führen. Das heißt aber nicht, dass wir die Augen vor den Tatsachen vor unserer Haustür verschließen dürfen.

Glücklicherweise leben wir in einem demokratischen Land, in dem Religionsfreiheit herrscht. Aber es herrscht glücklicherweise auch Gleichberechtigung von Mann und Frau, zumindest nach dem Gesetz. Der Kampf um die tatsächliche Gleichberechtigung und mein Wunsch, mich für Frauenrechte einzusetzen, nahmen in meiner Phantasie konkrete Gestalt an: Ich träumte von einem Anwältinnenbüro mit ganz vielen Frauen, die Jura mindestens so gern mochten wie ich und neben der sachlich-professionellen juristischen Arbeit auch politisch aktiv sein wollten. Nachdem ich das zweite juristische Examen bestanden hatte, stand der Verwirklichung dieses Traums eigentlich nichts mehr im Weg.

Ich hatte mein Zeugnis noch nicht erhalten, als ich schon nach entsprechenden Büroräumen Ausschau hielt. Meine Phantasie war stärker als der Wunsch, erst einmal ein paar Wochen Urlaub zu machen, was vielleicht vernünftig gewesen wäre. Aber ich hatte schon zu viele Jahre verloren und zu lange auf diesen Moment gewartet.

Kapitel 11 Die Kanzlei

Schon unmittelbar nach dem zweiten Examen erkundigte ich mich bei allen zuständigen Stellen, wie ich einen Kredit zur Existenzgründung bekommen könnte, und zwar ohne einen Pfennig Eigenkapital. Es stand für mich nicht zur Debatte, mich für eine Anstellung zu bewerben. Ich wollte mich selbständig machen.

Mittlerweile hatten sich auch einige Kolleginnen aus der Bibliothek selbständig gemacht, bei denen ich mich beraten lassen konnte. Ich schrieb ein Konzept, bei dem meine Freundin und Kollegin Ceylan mir sehr half, und ich suchte nach Räumen. Dazu schlug ich den Stadtplan von Berlin auf, fragte mich, wo ich mir mein Büro wünschte, und entschied mich für den Hackeschen Markt. Noch lieber hätte ich mein Büro auf der Museumsinsel gehabt, weil es für mich der allerschönste Platz in Berlin ist, doch dort gibt es leider keine Büros. Schon vor dem Mauerfall mochte ich den Hackeschen Markt sehr, erst recht nach dem Mauerfall zu Hausbesetzerzeiten. Der Platz hatte für mich schon immer etwas Magisches, vielleicht weil er mich an Istanbul erinnert, an Taksim-

Beyoğlu, einen Bezirk, in dem ich sehr gern bin und ausgehe.

Ein weiterer ganz wichtiger Grund, warum ich mich in Mitte niederlassen wollte, war, dass ich von allen Bezirken gleich gut erreichbar sein würde. Ich wollte nicht nach Kreuzberg oder in den Wedding, nur weil dort viele potenzielle türkische Mandanten wohnten. Nach Mitte können die Mandanten aus allen Himmelsrichtungen kommen.

Also machte ich mich auf die Suche. Ich spazierte allein und mit Freundinnen durch die Straßen um den Hackeschen Markt, suchte Häuser aus, die mir gefielen, und rief bei den Verwaltungen an.

Als ich Helga, mit der ich im Frauenladen zusammengearbeitet hatte, davon erzählte, sagte sie, dass sie auch einen Raum in Mitte suche. Sie hatte inzwischen eine Ausbildung zur Heilpraktikerin abgeschlossen und wollte sich wie ich selbständig machen. Wir überlegten, zusammen etwas zu mieten. So konnten wir Kosten sparen und waren nicht allein am Arbeitsplatz. Wir schauten uns mehrere Objekte an. Einige waren zu teuer, andere ungeeignet für unser Vorhaben. Die Gegend gefiel uns aber immer mehr.

Parallel zur Raumsuche musste ich zusehen, dass ich ein Existenzgründungsdarlehen bekam. Da ich kein Eigenkapital hatte, hatte ich es mit meinem Konzept nicht leicht. Was ist schon Besonderes an einem Anwältinnenbüro, zumal es in Berlin zu diesem Zeitpunkt nahezu 6000 zugelassene Anwälte und Anwältinnen gab?

Canan und Alper, ein befreundetes Paar, das an meine Idee glaubte, unterstützten mich bei der Existenzgründung durch Ratschläge und konkrete Hilfe, indem Canan für mich bürgte. Damit wurde die Sache natürlich immens erleichtert. Wie nicht anders zu erwarten, begrüßte die Bank die Bürgschaft und nahm mich mit offenen Armen auf.

Es war kein besonders hoher Kredit, den ich brauchte, weil ich nur das Nötigste finanzieren wollte. Ich hatte gesehen, dass andere Kollegen viel zu hohe Kredite aufgenommen hatten und nun darüber stöhnten. Ceylan gab mir den Rat, auszurechnen, was ich tatsächlich benötigen würde. So kam ich auf einen nicht gerade schwindelerregenden Betrag, der von der Bank akzeptiert wurde.

Ich brauchte also nur noch die richtigen Räume. Irgendwie machte ich mir plötzlich Sorgen, ob ich als «Ausländerin» – so sehen uns viele Vermieter nun mal immer noch – und dazu auch noch als Anwältin große Chancen hätte, in Mitte etwas zu finden. Bestimmt fürchteten viele Vermieter, dass ihr Haus sich bald mit «Türkinnen» füllen würde, die in meiner Kanzlei ein und aus gingen. Es kam aber glücklicherweise nicht so weit, dass ich mich hätte darüber ärgern müssen.

Bei einem Spaziergang mit meiner Freundin und einer Bekannten kamen wir an dem Haus in der Dircksenstraße 47 vorbei, in dem sich sehr viele Frauenprojekte befanden. Die Bekannte gab mir den Tipp, mich doch bei den Frauenprojekten nach dem Vermieter zu erkundigen und nachzufragen, ob in diesem Haus etwas frei sei. Ich hatte Glück. Das Dachgeschoss im Hinterhof wurde zu Büroräumen ausgebaut. Während ich mir die Baustelle ansah, sagte ich dem Vermieter so nebenbei, dass ich auch etwas Größeres zum Wohnen suchte. Zwei Wochen später, als ich den Mietvertrag für die Räume im Dachgeschoss unterschreiben wollte, sagte er mir, dass im Vorderhaus eine teilgewerbliche Wohnung frei geworden sei. Wenn ich wollte, sollte ich sie mir ansehen. Und ob ich wollte!

Wir gingen zu der besagten Wohnung, er öffnete die Tür, und ich stand ziemlich beeindruckt da. Spätestens nach zwanzig Sekunden, als ich den malerischen Ofen ganz hinten im Zimmer sah, war mir klar, dass ich diese Räume nehmen würde. So kam es auch. Wir wurden uns einig und ich mietete die Wohnung. Es wäre eine Dummheit gewesen, es nicht zu tun.

Die Wohnung besteht aus fünfeinhalb Zimmern und ist die so genannte Beletage. Jedes Zimmer ist anders gestaltet und hat eine ganz eigene Ausstrahlung. Von Deckenmalerei über aufwendigen Stuck bis zu zwei wunderschönen riesigen verzierten Öfen und herrlichem Parkett- oder Dielenboden in sämtlichen Räumen ist alles vorhanden, was 1898 zum Wohlstand gehörte. Ganz zu schweigen vom Ausblick auf das Panorama zwischen Alexanderplatz und Hackeschem Markt, mit dem Fernsehturm als Blickfang neben der Marienkirche und dem Berliner Dom.

Die Pracht dieser Wohnung erinnert mich paradoxerweise oft an unser kleines *Gecekondu,* weil es genau das Gegenteil davon ist. Manchmal kommt es auch vor, dass mir die Räume zu groß sind. Dann verkrieche ich mich auf das Hochbett in dem kleinen Dienstmädchenzimmer.

Als ich die Räume mietete, war ich als Anwältin noch allein, aber auf der Suche nach Partnerinnen, die mit den gleichen politischen Idealen arbeiten wollten. Bei jeder Gelegenheit erzählte ich daher von meiner Idee, in der Hoffnung, dass sich dadurch schon etwas ergeben würde. Es klappte. Noch bevor die Räume von meinen Brüdern ganz fertig renoviert waren, traf ich zwei Anwältinnen, mit denen ich eine Sozietät gründete. Helga zog ebenfalls ein, und einen Teil der Räume bewohnte ich mit meiner Freundin. Es war zwar manchmal etwas lästig, so dicht am Arbeitsplatz zu wohnen, aber es hatte seine Vorteile. Zumindest für die Aufbauphase.

Die Räume waren insgesamt in einem ziemlich renovierungsbedürftigen Zustand. Bei den Verhandlungen einigte ich mich daher mit dem Vermieter, dass ich den größten Teil der Renovierung übernehmen würde, wenn er mit der Miete etwas runterging. Das konnte ich nur deshalb anbieten, weil meine Brüder ihre Hilfe zugesagt hatten: Ahmet übernahm mit seiner Baufirma die Bauleitung und führte auch die meisten Arbeiten aus. Den Rest übernahm Cemal, der Malermeister ist und ebenfalls einen eigenen Betrieb hat. Darüber hinaus halfen fast die gesamte Familie und viele meiner Freundinnen bei niederen Arbeiten, wie zum Beispiel Tapeten abreißen.

Die Renovierung wurde um Wochen zurückgeworfen, als wir durch Zufall im hintersten Zimmer ein Deckengemälde fanden, welches von dem Vormieter weiß überstrichen worden war. Wir brauchten eine Ewigkeit, um das Gemälde freizulegen. Mindestens zehn oder zwölf Leute, Familie, Freundinnen und Angestellte von Ahmet, waren täglich damit beschäftigt. Es hatte sich aber gelohnt. Zum Vorschein kam ein wunderschönes Gemälde, unter anderem mit Engeln und einer nackten Frau, die auf Wolken liegt.

Da ich aber eine Anwältinnenkanzlei und kein Denkmalrestaurierungsbüro eröffnen wollte, mussten wir die Arbeit irgendwann abbrechen. Obwohl unser Büro noch eine Baustelle war, kamen schon die ersten Mandantinnen.

Das ging so weit, dass ich auf dem Podest stehend, die Arme vom Abwaschen der Decke durchnässt, über das Handy Rechtsberatungen durchführte. Einmal stand eine Mandantin plötzlich unter dem Podest und wollte dringend ein arbeitsrechtliches Problem mit mir besprechen. Es war ihr ziemlich egal, wie ich dabei aussah.

Während dieser Zeit lernte ich Hertha, die erste meiner späteren Kolleginnen, auf der Lesbenwoche kennen, wo ich einen Vortrag über Existenzgründungen hielt. Noch bevor Hertha und ich richtig angefangen hatten zusammenzuarbeiten, kam unsere dritte Kollegin Berta hinzu, eine Freundin von Hertha. Wir stammten alle drei aus so genannten Frauenzusammenhängen. Hertha und Berta waren ziemlich aktiv beim Frauen-Notruf-Telefon. Sie gehörten zu den politisch autonomen Frauen. Hertha, ebenfalls Lesbe, wohnte noch in einem besetzten Haus, als wir uns kennen lernten, während Berta mit ihrem Freund in einer Dreier-WG lebte. Beide Frauen waren mir unter anderem wegen ihrer politischen Einstellung sehr sympathisch. Ich wollte ja kein durchschnittliches Büro gründen, sondern eins, dessen Anwältinnen neben ihrer ganz «normalen» juristischen Arbeit auch frauenpolitisch aktiv waren.

Unsere politischen Ideale passten zueinander. Uns war es sehr wichtig, nur mit Frauen zusammenzuarbeiten. Wir wollten grundsätzlich keine Vermieter und Arbeitgeber vertreten, sondern in erster Linie Minderheiten und diejenigen, die in dieser kapitalistischen Gesellschaft zu den Machtlosen gehörten. Zudem boten wir Rechtsberatung bei Mieterorganisationen an und konnten deshalb schon aus Loyalitätsgründen keine Vermieter vertreten. Da wir mit verschiedenen Frauenorganisationen und -institutionen zusammenarbeiteten, vertraten wir auch niemals Männer gegen Frauen, wenn Gewalt im Spiel war.

Bei Vergewaltigungen und sexuellem Missbrauch war es ganz einfach, diese Position zu vertreten und zu wahren. Schwierig wurde es bei Scheidungen oder zivilrechtlichen Auseinandersetzungen, wenn es teilweise mehr um subtile, psychische Gewalt ging. Schließlich einigten wir uns darauf, dass wir grundsätzlich bei streitigen Scheidungen nur Frauen, bei einvernehmlichen Scheidungen aber auch Männer vertreten, wenn es dem Interesse der Frau entsprach. Wir vertraten natürlich auch keine Skinheads oder sonstige minderheitenfeindliche und rassistische Menschen. Dagegen arbeiteten wir besonders häufig mit Lesben und Schwulen. Unsere tägliche Arbeit war somit durch unser politisches Engagement beeinflusst, zumal wir oft an Grenzfälle gerieten und darüber diskutieren mussten, wie wir mit dem Fall umgingen. Mit der Zeit hatten wir auch einen entsprechenden Ruf bei unseren Mandanten und den einschlägigen Institutionen, den wir wahren mussten. Was uns nicht besonders schwer fiel, weil wir gar nicht anders arbeiten mochten.

Die Atmosphäre in unserer Kanzlei entsprach genau meiner Vorstellung: Zuweilen wirkten wir nach außen eher wie eine geschäftige WG als wie eine Anwaltskanzlei. Wir machten unsere Arbeit mit großem Engagement, und es gelang uns nach kurzer Zeit, kostendeckend zu arbeiten. Wir hatten auch nicht den Anspruch, mit unserer Arbeit reich zu werden.

Nach ungefähr zwei Monaten kam unsere vierte Kollegin Elsa hinzu, eine Freundin von Berta. Sie brachte weitere finanzielle Sicherheit mit, weil sie eine Schwangerschaftsvertretung in einer anderen Kanzlei übernommen hatte. Somit waren wir eine relativ gut funktionierende, nicht reiche, aber glückliche Kanzlei. Wir kamen gern ins Büro und hatten ein ziemlich buntes Publikum.

Sympathisch an meinen Kolleginnen war auch, dass sie keine «Ausländerfreundinnen» waren. Sie hatten am Anfang schon einige Probleme damit, wie selbstverständlich mein Bruder Ahmet in der Kanzlei ein und aus ging, weil er weiterhin ständig irgendwas in unserer Kanzlei renovierte oder reparierte und weil er ganz einfach mein Bruder ist. Aber daran gewöhnten sie sich mit der Zeit. Sie begriffen nicht alles aus unserer Kultur, so weit ging ihr Interesse oder ihre Aufnahmefähigkeit nicht. Aber damit standen die beiden keineswegs allein.

Sogar die seit Ewigkeiten in Kreuzberg ansässige Frauengruppe vom Bündnis 90/Die Grünen wusste sehr wenig über die türkische Kultur und wollte von mir und meiner Freundin über türkische Lesben aufgeklärt werden. Uns wurde von diesen Frauen ernsthaft die Frage gestellt, ob es in der Türkei Lesben gebe und wie sich das lesbische Leben, das wir führten, mit dem Islam vereinbaren ließe. So etwas passierte im Jahre 1998 in einem Kreis angeblich aufgeklärter Frauen. Da stellte ich mir dann doch die Frage, ob ich mich tatsächlich in dieser Partei engagieren sollte. Ganz unabhängig davon, dass mir gesagt wurde, ich hätte in ihrer Partei keine Chance, weil ich ohne wichtige Beziehungen käme und noch nicht lange genug gebuckelt hätte. Ich verzichtete auf eine Zusammenarbeit und trat während des Kosovokrieges nach einjähriger Mitgliedschaft aus der Partei aus. Dabei hatte ich gehofft, dort meinen Wunsch nach politischer Arbeit verwirklichen zu können.

Das Interesse für eine andere Kultur kann nicht damit erledigt sein, dass man kein Rassist ist. Ich meine, dass wir als Anwältinnen kulturelle Hintergründe begreifen müssen, wenn wir viele Menschen aus einem anderen kulturellen Hintergrund beraten. Bei Mandantengesprächen, insbesondere in Asylsachen, zeigte sich zum Beispiel, dass Hertha und Berta gewisse Dinge gar nicht erfassen konnten, weil ihnen der kulturelle Hintergrund fehlte. Sie bemühten sich aber wenigstens zu lernen. Unser Verhältnis war im Hinblick auf unsere nationale Herkunft jedenfalls eher gleichberechtigt.

Rassismus und Frauenfeindlichkeit kamen aus einer ganz anderen Richtung, nämlich von einigen wenigen Mandanten, den Gerichten und anderen Kolleginnen. Obwohl wir zum Beispiel einen sehr auffälligen Briefkopf hatten, auf dem groß und gut lesbar ANWÄLTINNENBÜRO stand, wurde ich in Anschreiben gern mit «Herr Ateş» angesprochen. Ein juristischer Verlag, von dem wir Fachzeitschriften beziehen, lässt sich nach fünf Jahren, mehrfachen Telefonaten und Schreiben nicht davon abhalten, mich weiterhin mit Herr Ateş anzuschreiben. Kleinigkeiten, an die man sich mit der Zeit irgendwie gewöhnt.

Als weitaus beleidigender empfand ich eine Sozialarbeiterin, mit der ich am Telefon über eine von mir betreute Person sprach. Die von mir betreute Frau stammte aus der Türkei und stand aus gesundheitlichen Gründen unter gesetzlicher Betreuung. Sie sprach kaum Deutsch, deshalb hatte man mich gefragt, ob ich die Betreuung übernehmen könne, weil ich keinen Dolmetscher benötigte, um mich mit ihr zu verständigen. Besagte Sozialarbeiterin, die sich ebenfalls um die Betreute kümmerte, hatte mich angerufen, um einiges Organisatorische zu besprechen. Nachdem wir eine halbe Stunde ausführlich miteinander gesprochen und alles geklärt hatten, sagte sie, dass sie unbedingt noch etwas loswerden müsse. Es sei so schön, dass sie sich mit mir auf Deutsch unterhalten könne. Ich spräche ja so gut Deutsch. Das erleichtere die Kommunikation unheimlich.

Ich wies die einfühlsame Dame am anderen Ende der Leitung darauf hin, dass ich als Anwältin ganz selbstverständlich Deutsch sprechen müsse. Schon allein, weil die Amtssprache Deutsch sei.

Aufschlussreich ist auch eine andere Anekdote: Ich saß mit einer Mandantin bei einer großen Hausverwaltung. Sie war Existenzgründerin, und ich hatte die Verhandlungen für den Mietvertrag geführt. Wir hatten sehr gute Bedingungen für meine Mandantin ausgehandelt. Als nach unserem abschließenden Gespräch einer der Vertreter der Gegenseite ins Sekretariat ging, um den Mietvertrag korrigieren zu lassen, fragte mich der Herr, der noch bei uns blieb, wie ich das eigentlich so hinkriegte mit dem deutschen Recht. Ich sei doch aus meiner Heimat eigentlich nur mit dem türkischen Recht vertraut. Er könne sich vorstellen, dass ich Schwierigkeiten hätte, zwischen den so unterschiedlichen Rechtssystemen zu differenzieren.

Ich musste ihm erklären, dass ich in Deutschland aufgewachsen war und studiert hatte und mich mit dem türkischen Recht und Rechtssystem leider nicht auskannte. Gleichzeitig bot ich an, ihm eine mir bekannte Rechtsanwältin aus der Türkei vorzustellen, wenn er mehr über das türkische Rechtssystem wissen wolle. Er war ziemlich peinlich berührt.

Ich bin gewiss nicht die einzige «Vorzeigetürkin», der man unter die Nase reibt, dass sie nicht zu den Klischees passt, die die Leute auch nach Jahrzehnten noch in ihren Köpfen herumtragen. Wir stecken hier auch in einem gewissen Widerspruch: Zum einen wollen wir Migrantinnen, die sich in der Öffentlichkeit zeigen und am gesellschaftlichen Geschehen aktiv teilnehmen, nicht als Berufsmigrantinnen betrachtet werden. Zum anderen sind wir auf diesem Gebiet wohl oder übel die Expertinnen, die sich viel nachdrücklicher zu Wort melden sollten, damit sich gewisse Bilder endlich ändern.

Da ich mich mit diesem Thema seit vielen Jahren beschäftigte, war es ein Bestandteil meiner politischen Arbeit in unserem Anwältinnenbüro. Meine Kolleginnen waren in diesem Punkt hundertprozentig einer Meinung mit mir und unterstützten meinen politischen Einsatz. Ich wurde zu Podiumsdiskussionen, Vorträgen, Interviews und sonstigen Veranstaltungen eingeladen.

Unser Büro funktionierte also irgendwie ganz gut. Bis ich eines Tages vorschlug, dass wir Mitarbeiterinnen einstellen sollten, weil die Arbeit uns über den Kopf wuchs. Ich schaffte sie einfach nicht mehr, wenn ich so lange Bürodienst machen musste. Wir erledigten im Büro nämlich jede Arbeit selber, vom Telefondienst bis zum Schreiben und Eintüten von Briefen. Am Anfang hatten wir uns natürlich keine Angestellte leisten können. Aber nachdem ein Jahr vergangen war, sah ich, dass es aus betriebswirtschaftlicher Sicht ziemlich unsinnig schien, was wir taten.

Berta und Hertha waren strikt gegen Angestellte, weil das angeblich nicht zu unseren Grundsätzen passte. Wer Angestellte habe, sei automatisch Ausbeuter. Sie hatten auch schön reden, denn sie hatten viel weniger Akten als ich und planten ihre Arbeitszeit hauptsächlich nach den Öffnungszeiten und ihrem Privatleben. Ich dagegen verbrachte mein ganzes Leben, auch die Wochenenden, mit Büroarbeit.

Nachdem wir ein halbes Jahr lang Krisengespräche geführt hatten, mussten wir feststellen, dass wir nicht zusammenpassten. Ich wollte Anwältin sein und nicht die Hälfte meiner Arbeitszeit Rechtsanwaltsgehilfin spielen, zumal ich dafür nicht die richtige Ausbildung hatte. Außerdem wollte ich den Boykott von Vermietern und Arbeitgebern nicht so streng auslegen, sondern von Fall zu Fall entscheiden. Ich beriet Existenzgründerinnen und hatte schon deshalb viele Arbeitgeberinnen als Mandanten. Schließlich konnte ich meine Mandanten doch nicht verabschieden, sobald sie sich selbständig gemacht und Mitarbeiter eingestellt hatten. Natürlich kamen sie auch mit ihren arbeitsrechtlichen Problemen zu mir. Das war ja auch gut, denn so konnte ich langfristige Mandate aufbauen. Schließlich vertrat ich auch Frauenprojekte, und die waren zum Teil Arbeitgeberinnen und mussten hin und wieder arbeitsrechtlich vertreten werden. Meine Kolleginnen waren damit nicht einverstanden. Sie erwarteten von mir, dass ich meine Existenzgründerinnen und Frauenprojekte zur Konkurrenz schickte, wenn sie gegen Arbeitnehmerinnen vorgehen wollten.

Nach vielen Diskussionen kaufte ich mich frei, indem ich Hertha und Berta auszahlte. Sie wollten mich aus den

Räumen werfen. Und Helga solidarisierte sich mit ihnen. Damit sie aus dem Mietvertrag herausgingen, in den sie vorher nicht wollten, weil sie keine Haftung übernehmen mochten, musste ich ihnen Geld zahlen, was ich eigentlich nicht hatte und was ihnen eigentlich auch nicht zustand. Aber ich hatte keine andere Wahl. Ich stand allein da. Wir schieden im Streit und reden noch heute kein Wort miteinander. Wir grüßen uns nicht einmal, wenn wir uns zufällig irgendwo begegnen.

Elsa war schon viel früher aus dem Boot gestiegen, als sie intuitiv merkte, dass ihr die Dogmatik der beiden zu viel wurde und meine Position für sie zeitweilig zu stark war.

Ziemlich bald nach der Trennung von Hertha und Berta machte ich mich auf die Suche nach einer Rechtsanwaltsgehilfin. Durch eine Bekannte lernte ich Yeşim kennen, die mir regelrecht das berufliche Leben rettete. Yeşim nahm mir so viel Arbeit ab, dass ich mich endlich auf meine juristische Arbeit konzentrieren und meine Träume wieder hervorholen konnte. Die Zusammenarbeit mit ihr gab mir die Freude an Jura wieder zurück. Sie war einfach perfekt auf ihrem Gebiet. Und es zeigte sich, dass eine Rechtsanwalts- und Notarfachangestellte für professionelle Arbeit unentbehrlich ist. Alles was wir Anwältinnen machen konnten, waren nur rudimentäre Sekretärinnentätigkeiten. Eine Rechtsanwalts- und Notarfachangestellte übernimmt weitaus mehr Aufgaben, nicht umsonst ist es ein Ausbildungsberuf. Jedenfalls habe ich viel von Yeşim gelernt und lerne weiterhin von ihr. Sie war für mich wie ein Engel, der mir zu Hilfe kam. Mit ihren langen hellbraunen Locken hat sie auch eine entsprechende Erscheinung.

Inzwischen habe ich zwei arabisch-türkisch-kurdische Anwältinnen gefunden, die die Kanzlei mit mir genauso führen, wie ich es mir vorgestellt hatte: Bircan Urak und Naile Tanış. Wir sind gemeinsam mit unserer Angestellten, Yeşim Pınar, ein Team, haben eine sehr vertraute familiäre Atmosphäre und arbeiten meinen Idealen entsprechend, die auch ihre Ideale sind. Wobei meine neuen Kolleginnen einen neuen Geist in die heiligen Hallen hereingebracht haben. Und zwar die Gelassenheit, mit der man an gewisse politische Zusammenhänge herantreten sollte. Sie sind politisch, aber nicht dogmatisch und verbissen. Ich halte nach wie vor meine Vorträge und werde von meinen Kolleginnen weiterhin unterstützt. Sie übernehmen sogar einen Teil dieser politischen Arbeit. Denn es ist auch ihr erklärtes Ziel, neben unserer juristischen Arbeit, die wir alle drei mit Leidenschaft ausüben, einen politischen Beitrag zu leisten. Wir vertreten auch weiterhin keine Männer in streitigen Scheidungsverfahren oder Gewalttaten gegen Frauen.

Mein Schwerpunkt ist inzwischen das Strafrecht geworden. Ich kam eher zufällig dazu, merkte aber bald, dass es tatsächlich eine Leidenschaft von mir war, die ich wegen meines eigenen Strafrechtsfalls unterdrückt hatte. Meine ersten großen Herausforderungen im Strafrecht waren Strafverteidigungen in Drogenprozessen, in denen ich auch Frauen verteidigte.

Ob ich mich als Strafverteidigerin behaupten kann, wird sich zeigen. Denn diese Branche ist wie kein anderes Rechtsgebiet von Männern dominiert, so wie die andere Seite, die Seite der Straftäter, auch. Erschwerend kommt hinzu, dass ich eine Türkin bin. Sowohl Angeklagte als auch Richter, Staatsanwälte und Anwaltskollegen scheinen damit ein Problem zu haben. Sie würden dies niemals offen und direkt zum Ausdruck bringen. Aber ich reagiere bestimmt nicht überempfindlich, wenn ich gewisse Hinweise und Gesten als Fragezeichen deute, ob ich in anderen Rechtsgebieten nicht besser aufgehoben sei. Zumal ich mit meinen Kenntnissen der türkischen Sprache und Kultur eine echte Konkurrenz darstelle. Es geht ja schließlich um bares Geld.

Die Tatsache, dass sich zurzeit nur drei oder vier Rechtsanwälte und Rechtsanwältinnen türkischer Herkunft in Berliner Strafgerichten aktiv zeigen, bestätigt für mich, wie schwer der Einstieg in diesen Bereich ist.

Ich muss mich also wieder als Frau und Nichtdeutsche behaupten. Kein Problem. Ist mir ja schon bekannt. Hauptsache, ich bekomme eine faire Chance.

Es hat sich nun so ergeben, wahrscheinlich nicht ganz zufällig, dass alle in unserem Büro Türkisch und Deutsch sprechen. Wobei alle ausnahmslos besser Deutsch können. Das fällt den Mandanten, besonders bei Naile, am Telefon ganz deutlich auf. Sie denken, Naile wäre eine Deutsche, die ein wenig Türkisch kann. Das ändert sich aber. Sie hat durch uns und unsere Mandantinnen viel Gelegenheit, ihr Türkisch anzuwenden und zu verbessern. Beide haben bisher, wie ich auch, mehrheitlich mit und unter Deutschen gelebt. Türkisch wurde kaum gesprochen.

Bircan und Naile haben deutsche Partner und leben alles andere als traditionell. Ich bin noch die Traditionellste unter uns. Aber die Tatsache, dass wir türkische Namen haben, macht uns von außen als Bild zu einer «Türkinnenkanzlei» statt «Frauenkanzlei». Wobei unsere deutsche

Staatsangehörigkeit dabei keine große Hilfe ist. Denn auf die kommt es letztendlich nicht an, da wir eh nur «Antragsdeutsche» sind.

Kapitel 12 Eine Welt der Vielfalt

Ziemlich turbulent ging es in der Zeit der Trennung von meinen Anwaltskolleginnen auch in meinem Privatleben zu. Während ich die Trennungsgespräche mit meinen Kolleginnen führte, verließ mich meine Freundin, weil sie der Ansicht war, ich sei in der Beziehung zu dominant, außerdem wolle sie viel lieber polygam leben. Die nächste Lebenskrise war perfekt.

In Beruf und Privatleben machte ich parallele Erfahrungen: Menschen hatten zueinander gefunden, es war eine Weile schön, irgendwann wollten die Beteiligten aber etwas anderes. Statt Konsequenzen zu ziehen, eierten wir alle herum. Frau versucht ja zusammenzuhalten, auch das, was nicht mehr zusammengehört. Ich kann aber sagen, dass ich aus beiden Trennungen viel gelernt habe. Was wohl jedem so geht.

Die Trennung von meiner Freundin war ganz aufschlussreich. Ich war mein Leben lang vor türkischen Männern weggelaufen. Schließlich war ich an eine türkische Frau geraten, die so war, wie ich mir türkische Männer immer vorgestellt habe. Als die nächste türkische

Freundin sich auch als verkappter türkischer Mann herausstellte, machte ich mir langsam Sorgen um mein Liebesleben mit Frauen. Vor allem, weil ich zurückblickend sagen kann, dass auch alle anderen türkischen Frauen, mit denen ich zusammen war, verkappte türkische Machos waren, soweit sich bestimmte Verhaltensmuster überhaupt national zuordnen lassen. Die türkische Lesben- und Schwulenszene potenziert jedenfalls für mich sämtliche Rollenklischees, vor denen ich weggelaufen bin. Es gibt eine starke soziale und moralische Kontrolle. Wobei Moral und Unmoral jeweils willkürlich definiert werden.

Diese Erfahrung machte ich in extremer Form, als ich von meiner Freundin verlassen wurde und es wagte, eine meiner Ex-Freundin unangenehme Person als nächste Beziehung zu wählen. Warum gerade diese Person?, hieß es. Viele Freundinnen empfahlen uns eine sofortige Trennung, da wir nicht zusammenpassten. Man wollte uns nicht die Gelegenheit geben, dies selbst herauszufinden. Alle möglichen Leute mischten sich in unser Leben, so wie ich vor Jahren ständig hatte rechtfertigen müssen, warum ich nicht bei meinen Eltern, sondern mit heruntergekommenen Deutschen lebte. Das Ganze gipfelte darin, dass meine Freundin von ihrer Ex-Freundin mit einem Messer angegriffen wurde, weil sie es gewagt hatte, sich mit mir einzulassen. Und zwar mit dem arabesken Spruch, den man in vielen türkischen Liebesschnulzen hören kann: «Ich lasse niemals zu, dass dich eine andere bekommt!»

Mit einer anderen Freundin gab es ein ähnliches Erlebnis: Weil ich mich – für mich selbst überraschend – in einen türkischen Mann verliebt hatte, den sie kannte und hasste, spuckte sie mir auf einer Hochzeitsfeier ins Gesicht und versuchte, den Mann tätlich anzugreifen. Oft verhält sich die vermeintlich so aufgeklärte zweite Generation nicht anders als die meiner Eltern, die aus den Dörfern kam und außer Tätlichkeiten keine andere Form der Auseinandersetzung kennt. Irgendwie hatte ich ziemlich viel Pech mit meinen Frauenbeziehungen. Ich hätte es mir auch anders gewünscht.

Die Gewaltbereitschaft in der türkischen und kurdischen Kultur wird mir wohl für immer ein Rätsel bleiben. Sie löst sich nur dort ein wenig auf, wo Türken und Kurden viele deutsche Kontakte pflegen. Ansonsten ist es im Augenblick der zentrale Unterschied zwischen unseren Kulturen. Meine Geschichte hätte jedem Menschen jeder Nationalität überall auf der Welt widerfahren können. Nur die Gewalt und Unfreiheit, die ich als Frau erlebt habe, sind in unserer Zeit spezifisch türkisch oder kurdisch, vielleicht auch eher dem islamischen Kulturkreis zuzuschreiben. Es gibt heutzutage kein einziges deutsches Mädchen, das von Zwangsheirat betroffen ist, und es kommt relativ selten vor, dass deutsche Hochzeitsgesellschaften auf den Kopf gestellt werden, weil jemand zu viel getrunken hat und sich plötzlich auf jemand anderen stürzt, um ihn für die vermeintliche Schmach, die ihm zugefügt wurde, umzubringen. Überhaupt scheint die Bereitschaft, jemanden umzubringen, bei Türken und Kurden eher ausgeprägt zu sein als bei anderen europäischen Menschen.

So wurden zum Beispiel zwei sehr gute türkische Freundinnen von mir von der Familie der einen mit dem Tode bedroht, wenn sie nicht nach Hause zurückkehre und sich von ihrer Freundin trenne. Die Familie weiß nicht genau, dass die beiden ein Paar sind, aber sie ahnt es. Nach sieben Jahren Zusammenleben in einer Wohnung mit nur einem Schlafzimmer ist die Sache eigentlich klar. Es wird nur nicht offen darüber gesprochen. Wenn eine deutsche Familie mit dem Leben ihrer lesbischen Tochter nicht zurechtkommt, wird das Mädchen enterbt oder man bricht den Kontakt ab. Man droht ihr aber nicht, sie umzubringen.

Man könnte fast meinen, Türken und Kurden hätten ein ganz besonderes Gen, was sie dazu bringt, andere töten zu wollen, wenn es nicht nach ihrer Nase geht. So einfach ist das Ganze aber nicht. Die Gründe für die höhere Gewaltbereitschaft sind vielfältig und ganz bestimmt nicht genetisch bedingt. Jede Kultur macht ihre eigene Entwicklung durch. Sie muss nicht zeitgleich und identisch mit anderen Kulturen sein. 1984 wurde ich in einem Frauenladen für Frauen aus der Türkei fast umgebracht, weil ich mich für Frauenrechte einsetzte. 1684 wäre ich in Deutschland wahrscheinlich als Hexe verbrannt worden. Wo ist da der Unterschied?

Es ist unter Türken und Kurden bekannt, dass es auf Hochzeiten zu Zwischenfällen kommen kann. Ich habe erleben müssen, dass man auch in Intellektuellen-, Sozialarbeiter- und Künstlerkreisen nicht davon verschont bleibt. Tötet, was ihr nicht haben oder behalten könnt, überlasst es nicht einem anderen. So singen es die Schlager vor, und eine Vielzahl des türkischen Volkes, «eine Herde von Schafen», wie der große türkische Dichter und Schriftsteller Azis Nesin sagte, folgt gehorsam.

Meine berufliche Vision war immer auch von politischer Arbeit geprägt. Die Vorträge, die ich hin und wieder hielt, gaben mir das Gefühl, etwas Nützliches für das Miteinander, Nebeneinander und den Dialog der Kulturen zu tun. Eine meiner Ansicht nach ganz wichtige Aufgabe, die wir als zweite Generation leisten müssen. Wir sind nun mal Expertinnen darin.

Vor einigen Jahren wurde ich zum Beispiel von einer der bekanntesten Frauen- und Lesbenrechtlerinnen in Berlin gefragt, ob ich bei einer Veranstaltung etwas zum Thema Migrantinnen sagen könnte. Sie bereitete einen Kongress vor, dessen Titel lautete: Wie weit flog die Tomate? Eine 68erinnen-Gala der Reflexion. Für diesen Vortrag sammelte ich Informationen darüber, welche Rolle wir Migrantinnen in der deutschen Frauenbewegung gespielt haben. Zudem wollte ich herausbekommen, was mich ganz persönlich mit der deutschen Frauenbewegung und deutschen Feministinnen verband. So kam einiges zusammen, was ich bis dahin noch nicht in der Form zusammengefasst hatte.

Als die Frauenbewegung in Deutschland 1968 ihren Anfang nahm, war ich fünf Jahre alt und lebte noch in Istanbul. Ein Jahr später wurde ich von meinen Eltern nach Berlin geholt, wo meine Kindheit aufhörte und ich zum Schutz vor der gefährlichen, schamlosen und sexuell abartigen deutschen Umgebung selten und nur in Begleitung aus dem Haus gelassen wurde. Dieses Schicksal teilte und teile ich mit vielen meiner Geschlechtsgenossinnen aus der Türkei.

Auf meiner Suche nach feministischen Vorbildern musste ich meine Mutter, Tanten und sonstige Familienfreundinnen überspringen. Sie konnten mir keine große Hilfe sein, und wenn ich mir noch so sehr Türkinnen als

Vorbilder wünschte. Die meisten älteren Frauen in meiner näheren Umgebung waren Analphabetinnen und mit ihrer Rolle als Mutter, Fabrikarbeiterin und Ausländerin schon mehrfach belastet und überfordert. Sie wollten sich nicht auch noch darüber Gedanken machen, dass dies alles ungerecht und politisch unhaltbar war.

Nur wenige Migrantinnen der ersten Generation haben sich daher der deutschen Frauenbewegung angeschlossen oder sich von ihr mittreiben lassen. Ernsthaft wurde die Migrantin von deutschen Feministinnen erst gegen Ende der siebziger Jahre entdeckt. Und zwar als hilfloses Opfer einer islamisch-patriarchalischen Gesellschaft, unterdrückt von Mann, Sohn und allen männlichen Verwandten, die es nur gibt. Natürlich wurden wir, wurde ich unterdrückt. Aber wir sind nicht nur Opfer. Dies wiederum hörten die deutschen Feministinnen nicht so gern – am Ende hätten sie die Aufgaben- und Rollenverteilung neu definieren müssen und die türkischen Frauen hätten kein leckeres Essen für diverse Veranstaltungen mehr gebacken und gekocht. So richtig interessiert haben sich deutsche Feministinnen damals eigentlich nicht für uns und unsere Kultur. Genauso wenig wie andere, mit denen wir viel zu tun hatten.

Deutsche Feministinnen gründeten gemeinsam mit einer sehr kleinen Gruppe von Migrantinnen die ersten Frauenläden für Frauen aus der Türkei. Den Anfang machte in Berlin 1979 das TIO, wo ich gearbeitet habe und angeschossen wurde. Die deutschen Frauen, mit denen wir in der Frauenprojektarbeit zusammenarbeiteten, waren sehr selbstbewusst und traten entsprechend auf. Sie hatten auch schon einen langen Weg hinter sich, aber wir lernten gerade laufen. Darüber wurde allerdings nicht gesprochen. Den Frauen, die in die Frauenläden kamen, wurde Deutsch, Alphabetisierung, Nähen und Stricken angeboten und nebenbei etwas zur Frauenrolle. Die meisten deutschen Mitarbeiterinnen traten ihren türkischen oder kurdischen Kolleginnen gegenüber wie große Schwestern auf. Die deutschen Frauen waren die qualifizierten Frauen, sie hatten Hochschul- oder Fachhochschulabschlüsse. Migrantinnen waren lediglich unqualifizierte Übersetzerinnen, Kinderbetreuerinnen und natürlich Putzfrauen.

Mein Eindruck war, dass die meisten deutschen Frauen in diesen Projekten niemals angefangen hatten, darüber nachzudenken, wer die Migrantinnen, mit denen sie zusammenarbeiten, eigentlich wirklich waren. Migrantinnen wurden nicht als gleichberechtigt angesehen, obwohl so viel über Gleichberechtigung gesprochen wurde. Teilweise entstand bei mir der Eindruck, dass deutsche Frauen Türkisch gelernt hatten, um uns unsere Kultur zu erklären oder weil sie für sich ein Gebiet gefunden hatten, um sich zu profilieren. Der Feminismus ist deutsch, schließlich sind wir in Deutschland. Deutsche Frauen weisen den Weg, wir folgen ihnen. Sie sagen uns, was richtig und was falsch ist. Ich wünschte mir, wir würden anfangen, miteinander zu reden. Zum Teil geht das ganz wunderbar: Ich habe sehr viele deutsche Freundinnen, die mich gleichberechtigt behandeln. Wenn ich mir aber die deutsche Frauenbewegung insgesamt anschaue, dann sehe ich weiterhin eine ethnische Brille, durch die die meisten Feministinnen auf die Welt blicken.

Eine für meinen Geschmack merkwürdige Haltung nehmen deutsche Feministinnen auch zu der Frage des

Kopftuchs ein. Hier müssten sie Stellung zum Islam, zur Religionsfreiheit und zu essenziellen Menschenrechten nehmen. Was sie daraus machen, ist eine verlogene Solidaritätsbekundung für Frauen, die sich angeblich freiwillig bedecken.

1998 hielt ich auf dem feministischen Juristinnentag dazu einen Vortrag. Und zwar in einem schwarzen Tschador. Kurz vor Beginn der Veranstaltung hatte ich mir auf der Toilette den Tschador über meine normale Kleidung gezogen. So setzte ich mich auf das Podium zwischen drei Kolleginnen, die ebenfalls einen Vortrag halten sollten. Eine gewisse Unruhe im Saal war nicht zu übersehen, weil keine wusste, ob meine Aufmachung echt war oder nicht. Ich verhielt mich so, wie frau sich automatisch verhält, wenn sie so ein Kleidungsstück trägt: Ich hielt mich bedeckt und in meinen Bewegungen sehr zurück. Meine Körpersprache hatte sich verändert, ich saß ruhig da und war bemüht, mir keine Blöße zu geben. Ich hatte darum gebeten, meinen Vortrag als Letzte zu halten, weil er nicht sehr lang war und ich bis dahin die Reaktionen der Frauen beobachten wollte. Noch bevor ich mit meinem Vortrag begann, verließ eine Jura-Professorin und gestandene Feministin den Saal, weil sie ob meines Anblicks im Schleier auf dem Podium Atemnot bekam. Ich konnte mich erst am Abend mit ihr unterhalten. Sie war mit mir einer Meinung und im Nachhinein traurig darüber, meinen Vortrag verpasst zu haben.

Die Debatte um das Kopftuch in der Schule war im Zusammenhang mit der Einstellung einer Kopftuch tragenden Lehrerin tagespolitisch interessant. In Baden-Württemberg war eine Lehrerin nach dem Referendariat nicht ins Beamtenverhältnis übernommen worden, weil sie darauf bestand, mit dem Kopftuch zu unterrichten.

Viele nahmen Anstoß an dieser Entscheidung. Selbstverständlich mussten auch wir Frauen unserem Demokratieverständnis entsprechend fordern, dass eine Frau aufgrund ihrer Religion nicht diskriminiert werden darf. Niemand hat das Recht zu widersprechen, wenn eine Frau sich freiwillig für eine Religion entscheidet, die die Frauenrolle unseren Vorstellungen widersprechend festschreibt. Wir haben schon lange begriffen, dass wir nicht der Maßstab für Feminismus sein können.

Doch wie freiwillig ist die Entscheidung wirklich, ob eine islamische Frau ein Kopftuch tragen bzw. sich bedecken will oder nicht? Und was symbolisiert das Kopftuch für Frauen aus islamischen Ländern?

Frauen müssen Kopftücher oder Tschador nicht tragen, weil der Koran es so will, sondern weil Männer es so wollen. Männer wollen beschnittene und bedeckte Frauen. Also werden Mädchen beschnitten und bedeckt. Die Argumente dafür sind vielfältig, doch sie laufen alle auf dasselbe hinaus: Frauen sollen ihre Reize bedecken und keine Lust empfinden. Frauen wird unterstellt, mannstoll zu sein, wenn sie nicht beschnitten sind. Und wenn sie kein Kopftuch trügen, würden sie Männer scharenweise verführen. Nicht umsonst lautete eine Parole der Revolution im Iran: «Frauen, bedeckt euch, damit ihr uns nicht von der Revolution ablenkt!»

Diese legale Form der Reduzierung und Unterdrückung weiblicher Sexualität ist Realität für Millionen von Frauen auf dieser Welt, insbesondere der islamischen Welt. Sexuelle Rechte für Frauen zu fordern, kann in islamischen

Ländern, aber auch hier in Deutschland, lebensgefährlich sein. Das Geltenlassen des anderen fällt Islamisten schwer. Noch schwerer fällt es ihnen, in diesem Zusammenhang auf Gewalt zu verzichten. Der Kampf gegen die Feinde des eigenen Glaubens wird traditionsgemäß mit der Waffe geführt.

Hier in Deutschland mögen wir nicht so stark damit konfrontiert sein. Aber der Schein trügt. Die Gewalt ist allgegenwärtig und hält uns davon ab, unsere Meinung frei zu äußern. Islamische Frauen oder Feministinnen aus dem entsprechenden Kulturkreis haben Angst, getötet zu werden, wenn sie eine direkte und heftige Kritik ausüben.

Es ist leicht, aus der Ferne und ohne eigene Betroffenheit das Kopftuch zu tolerieren. Für mich ist das jedoch keine Toleranz, sondern Ignoranz. Das Kopftuch und der Tschador symbolisieren in meinen Augen die Unterwerfung der Frau. Natürlich sehe und kenne auch ich Frauen, denen ich glaube, dass sie dieses «Stück Stoff» freiwillig tragen. Doch es sind nur wenige Frauen, die sich wirklich freiwillig bedecken. Bei weitem nicht genug, um sich bei diesem Thema als Feministin in Europa zurückzulehnen und zu sagen, das ist kulturbedingt und wir dürfen uns nicht aus einer arroganten europäischen Sichtweise kritisch und verurteilend dazu äußern. Diese Haltung ist meiner Ansicht nach falsch. Wenn Frauen sich wirklich aus freien Stücken und nach ihrer eigenen Vorstellung und Interpretation des Korans bedecken wollen, haben sie meinen vollen Respekt, und ich würde mich für sie einsetzen, wenn sie diskriminiert würden. Aber solange das Kopftuchtragen fremdbestimmt, also vom Mann bestimmt ist, werde ich mich mit den Frauen solidarisieren, die endlich das Kopftuch oder den Tschador ablegen wollen.

Nachdem ich meinen Vortrag beendet und den letzten Satz gesagt hatte, zog ich den Tschador mit einer schnellen Bewegung theatralisch über den Kopf. Das Publikum schaute mich zuerst ganz erstarrt, dann aber sichtlich erleichtert an. Langsam machte sich ein Lächeln auf einigen Gesichtern bemerkbar, und schließlich klatschten die Frauen von ganzem Herzen. Mindestens ein Drittel der Frauen bedankte sich für meinen Vortrag, weil sie nun dazu stehen könnten, gegen das Kopftuch im Unterricht zu sein. Ich hätte ihnen Argumente geliefert, die ihre Gefühle bestätigt hätten. Sie würden sich, bestärkt durch eine Frau aus dem islamischen Kulturkreis, nun eher gegen das Kopftuch aussprechen können. Den Vortrag habe ich später noch mehrmals gehalten und immer die gleichen Reaktionen geerntet. Einige fanden meine Haltung zu hart. Aber die Mehrheit konnte mir folgen, einige konnte ich sogar umstimmen oder zu einer eigenen Meinung anregen, die sich von der landläufigen Ansicht emanzipierte, wir müssten auf Gedeih und Verderb Rücksicht auf andere Kulturen nehmen.

Bei einem Gespräch über das Kopftuch mit sechs türkischen Mädchen, die 12 und 13 Jahre alt waren und von denen drei ein Kopftuch trugen, sagten sie zu mir: Gott, Allah, wer auch immer habe uns mit verschiedenen Geschlechtern ausgestattet. Also müssten doch Unterschiede da sein. Der Mann bestimme, ob sie ein Kopftuch tragen müssten oder nicht. Die eine würde das Kopftuch tragen, weil ihre Schwester eins tragen würde. Die Nächste sagte, dass sie jetzt kein Kopftuch tragen würde. Sie wisse aber, dass es Sünde sei. Und sie würde diese Sünde später bereinigen. Den Koran hatte keine von ihnen gelesen, der sei doch schließlich auf Arabisch geschrieben. Das würden sie nicht verstehen. Sie wussten auch nicht, wo und ob im Koran steht, dass sie ein Kopftuch tragen müssten. Aber alle sagten, dass Mädchen und Frauen ein Kopftuch tragen müssten. Deshalb trügen sie auch eins.

Aus diesem Gespräch wurde einmal mehr deutlich, dass es sich beim Islam um eine Religion handelt, deren Buch die wenigsten Anhänger gelesen oder verstanden haben. Wie kann ich ein Gesetz befolgen, das ich selbst nicht lesen und verstehen kann? Und das nur von einem Geschlecht interpretiert wird?

Bei allem, was vermeintlich im Namen Allahs und des Islam geschieht, darf nicht vergessen werden, dass nicht die gesamte islamische Gemeinde dieser Welt derartige blutige und grausame Taten billigt. Das wäre, wie wenn wir sagen würden, dass alle Christen gegen die Abtreibung sind, weil der Papst es sagt.

Es ist nicht fair, ein einseitiges Bild des Islam als frauenfeindlicher Religion zu zeichnen. Welche Weltreligion hat Frauen gleichberechtigt angesehen und sieht sie als gleichberechtigt an? Essenzielle Menschenrechte wurden und werden Frauen in allen Ländern dieser Erde verwehrt oder mussten in jahrzehntelanger harter Arbeit erkämpft werden. Unendlich viele Frauen haben ihr Leben dafür gelassen. Auch Christinnen.

Das Patriarchat ist mein erklärter Feind, nicht der Islam an sich oder der Mann an sich. Das sehe ich nun sehr deutlich, seit ich in einen türkischen Mann verliebt bin und es mir in einer Beziehung besser geht als je zuvor. Die Herausforderung, die diese Beziehung mit sich bringt, ist allerdings nicht zu unterschätzen. Aber daran bin ich ja gewohnt, nicht den einfachen Weg zu gehen.

Als ich mit dem Studium fertig war, wurde ich gefragt, ob ich mir vorstellen könne, in die Türkei «zurückzukehren», wenn ich hier keinen Job fände, weil Juristinnen es zurzeit sehr schwer hätten, etwas zu finden. Eine deutsche Frau würde niemals gefragt werden, ob sie zurück auf ihr Kuhdorf nach Westdeutschland gehen würde. Man würde sie fragen, ob sie sich vorstellen könnte, ins Ausland zu gehen, also irgendwo «hinzugehen». Nach vorne gehen, sich nach «vorne» bewegen. Wir sollen immer «zurückgehen», uns «zurücknehmen», nach «hinten» bewegen.

Der eigentliche mit dieser Frage verbundene Gedanke ist natürlich, ob ich in die Türkei oder nach Deutschland gehöre. Nur traut sich kaum ein linker Mensch, diese Frage so offen zu stellen. Was geht tatsächlich in solchen Köpfen vor? Wollen sie hören, dass wir uns der Türkei verbundener fühlen, um uns zu sagen, dass wir dann doch zurückkehren sollten? Können Menschen letztendlich nur dort leben, wo sie geboren wurden oder sonst wie kulturell angeblich mehr verbunden sind als an anderen Orten?

Menschen gehören zum Beispiel weltweit auch dorthin, wo sie sich ernähren können. Gibt es daher bei dieser Frage nicht mehr Aspekte zu bedenken? Wie zum Beispiel: Wo kann ich als Lesbe und linke Feministin besser leben? Wichtig ist auch, wo die Familie lebt, wo ein soziales Umfeld existiert. Wo kann ein Mensch sich beruflich verwirklichen? Es gibt Menschen, die aus gesundheitlichen Gründen nur in bestimmten Ländern leben können. Es gibt Menschen, die viel Sonne brauchen, anderen ist das ziemlich egal. Die Liste wäre unendlich fortzuführen.

Ich habe mich lange auf Gespräche zu dieser Frage eingelassen. Bis ich festgestellt habe, dass ich dahin gehöre, wo ich gerade bin. Ich entscheide mich, meinen Lebensumständen entsprechend, jeweils neu, wo ich gerade im Leben hingehöre und stehe. Meine Bikulturalität empfinde ich inzwischen als Reichtum und nicht als latente Schizophrenie.

Ich spreche, empfinde, denke und träume in zwei Sprachen und bin geprägt von zwei Kulturen, die sich ergänzen, ähneln, aber auch widersprechen. Das macht mich vielfältiger und offener für andere Kulturen. Mir ist die Möglichkeit gegeben, Verbindungen zwischen den Kulturen herzustellen, die etwas Neues ergeben, etwas, was andere in meiner Situation ähnlich erleben, aber auch Verbindungen, die nur mich betreffen.

Die berühmten zwei Stühle, zwischen denen wir angeblich sitzen sollen, existieren nicht. Sie existieren nur in den Köpfen von Menschen, denen es schwer fällt, sich außerhalb ihrer festgefahrenen Strukturen zu bewegen oder, besser gesagt, sich zu setzen. Sie sitzen auf einem Stuhl ganz starr und unflexibel. Als Migrantin habe ich gelernt, mich auf vielen Stühlen wohl zu fühlen. Wir setzen uns mal dort- und mal dahin. Dieses Hin und Her zwischen den Kulturen ist keine Zerrissenheit, es bringt uns nicht in ständige Konflikte, sondern bereichert unser Leben.

Danksagung

Ich danke meinen Eltern, dass sie mir gezeigt haben, was Liebe bedeutet. Ich danke meinen Geschwistern, dass sie mich trotz allem lieben. Ich danke allen Menschen, die mir das Leben gerettet haben. Und ich danke ganz besonders all meinen Freunden und Freundinnen, die stets an mich geglaubt und mich auf meinem Weg bis hierher begleitet und unterstützt haben. Damit sind auch die gemeint, mit denen ich aus den verschiedensten Gründen jetzt keinen Kontakt mehr habe. Mit den anderen hoffe ich alt zu werden.

Eine Danksagung wie so viele Danksagungen. Klingt vielleicht sogar etwas abgedroschen. Doch mir haben schon immer die Worte gefehlt, um euch zu sagen, wie dankbar ich euch bin. Die vielen Tränen, die ich vor lauter Dankbarkeit geweint habe, habt ihr nicht alle gesehen. Doch glaubt mir, ich bin euch allen unendlich dankbar für alles.

Also, meine liebe Familie und meine lieben Freunde und Freundinnen:

DANKE!!!

Politik, Zeitgeschichte, Gesellschaft

Woher wir kommen, wohin wir gehen ...

Joachim Fest
Begegnungen
Über nahe und ferne Freunde
rororo 62082

Martin/Schumann
Die Globalisierungsfalle
Der Angriff auf Demokratie und Wohlstand. rororo 60450

Martina Rellin
Klar bin ich eine Ost-Frau!
Frauen erzählen aus dem richtigen Leben. rororo 61912

Daniela Dahn
Demokratischer Abbruch
Von Trümmern und Tabus
rororo 61973
Spitzenzeit
Lebenszeichen aus einem gewesenen Land. rororo 61117
Wenn und Aber *Anstiftungen zum Widerspruch.* rororo 61458
Westwärts und nicht vergessen
Vom Unbehagen in der Einheit
3-499-60341 1

Heiner Geißler
Was würde Jesus heute sagen?
Die politische Botschaft des Evangeliums. rororo 60594

Peter Bofinger
Wir sind besser, als wir glauben
Wohlstand für alle

rororo 62107

Weitere Informationen in der Rowohlt Revue *oder unter* www.rororo.de